A QUERELA DOS DIAGNÓSTICOS

Blucher

A QUERELA DOS DIAGNÓSTICOS

Colette Soler

Tradução
Cícero Alberto de Andrade Oliveira
Elisa Touchon Fingermann

Revisão da tradução e revisão técnica
Sandra Leticia Berta

Texto não revisado pela autora

Título original em francês: *La querelle des diagnostics*
Título da tradução brasileira: *A querela dos diagnósticos*
© 2004 Colette Soler
© 2018 Editora Edgard Blücher Ltda.

1ª reimpressão – 2020

Imagem da capa: *Gravura em relevo sobre acrílico*, Série Pangéia, 2011, Glaucia Nagem de Souza

Blucher

Rua Pedroso Alvarenga, 1245, 4º andar
04531-934 – São Paulo – SP – Brasil
Tel.: 55 11 3078-5366
contato@blucher.com.br
www.blucher.com.br

Segundo o Novo Acordo Ortográfico, conforme 5. ed. do *Vocabulário Ortográfico da Língua Portuguesa*, Academia Brasileira de Letras, março de 2009.

É proibida a reprodução total ou parcial por quaisquer meios sem autorização escrita da editora.

Todos os direitos reservados pela Editora Edgard Blücher Ltda.

Dados Internacionais de Catalogação na Publicação (CIP)
Angélica Ilacqua CRB-8/7057

Soler, Colette
 A querela dos diagnósticos / Colette Soler ; tradução de Cícero Alberto de Andrade Oliveira, Elisa Touchon Fingermann ; revisão da tradução e revisão técnica Sandra Leticia Berta. – São Paulo : Blucher, 2018.
 344 p.

 Bibliografia
 ISBN 978-85-212-1380-2 (impresso)
 ISBN 978-85-212-1381-9 (e-book)

 1. Doenças mentais – Diagnóstico 2. Psiquiatria 3. Psicanálise I. Título. II. Oliveira, Cícero Alberto de Andrade. II. Fingermann, Elisa Touchon. III. Berta, Sandra Leticia.

18-1832 CDD 616.89

Índice para catálogo sistemático:
 1. Doenças mentais – Diagnóstico

Conteúdo

Nota sobre a tradução   9
Prefácio *Sandra Leticia Berta*   11

1. Do diagnóstico em psicanálise   21
    12 de novembro de 2003   21
    Atualidade da ética da psicanálise   21
    Um século de diagnósticos na psicanálise   26
    Polêmica sobre o uso do diagnóstico   35
    A ética dos diagnósticos   39

2. De RSI a... RSI   47
    26 de novembro de 2003   47
    Corte ou continuidade   48
    Variantes de RSI   52
    A simbolização   55
    Efeito da simbolização   57

Remanejamento das categorias	65
3. A virada borromeana	**73**
14 de janeiro de 2004	73
De dois a três	75
Patologias do ponto de estofo	83
Significante no real e cadeia inconsciente	88
Os neologismos	92
4. A colocação em questão do Nome-do-Pai	**101**
28 de janeiro de 2004	101
Nome-do-Pai e nó borromeano	102
Édipo e Nome-do-Pai	105
A função enodamento	108
Nomeação	115
O porquê do nome	122
5. Nomeações	**129**
11 de fevereiro de 2004	129
Teologia e deologia	131
Falatório [*parlote*] e nomeação	136
Nomear e "nomear para..."	138
Nó(s)meações [*No(us)minations*]	140
6. O dizer paterno	**155**
10 de março de 2004	155
Dizer e enunciação	156
Dizer paterno e verdade	158

Foraclusão de fato? 163
Discursos estabelecidos e discursos epifânicos 166
O enodamento pelo pai 172

7. Joyce no laço social 181
   24 de março de 2004 181
   O dizer magistral 182
   Idólatra do texto 188
   Ele é sintomatologia 190
   Apegos [*Attachements*] não paternos 193
   Uma mulher "que não serve para nada" 198

8. Exilado da relação sexual 207
   28 de abril de 2004 207
   Tudo serve ao gozo 208
   O valor erótico 216
   A não relação sexual revelada a Joyce 219
   O que é a relação sexual na psicose? 224

9. O parceiro do psicótico 229
   12 de maio de 2004 229
   O parceiro fantasmático 231
   O parceiro-sintoma 237
   O grafo do (sujeito) psicótico 242
   Os mesmos termos, mas desdobrados 246

10. Sem o Pai 255
    26 de maio de 2004 255

O órgão sem o falo	256
A relação sexual entre as gerações	260
Nora, um corpo adicional	266
Um *sinthoma* que difere	271
O *sinthoma*-pai e a transmissão	277

11. Clínica borromeana da paranoia — 281

9 de junho de 2004	281
Usos do corpo	282
Joyce e o corpo	285
Novidade sobre a paranoia: o nó de trevo	286
O que está em jogo: o sujeito real	289
Paranoia e personalidade	295
Estrutura de massa freudiana	301
Definição da paranoia	302
Rousseau	305

12. Prevalência imaginária — 309

23 de junho de 2004	309
A identificação imediata	310
Congelamento de um desejo	312
Voz e olhar	316
Privilégio do olhar e da voz na paranoia	320
Exibido ou pior	326
Continuidade dos gozos na paranoia	332

Referências — 337

Nota sobre a tradução

A querela dos diagnósticos traz a público o seminário de Colette Soler realizado no período de 2003-2004 no Colégio Clínico de Paris, dentro do quadro das Formações Clínicas do Campo Lacaniano. Publicado em 2004, em uma edição do Fórum do Campo Lacaniano de Paris, a transcrição, a correção, os esquemas, a diagramação e a capa do livro original em francês ficaram a cargo de Olivia Duverchain, Vicky Estevez, Nicole Giradolle, Jean-Pierre Ledru, Olga Medina-Muñoz, Véronique Pattegay, Géraldine Philippe e Radu Turcanu, com a colaboração de Philippe Bailleul e Patricia Zarowsky.

Na presente edição brasileira, nos casos em que a autora fazia alguma referência específica aos textos de Jacques Lacan publicados em versões oficiais em francês (*Escritos*, *Outros escritos* ou *Seminários*), procuramos localizá-los nas edições oficiais da editora Zahar, substituindo esses trechos pelas versões (os números das páginas, inclusive) publicadas em português. Quando algum excerto se referia a um texto inédito em português, nós mesmos nos encarregamos de traduzi-lo, procurando citar a fonte original em francês. Ademais, sempre que a autora citava outras obras literárias (romances, por exemplo) que dispunham de tradução no Brasil, e que conseguimos localizar, indicamos a referência de publicação da edição brasileira.

Prefácio

Sandra Leticia Berta

Tenho lido algumas vezes, em diferentes momentos, *A querela dos diagnósticos*, de Colette Soler. Voltei a ele em 2017. A releitura desse Seminário, realizado em 2003-2004, provocou-me um efeito de surpresa, porque encontrei nele o anúncio e a abertura das elaborações posteriores da autora. Pude ler as bases do que ela desenvolveria em seus próximos Seminários e em suas produções escritas, em particular nos livros *Lacan, o inconsciente reinventado* (2009)[1] e *Lacan, lecteur de Joyce* [*Lacan, leitor de Joyce*] (2015).[2] Decidi consultá-la sobre uma possível publicação em português e recebi com alegria sua resposta afirmativa.

A pergunta deste Seminário é formulada nos seguintes termos: o que a introdução do nó borromeano muda sobre a questão diagnóstica?

---

1 Soler, C. (2009). *Lacan, o inconsciente reinventado*. Rio de Janeiro: Cia. de Freud, 2012.
2 Soler, C. (2015). *Lacan, lecteur de Joyce*. Paris: PUF.

Tratando-se de um Seminário, não surpreende que se sustente em diferentes perguntas que Soler partilha com seu público, propondo-se a responder a cada uma a partir de sua leitura "metódica e aplicada" – como ela mesma diz –, rechaçando qualquer exercício de "leituras descontraídas" quando se trata de acompanhar o percurso de Lacan. Em decorrência de seu método, ela oferece ao debate algumas novas proposições articuladas por seu bem dizer, em uma experiência de ensino e transmissão relevante, oriunda de questões que a clínica lhe coloca.

A pergunta sobre o diagnóstico se orienta pela ética da psicanálise que supõe o dever ético do analista: o que dele responde na direção da cura e com o qual ele opera. Os abusos no diagnóstico somente poderão ser mensurados a partir dessa posição, que imprime uma pergunta pelo real da clínica. Isso a permite afirmar o que está no cerne desse debate. Cito o trecho das páginas 39 e 40:

Para concluir sobre isso, a necessidade do diagnóstico é solidária do racionalismo da orientação lacaniana, isto é, do postulado segundo o qual a relação analítica com sua experiência da fala e o instrumento da linguagem, por um lado, e, por outro, o campo de que ela trata (a saber, os sintomas), ambos – relação analítica e sintoma – são, um e outro, regulados, ou seja, que há leis, mecanismos e, portanto, cálculo possível. Evidentemente, o cálculo não é tudo, não exclui a incidência da causa subjetiva singular própria a cada um, em que reside o incalculável. O melhor que se pode fazer na psicanálise é um cálculo que dê lugar ao incalculável.

Sendo esse o referente para o tratamento da questão, a autora faz uma revisão dos fundamentos da psicanálise lacaniana dando enfoque, em particular, às elaborações de Lacan de 1974-1976 sobre o nó borromeano. A questão que ela chama de "as variantes da sintomatologia borromeana" a permite concluir sobre uma clínica comparativa, tendo como referência a proposta trinitária dos registros: Real, Simbólico e Imaginário, e acrescentando o quarto elo produtor do nó borromeano de quatro.

Na abertura, ela toma uma posição clara: sem o diagnóstico, na prática clínica, somos irresponsáveis. Por isso o seu esforço em acompanhar o que Lacan pôde propor além dos sintomas-padrão ou dos tipos clínicos com a proposta do borromeano.

Isso leva a autora a uma revisão das três categorias – Real, Simbólico e Imaginário (RSI) – ao longo do ensino de Lacan. Se em um primeiro momento o RSI são categorias ligadas e hierarquizadas, a partir de 1974, no nó borromeano, elas são autônomas e disjuntas. Não há relação a não ser pelo enodamento. Portanto, a interrogação pelos modos de enodamento é um ponto capital de suas reflexões, elaborações e propostas ao longo deste livro. As diferentes definições de RSI não a impedem de procurar – e de encontrar – em Lacan as balizas que já estavam colocadas nos anos 1950, as quais ele retoma a partir de 1974.

O que se destaca, contudo, são as diferenças de RSI. "Um simbólico desconectado do real e do imaginário é um simbólico que não é produtor de significação, que não tem estrutura de cadeia" (p. 63). São antecedentes do que será amplamente elaborado em seu Seminário *O inconsciente – que é isso?* (2007-2008)[3] e em seu livro *Lacan, o inconsciente reinventado* (2009).[4] A autonomia da imagem em relação à linguagem, o imaginário sendo o corpo, será retomada no Seminário *Un autre Narcisse* [*Um outro narciso*]

---

3   Soler, C (2007-2008). *O inconsciente – que é isso?* São Paulo: Annablume, 2012.
4   Soler, C. (2009). *Lacan, o inconsciente reinventado*. Rio de janeiro: Cia. de Freud, 2012.

(2016-2017).⁵ O Real, definido por Lacan como sendo o vivente, foi amplamente comentado em seu Seminário *La troisième de Jacques Lacan* [*A terceira de Jacques Lacan*] (2005-2006).⁶

Visando à diferenciação diagnóstica, Soler aponta um recorte comparativo entre o falatório (cadeia pré-discursiva) e a cadeia inconsciente (que exige um trabalho de decifração). Por sua vez, há outra diferenciação: significante no real e cadeia inconsciente trazem elaborações a serem tomadas no nível da modulação das falas na mania e na esquizofrenia e também nos tipos clínicos da neurose (histeria e obsessão). Merecem destaque suas considerações sobre o neologismo (a anti-holófrase), dando a este uma perspectiva de abrangência que não o refere somente às psicoses. Efetivamente, e como ela afirma, há de se perguntar na clínica o que essas produções linguageiras buscam: todas referem ao ser de gozo, ou seja, ao *je souis,* equívoco entre o ser (*je suis*) e o gozo (*jouis*), proposto por Lacan em "A terceira" (1974)⁷ e amplamente comentado pela autora em seu Seminário sobre esse texto em 2005-2006.

Seu percurso cinge uma leitura minuciosa dos Seminários 21 (*Les non dupes errent*),⁸ 22 (*RSI*)⁹ e 23 (*O sinthoma*),¹⁰ com o propósito de questionar o binarismo Nome-do-Pai (NP) e Nome-do-Pai zero (NP0). Trata-se de um eixo de leitura a partir do qual a autora percorre a questão a respeito da função do pai e do enodamento. Soler nos surpreende ao afirmar que o nome do pai é uma invenção

---

5 Soler, C. (2016-2017). *Un autre Narcisse*. Paris: Éditions du Champ lacanien.
6 Soler, C. (2010). *La troisième de Jacques Lacan*. Paris: Éditions du Champ lacanien.
7 Lacan, J. (1974). *A terceira*. Inédito.
8 Lacan, J. (1973-1974). *O seminário, livro 21: Les non-dupes errent* [Os não tolos erram/Os nomes do pai]. Inédito.
9 Lacan, J. (1974-1975). *O seminário, livro 22: RSI*, inédito.
10 Lacan, J. (1975-1976). *O seminário, livro 23: O sinthoma*. Rio de Janeiro: Zahar, 2005.

neológica, um produto do dizer produtor, tema que retomará em *Rumo à identidade* (2014-2015).[11]

Sua leitura detalhada sobre o Nome-do-Pai permite acompanhar a questão de Lacan: o que condiciona o enodamento? Articulando o ato de nomeação e o dizer que nomeia, a autora propõe a "*nou(e)mination*", equívoco que amalgama o verbo *nouer* (enodar, atar, amarrar) e o substantivo *nomination* (nomeação). São os dizeres que nomeiam e que enodam. A pergunta (ao modo de uma advertência) "em que, por exemplo, o nome do pai que nomeia, o dizer que nomeia quando passa pelo pai, seria ele superior a um dizer que nomeia sem passar pelo pai?" (p. 134) destaca que a hierarquização dos diagnósticos não cabe à psicanálise. Uma ressalva é colocada sobre o dizer que nomeia: ele é nomeação não tanto da coisa impredicável, do ser (referência à foraclusão estrutural generalizada do simbólico) quanto dos parceiros. Assim, a nomeação faz laço, tema amplamente elaborado em seu livro *O que faz laço?* (2011-2012).[12]

É o dizer da nomeação que oscila entre o contingente e o possível e que aspira ao necessário (categorias modais), o que faz com que a psicanálise seja possível, o que põe à prova sua eficácia e o que obriga o avanço nesse terreno da diferenciação diagnóstica. Colette Soler, acompanhando as elaborações de Lacan, propõe-nos o ternário:

1. Não enodamento.

2. Enodamento paterno.

3. Outros enodamentos.

---

11 Soler, C. (2014-2015). *Rumo à identidade*. São Paulo: Aller, 2018.
12 Soler, C. (2011-2012). *O que faz laço?*. São Paulo: Escuta, 2016.

Assim, enfatiza que, a partir do nó borromeano, o binarismo NP-NP0 é posto em questão em prol dessa repartição ternária. Para tal, retoma suas elaborações do dizer paterno que já tinham sido trabalhadas no Seminário ditado em Medellín, Colômbia, chamado *El Padre-Síntoma* (1999/2001),[13] e avança destacando que o dizer paterno não é confidência do gozo de um pai, mas "justo meio-dizer", "justo não-dito", ou seja, um dizer que se infere pela via lógica. O dizer paterno, o sintoma pai, opera um duplo enodamento libidinal entre a mulher, causa de desejo, e as gerações ("tu és meu filho").

Precisamente com essas coordenadas, Soler abordará sua releitura de Joyce. Antes disso, porém, propõe uma discussão sobre outra oposição a partir do binário "no discurso"-"fora do discurso" para a qual sugere a tríade:

1. Os discursos foracluídos.

2. Os discursos estabelecidos.

3. Os discursos não estabelecidos, epifânicos, de *novação*, contingentes que, paradoxalmente, são efeitos do discurso do capitalismo.

A partir daí, acompanhamos sua leitura sobre Joyce e a revisão de suas afirmações no livro *L'aventure littéraire ou la psychose inspirée* [*A aventura literária ou as psicoses inspiradas*] (2001),[14] em uma autocrítica digna daquele que pode revisar seu percurso. Trata-se

---

13 Soler C. (1999). El Padre-Síntoma. In *Associação Fórum do Campo Lacaniano de Medellín*, Medellín, Colômbia. 2001.
14 Soler, C. (2001). *L'aventure littéraire ou la psychose inspirée*. Paris: Éditions du Champ lacanien.

dos antecedentes do que Soler escreverá alguns anos mais tarde em seu livro *Lacan, leitor de Joyce* (2015).

Em *A querela dos diagnósticos*, tendo afirmado que o dizer faz laços, a autora se dedica a comentar amplamente os laços sociais de Joyce, quer dizer, os efeitos de laço no enodamento pelo *sinthoma*. Destacam-se: o dizer magistral, a "cirurgia escriturária" de seu texto – único corpo em questão para enodar RSI – e os apegos (*attachments*) paternos – Nora e seus filhos – aos quais chama *laços de adjacência*. A leitura rigorosa do Seminário 23 e das conferências contemporâneas "Joyce, o sintoma (I[15] e II[16])" a permite demonstrar por que Joyce não era psicótico. Seu modo singular de enodamento a interessa, e ela sublinha a afirmação de Lacan sobre Joyce: ele é sintomatologia.

Suas elaborações sobre o "escabelo" em Joyce permitem incluir a pergunta sobre a humanização, ou seja, sobre as condições de "ereção do homem como indivíduo ligado a outros" (p. 185), tema que reencontraremos amplamente elaborado em seu livro *Humanisation?* (2013-2014).[17] Aqui, apenas uma diferenciação se destaca: se Primo Levi se pergunta como se sai do humano?, Lacan se pergunta pelas condições mínimas para ser homem.

Na última parte desse seminário, suas contribuições sobre a dupla Nora/Joyce e a diferença entre a objeção fálica e a objeção egótica levam às considerações sobre o parceiro fantasmático e o parceiro-sintoma. Ambos respondem à *não relação*; contudo, se o parceiro fantasmático – *a* – é determinado pelo inconsciente que responde à pergunta pelo desejo do Outro, o parceiro sintoma – Σ

---
15 Lacan, J. (1975-1976). *O seminário, livro 23: o sinthoma* (pp. 157-165). Rio de Janeiro: Zahar, 2005.
16 Lacan, J. (1975). Joyce, o Sintoma. In *Outros escritos* (pp. 560-561). Rio de Janeiro: Zahar, 2003.
17 Soler, C. (2013-2014). *Humanisation?*. Paris: Éditions du Champ lacanien.

– acrescenta a condição de gozo, gozo da letra, inscrita selvagemente, portanto, gozo do inconsciente a ser considerado como enxame de Uns. Como a autora diz: o sujeito, gozando com o parceiro sintoma, é mais "auto" do que "hétero" ou "homo". Isso indica que o parceiro é o parceiro *programado* pelo inconsciente. Em consequência disso, ela trabalha as variantes dos parceiros-sintomas que são efeitos do "há relação sexual": Nora para Joyce, a criança que *realiza* a fantasia da mãe, a relação sexual entre gerações, o Deus de Schreber, o qual possibilita que consideremos que nem sempre se trata de um diagnóstico sobre psicose.

No caso de Joyce, insiste Colette Soler, não se tratando de psicose, ele é paradigma daquele que, por sua invenção *sinthomática*, prescinde do pai, produzindo outra resposta: a função nomeadora com seu ego de artista, seu *art-dire*.

Nas últimas lições, Colette Soler pergunta pelo parceiro na psicose e retoma sua leitura sobre o desejo na psicose, em particular, na paranoia, acompanhando o que escrevera em seu livro *O inconsciente a céu aberto da psicose* (2002).[18] Ela amplia suas formulações sustentadas em uma releitura do grafo do desejo e reafirma que, para o paranoico, o desejo da mãe não está ausente, mas ele não funciona como enigma por não ser simbolizado. Sendo assim, a leitura das lições dos Seminários do ano 1975 (*RSI* e *O sinthoma*) permitiu à autora ampliar duas afirmações de Lacan sobre a paranoia: "uma voz que sonoriza o olhar" e "um caso de congelamento do desejo", para finalmente afirmar que "a voz na paranoia é uma voz cativa, para não dizer 'enviscada' [*engluée*], na metonímia das únicas significações da visão e do olhar. É o que chamo de uma

---

18 Soler, C. (2002). *O inconsciente à céu aberto da psicose*. Rio de Janeiro: Zahar, 2007.

redução do campo metonímico" (p. 323), precisamente pelo fato de o desejo materno não funcionar como enigma.

Destaco, então, como um dos eixos de leitura para um debate sobre o diagnóstico, aquilo que a psicanalista francesa aponta: no nó borromeano, o sujeito em questão não é o sujeito suposto (sempre imaginário), mas o sujeito real. Isso é o que está em jogo para se perguntar pela nomeação, pela suplência com a qual cada *parlêtre* pode saber-fazer-aí-com o furo inviolável do simbólico, à *"foraclusão da vida e do sexo no Outro da linguagem"* (p. 274, grifo meu).

Em *A querela dos diagnósticos*, há uma advertência: ler Lacan com rigor é decisivo para os avanços sobre o diagnóstico em psicanálise. Há 15 anos, Colette Soler ditava este Seminário; seu percurso posterior me fez pensar que em 2003-2004, ela aportava, partilhando-o com outros, seu próprio celeiro de questões para o borromeano na clínica psicanalítica e para o diagnóstico. Sua produção até hoje não abandona as linhas de forças que ali foram *escritas*.

São Paulo, maio de 2018.

1. Do diagnóstico em psicanálise

12 de novembro de 2003

Começamos mais um ano de trabalho, finalmente, e, de minha parte, com grande satisfação. Vocês já conhecem o meu título: anunciei-o como *A querela dos diagnósticos* e dedicarei somente a aula de hoje a ele, não mais que isso, e, em seguida, vou lhes dizer aquilo de que vou tratar.

Atualidade da ética da psicanálise

Introduzirei minha proposta de hoje com um breve preâmbulo, a partir de uma citação extraída do texto "Introdução à edição alemã dos *Escritos*", datada de 7 de outubro de 1973. Nele, Lacan fala dos analistas e assinala que eles têm medo, que eles têm medo do chiste, isto é, temem o fato de que podem ser enganados pelo significante, pelas palavras. Ele diz, na página 552 de *Outros escritos*, que, no fundo, eles têm desculpas para ter medo, porque "se beneficiam do novo destino de que, para ser, eles precisam *ex-sistir*.[1] Entendam esse "para ser" como ser representante de um desejo específico, em outras palavras, para que haja desejo do analista, é necessário para eles *ex-sistir*. Escrito assim, *ex-sistir* não quer dizer apenas "estar presente no mundo", pois, para estar presente no mundo, não é preciso muito, basta estar vivo. Para *ex-sistir* é preciso acrescentar um dizer específico a essa presença – necessária, decerto. A *ex-sistência* dos psicanalistas é a *ex-sistência* de um dizer que seja próprio ao discurso analítico, mais além das próprias pessoas. É um dizer diferente, que veicula finalidades e, digamos, uma ética diferente da do discurso comum.

Faço agora menção a essas palavras de 1973 porque elas me parecem ser de uma espantosa atualidade na atual conjuntura, que faz com que, por acaso, eu comece, nós comecemos, nosso trabalho nessa nova situação criada – como sabem – pela emenda Accoyer para a regulamentação da psicoterapia.[2]

Penso que todos estejam a par disso, mas, ainda assim, vou dizer algumas palavras para anunciar outro debate, em outro âmbito. Vocês já sabem o alvoroço que isso suscita entre os psicoterapeutas, psiquiatras e, inclusive e sobretudo, entre os psicanalistas. Ações estão sendo preparadas e, nas reuniões com os representantes de diferentes associações que pude assistir, percebe-se que, no fundo, a pertinência da observação de Lacan permanece intacta.

---

1 Lacan, J. (1973). Introdução à edição alemã de um primeiro volume dos Escritos. In *Outros escritos*. Rio de Janeiro: Zahar, 2003. p. 552.
2 Referência ao projeto de lei de saúde pública do governo francês proposto pelo deputado Bernard Accoyer, em 2004, que propunha a regulamentação das psicoterapias. O texto inicial incluía os psicanalistas no campo das psicoterapias, o que suscitou manifestações por parte dos psiquiatras e dos psicoterapeutas. [N. T.]

Com efeito, nas discussões com colegas, as posições são múltiplas, claro, como ocorre a cada vez que nos reunimos em grande número; há, porém, dois extremos. Em um deles, estão os que dizem "somos psicanalistas, a psicanálise não é uma psicoterapia, isso não nos diz respeito e ponto"; no outro extremo, estão os que dizem "mas claro que sim, o título deve ser protegido, peçamos ao Estado que reconheça o título de psicanalista". Não entrarei nos detalhes dos argumentos de uns e de outros.

Trata-se, de fato, de uma luta política, que é dupla: é uma luta política para precisar o lugar, o papel da psicanálise no campo da saúde e da medicina, para saber se ela está dentro ou à margem do campo da saúde, e seu lugar com relação à ideologia do direito à saúde, já que nos encontramos no âmbito de uma ideologia desse tipo; essa é uma primeira frente de batalha.

Mas há também, no interior da própria psicanálise, uma luta de opções entre as duas posições que acabo de evocar como dois extremos. Sabemos, por exemplo – os textos escritos e divulgados mostram isso –, que a SPP [*Société Psycanalytique de Paris*] se declarou favorável à emenda Accoyer, e não apenas favorável, como também propôs combiná-la com aquilo que ela chama de "comissões de certificação dos psicanalistas" nas quais deveria haver, diz a Société Psychanalytique de Paris (SPP), não somente universitários e médicos, mas inclusive psicanalistas. Vejam que aí estamos em terrenos extremamente problemáticos, e certamente, nos Fóruns e na Escola do Campo Lacaniano, teremos que estabelecer nossa orientação comum e, sobretudo, nossos argumentos.

Gostaria de ressaltar um pouco os dois extremos desse dilema.

Podemos continuar dizendo que "a psicanálise não é uma psicoterapia"? É verdade que ela não é uma psicoterapia, no entanto, observo que os psicanalistas recebem as mesmas demandas que os psicoterapeutas, as demandas, digamos, suscitadas pelos sintomas e pelo sofrimento que nosso mal-estar produz. A psicanálise transforma essas demandas em outra coisa, mas recebe as mesmas. Por outro lado, muitos analistas não fazem somente análises; muitos deles trabalham em instituições, e, por mais analistas que sejam, pensa-se, não fazem psicanálise nas instituições, mas se limitam a responder ao sintoma que encontram, e, é preciso dizer, às vezes fazem o mesmo que os psicoterapeutas. No melhor dos casos, os psicoterapeutas escutam – nem sempre é assim –, outros falam. Então, continuar com o *slogan* "a psicanálise não é uma psicoterapia" não somente elimina os psicoterapeutas (não temos vontade alguma de eliminar os psicoterapeutas, evidentemente), mas seria, sobretudo, um pouco – eu fazia essa comparação – como uma loja de alimentos que pendurasse um cartaz dizendo "aqui não se vende comida".

Creio que foi Lacan, mais uma vez, quem deu a fórmula da posição justa – volto sempre a ela, mas como fazer de outra forma? –, quando ele diz que "a psicanálise é uma terapia, mas não como as outras".[3]

Com efeito, não vendemos psicoterapia – se me permitirem a expressão –, mas aceitamos demandas terapêuticas e, portanto, tratamos de demandas terapêuticas. Nós as tratamos efetivamente, para além da escuta psicoterápica. Podemos precisar ainda mais, dizendo que a psicanálise apresenta dois aspectos indissociáveis. Trata-se de uma exploração do inconsciente, consiste em construir e, ao construir, por meio da fala, explora os significantes, as palavras, os desejos que circulam no inconsciente: essa é sua vertente epistêmica. E fato é que, ao mesmo tempo, ela obtém modificações

---

3 Lacan, J. (1955). Variantes do tratamento-padrão. In *Escritos*. Rio de Janeiro: Zahar, 1998n, p. 326.

nos sintomas: é isso que chamamos de terapêutica. É muito importante ressaltar que essas duas vertentes são indissociáveis. Na psicanálise, cuidamos dos sintomas por meio da exploração do inconsciente, essa é nossa diferença, formulada de maneira muito simples, com relação às simples psicoterapias da escuta, do aconselhamento, do consolo e *tutti quanti*. O que faz, creio eu, com que não se possa dissociar a psicanálise de seu alcance terapêutico, o que, ademais, dá testemunho do inconsciente linguagem. Já desenvolvi esse assunto muitas vezes, deixo-o de lado.

Não vou me deter muito nas demandas que alguns querem fazer ao Estado com o objetivo de se fazer reconhecer como psicanalistas; trata-se de posições muito mais pragmáticas, um pouco extraviadas, ou que podem chegar a extraviar. É preciso discutir sobre isso com todo mundo, mas, em todo caso, noto que se vê bem aí a pertinência dessa frase de Lacan. Para fazer existir a psicanálise pura – a psicanálise do psicanalista – alguns gostariam de se subtrair, de se colocar como exceção, de se extraterritorializar com relação aos problemas do discurso contemporâneo; outros estão prontos a deixar de *ex-sistir*, no sentido de produzir um dizer específico – o do discurso analítico – para estar presente no mundo, para continuar presente no mundo. São duas respostas a um mesmo dilema: como *ex-sistir* ao *discursocorrente* comum, em sua forma capitalista atual, sem desaparecer? É essa a questão.

Não creio que seja possível deixar de lado a psicoterapia, como acabo de dizer, e não creio que se possa esperar que o Estado se transforme em grande Outro da psicanálise, já que é assim que interpreto essas tentativas: como poderíamos regulamentar a competência do analista, tal como se faz com a competência de um técnico? Claro que todo mundo gostaria de se assegurar da competência do analista, mas como poderíamos fazer isso sem, por um lado, eliminar o ato de levar em conta o inconsciente e, por outro, a ética do sujeito – dois fatores que introduzem o incalculável no cálculo das competências?

Essas questões continuam abertas, e acredito que isso seja algo positivo, e vamos continuar tentando elaborá-las um pouco mais adiante. Essas questões, árduas hoje em dia, não são novas, e é por isso que citei a frase de Lacan de 1973. Há muito tempo, ele havia, ironicamente, denunciado aquilo que queria voltar "ao redil da psicologia geral"[4] – ele dizia assim. Essa frase se referia os universitários, Lagache e outros, que queriam ligar os conceitos da psicologia e os da psicanálise, como se se tratasse de um campo homogêneo. Hoje não se está mais à procura de um redil conceitual, mas, sim, à procura de um redil de saúde pública, o que está um grau abaixo.

Creio que todos esses problemas estão bastante presentes na questão dos diagnósticos, então, volto ao meu tema, a questão dos diagnósticos e as polêmicas que isso implica.

Um século de diagnósticos na psicanálise

Na medida em que seguimos o ensino de Lacan, não podemos prescindir do diagnóstico. Em geral, justificamos isso em nome da possível psicose do paciente que nos consulta. Em princípio, gostaria, então, de fazer um panorama que vou chamar de "variantes da sintomatologia na psicanálise".

A psicanálise – em um século de existência – teve evoluções sintomatológicas. O que chamo de "sintomatologia" não é a

---

4 Lacan, J. (1958). A direção do tratamento e os princípios do seu poder. In *Outros escritos*. Rio de Janeiro: Zahar, 2003, p. 597.

configuração dos sintomas, já que sabemos, é claro, que eles mudam conforme o contexto de discurso, que são históricos – sempre se fala disso, e o próprio Freud percebeu isso. No fundo, Freud se deu conta de que as psicologias que ele nomeou individual e coletiva eram solidárias entre si.

Hoje, diríamos mais que os indivíduos, um a um, estão sujeitos a um mesmo discurso. A sintomatologia é outra coisa, trata-se da conceitualização dos sintomas, isto é, o saber que se constrói, ou, se preferirem – para empregar um termo simples da teoria clínica –, a teoria elaborada acerca dos sintomas. As teorias clínicas (já que existem várias) não são simplesmente teorias causais, explicativas; elas começam no plano da designação, da identificação dos sintomas, com a questão de saber a que se chama de sintomas. Voltarei a isso um pouco adiante.

Desde o início da psicanálise, Freud e seus colegas colocaram a questão da elaboração de uma teoria clínica própria à psicanálise, diferente das teorias clínicas da psiquiatria. Tratava-se de saber se havia uma clínica psicanalítica que fosse própria ao discurso analítico e que não fosse simplesmente a clínica psiquiátrica daquele tempo. Uma clínica psicanalítica própria, no sentido forte do termo, suporia duas coisas: uma nosografia própria, isto é, uma identificação dos sintomas que lhe fosse própria, e, além disso, em segundo lugar, teorias explicativas próprias.

Lembro a vocês a evolução da história com relação a essas questões.

Em princípio, é possível constatar que Freud, Lacan, Melanie Klein – nela isso é menos nítido, mas penso que também seja o caso – construíram sua clínica desviando-se da clínica psiquiátrica; ou seja, *grosso modo*, eles retomaram as categorias diagnósticas da psiquiatria: psicose, neurose e perversão. Vocês sabem que todos os primeiros textos de Freud sobre questões da psicose são diálogos a respeito de duas grandes vertentes da psicose: a paranoia e a esquizofrenia. É possível acompanhá-los sem dificuldade. E o mesmo ocorre com as grandes vertentes da neurose: a histeria, a obsessão e a fobia. A perversão, desde o início, foi mais polimorfa. Por outro lado, cada uma dessas categorias está historicamente ligada a um grande nome da psiquiatria clássica: Kraepelin, à paranoia; Bleuler, à esquizofrenia; Krafft-Ebing à perversão, e, para resumir, digamos que Charcot à neurose de base que é a histeria.

Tanto Freud quanto Lacan retomaram essa nosografia, ao menos no início. Em Freud isso se concebe porque se tratava da clínica psiquiátrica de sua época, o fim do século XIX e início do XX. Ele era contemporâneo da construção dessa nosografia. Em Lacan é um pouco diferente. Durante sua formação como psiquiatra, nos anos 1930, ele não estava longe dessas elaborações, mas se o tomarmos, digamos, a partir do pós-guerra, o Lacan psicanalista já está praticamente a cinquenta anos de distância.

Com relação a nós, já se passou um século. Além disso, Lacan partiu da psicose, ao passo que Freud, da neurose. No entanto, apesar de todas essas diferenças, Freud e Lacan fizeram a mesma operação: eles retomaram a nosologia psiquiátrica, seus termos, o mapa dos transtornos isolados pela psiquiatria, e procuraram construir uma teoria psicanalítica a partir dessa nosografia.

Vê-se isso muito claramente em Freud. Desde o princípio, ele efetua uma operação muito simples: toma o mapa dos sintomas e se pergunta qual a incidência do inconsciente, descoberto por ele por meio da análise das neuroses, em cada um dos sintomas. Titubeando um pouco nos primeiros anos, ele responde com a noção de psiconeurose de defesa, teoria unitária das psicoses e das neuroses. Em seguida, pode-se acompanhar passo a passo a explicitação, na obra de Freud, da busca dos mecanismos diferenciais a partir dessa teoria unitária.

Lacan retomou as categorias diagnósticas. Vê-se muito bem isso quando ele luta contra o organo-dinamismo de Henry Ey, seu colega e camarada. Se retomarem os textos dos *Escritos*, verão que eles estão perfeitamente de acordo sobre a nosografia, mas contestam a teoria explicativa. Lacan põe em ação a empreitada de repensar todos os fenômenos da neurose, da psicose e da perversão a partir da estrutura do sujeito na medida em que ele é determinado pela estrutura do significante e do discurso.

Tudo isso me parece totalmente claro na história da psicanálise, deixo de lado as nuances. Em 1973, em "Introdução à edição alemã dos *Escritos*", Lacan permanece nessa posição. Ele diz, na página 554 dos *Outros escritos*: "existe uma clínica (ele chama de clínica a descrição dos tipos). Só que, vejam: ela é anterior ao discurso analítico".[5] Não se pode mais admitir com tanta clareza os tipos clínicos isolados pela psiquiatria. E, portanto, sua questão ainda permanece nesse texto: "será que se pode demonstrar que os tipos clínicos da psiquiatria procedem da estrutura?" (Entenda-se aí, "procedem do efeito de linguagem").

Gostaria de fazer dois comentários sobre a posição de Lacan em 1973, já que tudo isso poderia pedir uma interpretação.

---
5 Lacan, J. (1973). Introdução à edição alemã de um primeiro volume dos *Escritos*, *op. cit.*, p. 554.

Com efeito, em 1973, Lacan não se refere em absoluto à nova sintomatologia do DSM.[6] Ora, o DSM-I foi publicado em 1952, não sei se vocês têm isso em mente: ele é velho! O DSM-II apareceu em 1968. Em 1973, Lacan evidentemente não o desconhecia, mas não o menciona... O que quer dizer? Como compreender isso? Minha hipótese, que não vou desenvolver aqui exaustivamente agora, é que, talvez contrariamente àquilo que se acredita, a clínica da psiquiatria clássica e a clínica do DSM não são tão heterogêneas quanto se imagina; com efeito, ambas são estritamente descritivas. Nos casos em que há hipóteses causais, elas não entram na descrição clínica, nem a mudam. Mas, naturalmente, há uma diferença: a clínica do DSM é uma clínica descritiva que passa pela via estatística, a qual, portanto, leva em conta o grande número e as repartições; ao passo que a clínica clássica baseava-se no interrogatório dos pacientes um a um, e é possível dizer que a relação e a observação no um a um e a acumulação dessas observações estavam mais em consonância com o método analítico que a via estatística e a resposta aos questionários anônimos.

Minha primeira observação é que Lacan não se comoveu com a aparição dos DSM no campo da psiquiatria, isso é evidente.

A segunda observação é que Lacan não se refere, em absoluto, aos novos sintomas com os quais o capitalismo nos presenteia, sintomas que os psicanalistas de hoje dão tanta importância e que chamam de "os novos sintomas". Isso é bem estranho porque

---

6 Referência ao *Diagnostic and Statistical Manual of Mental Disorders* (ou Manual Diagnóstico e Estatístico de Transtornos Mentais). Trata-se de um manual para profissionais da área da saúde mental que elenca as distintas modalidades de transtornos mentais e os critérios para diagnosticá-las, seguindo as orientações da *American Psychiatric Association* (APA). Sua primeira versão foi publicada em 1952, atualmente estando na quinta versão (DSM-V), lançado em 2013. [N. T.]

Lacan, em linha de frente, ressaltou a historicidade do sintoma, e até mesmo produziu o neologismo de escrita, *hystoire* [história], com "y", como se escreve *hystérie* [histeria] com um "y" em francês, indicando que a estrutura da histeria está em funcionamento na historicidade. Ele tinha, pois, uma poderosa consciência da evolução dos sintomas, de sua relatividade em função do estado do discurso. E ele não fala dos novos sintomas que, contudo, já existiam em 1973 – não creiam que eles são produtos dos anos 2000! Hoje, insiste-se muito nesses novos sintomas, na série depressão, abulia, toxicomania, transtorno da oralidade, passagem ao ato... E há preocupação porque se vê nisso manifestações de rebeldia, as pessoas estão mais rebeldes à transferência, resistentes em começar uma análise. Mas observem que toda essa série designa transtornos de conduta que concernem diretamente ao desejo ou aos gozos pulsionais: depressão e abulia é a deflação do desejo; toxicomania, transtornos da oralidade; passagem ao ato é a pulsão em ação... Não são sintomas que procedem da decifração. Os sintomas e os transtornos de conduta não são a mesma coisa, a psicanálise decifra os sintomas construídos por transtornos diretos do desejo e da pulsão (a psicanálise em sua origem freudiana). Certo é que hoje, trinta anos depois da frase de Lacan, esses transtornos não são verdadeiramente novos, e adquiriam uma amplitude numérica que não tinham nos anos 1970.

O que é novo, então, para que os psicanalistas se queixem tanto deles? Acredito que é porque eles os encontram mais que antes por dois motivos que não estavam completamente presentes na década de 1970. Porque, ao saírem de seus consultórios, eles já não se reduzem mais agora ao corpo dos psicanalistas liberais. Eles estão um pouco por toda parte, nessas instituições em que se encontram sujeitos que tenham, talvez, a chance de localizar um analista ali, mas que, em geral, não vão procurá-lo.

E ademais, há a publicidade que se faz para a psicanálise na televisão, na imprensa, nos livros, enfim, em todos os meios de comunicação; isso é incomparável com relação ao que aconteceu vinte, trinta ou cinquenta anos atrás. Propaga-se na opinião pública a ideia de que a psicanálise é um recurso indistinto para aqueles que têm algo que não vai bem, o que faz com que cada vez mais se recebam sujeitos, diria "por mal-entendido", que não teriam vindo se consultar há trinta anos – é isso o que mudou, me parece. Há algo aí para se preocupar? Deixo que vocês julguem.

Em todo caso, em 1973, Lacan permanece impávido com relação a essas questões; como ressaltei, é impressionante que ele, que fez tantas predições que se verificam hoje sobre o que estava acontecendo e o que ia acontecer, não tenha dito nada com relação a isso. Até 1973, ele continua se ocupando dos sintomas-padrão que enumerei no começo.

Assinalo agora – esse é outro breve ponto – o grande contraste com o ocorrido na corrente da IPA. Por intermédio de alguns de seus membros, não todos, os psicanalistas da IPA tentaram inventar categorias sintomáticas novas a partir da experiência analítica. Podemos criticar essas categorias – alguns, inclusive, podem dizer "é porque eles não conhecem a psiquiatria"–, dado que isso veio mais dos Estados Unidos. De todo modo, seria um pouco insuficiente ater-se a isso, mas, é certo que quando Winnicott produz seu "*self*", quando outros produziram as "personalidades como se", as "personalidades narcísicas", as "personalidades *borderline*", não eram categorias da psiquiatria clássica, que eles forjaram a partir de sua experiência da psicanálise. Não se trata nem de neurose nem de psicose, isso vem da psicanálise. O que digo aí não impede que se critique essas categorias – das quais não sou parte interessada –, mas é preciso reconhecer que eles tentaram criar uma sintomatologia própria ao discurso analítico. Sintomatologia pragmática, sem dúvida, mas, no entanto, específica do discurso analítico.

Para concluir esse panorama, gostaria de dizer algo sobre o que chamarei de "as variantes da sintomatologia lacaniana". Acabo de salientar que Lacan manteve a mesma posição até 1973. Mas ele deu um passo a mais em seu último ensino, a partir do momento em que introduziu o nó borromeano, o que começa justamente nos anos de 1972-1973. Ele inseriu ali, falando com propriedade, uma nova sintomatologia, isto é, novas designações dos sintomas e uma nova construção teórica para tratar de dar conta dela. O mais estranho, enfim, é que quase nunca nos referimos a ela. Nós nos referimos a ela para estudar a coisa, eventualmente para fazer explanações, mas, na prática, quando se trata de falar de um caso, utiliza-se muito pouco as últimas elaborações de Lacan – e por "se trata" refiro-me aos lacanianos. Nós continuamos a nos referir preferencialmente às elaborações anteriores. Sobretudo na psicose, vamos diretamente a "De uma questão preliminar..."[7] ao *Seminário 3*:[8] é claro que não sou eu quem vai desencorajar o estudo desses textos, eles são a base, mas que ficamos um pouco estacionados, é o mínimo que se pode dizer!

É preciso reconhecer que Lacan realmente não desenvolveu uma clínica borromeana, ele apenas a introduziu, nomeou – o que já é muito. Dispomos ao menos de três exemplos: um que não é grande coisa, e dois muito importantes.

---

7 Lacan, J. (1958). De uma questão preliminar a todo tratamento possível da psicose. In *Escritos*. Rio de Janeiro: Zahar, 1998h, pp. 537-590.
8 Lacan, J. (1955-1956). *O seminário, livro 3: As psicoses*. Rio de Janeiro: Zahar, 1985c.

Em primeiro lugar – já expus isso e afins também durante uma apresentação de pacientes – temos o que ele propôs com relação ao que chamou de "doença da mentalidade". Não estou explicando o que ele entendia por isso, mas aqui há uma categoria nova totalmente desconhecida na legião da nosografia psiquiátrica e que não poderia ter sido produzida se ele não tivesse utilizado os esquemas oriundos do nó borromeano, que respondem a uma realidade clínica precisa.

Por outro lado, ele propôs o "*sinthoma* [*sinthome*] Joyce", que não é o sintoma [*symptôme*] Joyce, ainda que haja algo nesse texto, extrema e rigorosamente preciso, que se poderia chamar de uma nova formulação de um tipo de sintoma totalmente inédito.

Em outra ocasião – mas, neste caso, trata-se realmente de algo bem reduzido –, ele pôde dizer, ainda durante uma apresentação de pacientes: "essa é uma psicose lacaniana".[9] Por que disse isso? Porque se tratava de um sujeito que, se me lembro bem, alucinava e delirava ao mesmo tempo, mas delirava com uma espécie de cosmologia em que havia o simbólico, o imaginário e o real – era ele quem nomeava dessa forma, e não me parecia suspeito de ter lido muito, de ter copiado isso. Era bastante surpreendente! É por isso que Lacan diz "essa é uma psicose lacaniana". Foi um gracejo, mas serve para indicar que, a partir de certo momento, ele começou a abordar os fenômenos clínicos com sua nova ideia quanto aos registros do imaginário, do simbólico e do real.

Como creio que não estamos totalmente em dia com esses diagnósticos de Lacan, minha intenção neste ano é estudar, na medida

---

9 Federación de Foros del Campo Lacaniano España, F7. Documento de uso Interno: *Lacan, Diciembre 1975, Abril 1976. 8 Presentaciones de enfermos en Sainte-Anne*, Presentación del viernes 13 de febrero de 1976. Caso G. L., 26 anos: Una psicosis lacaniana. Recuperado de http://www.valas.fr/IMG/pdf/j_lacan_presentations_clinique_de_sainte-anne_en_espagnol.pdf (Acesso em 27/03/2018).

do possível, os fundamentos e os recursos clínicos da sintomatologia borromeana. Para incluir isso em meu título, poderia dizer "a querela da sintomatologia borromeana e da sintomatologia da cadeia significante". Na realidade, não se trata de uma querela, mas para indicar que há, ainda assim, certo hiato, gostaria de estudar o que constitui a clínica borromeana, se conseguirmos chegar até aí.

Polêmica sobre o uso do diagnóstico

Antes disso, gostaria hoje, depois desse panorama da evolução da sintomatologia na psicanálise, de passar a outro aspecto: o uso dos diagnósticos, o uso prático perante o paciente. Trata-se de algo diferente do mapa nosográfico ou da teoria dos tipos sintomáticos. Há uma polêmica viva sobre essa questão, isto é, toda uma corrente de pensamento que recusa duas coisas.

Primeiramente, a necessidade do diagnóstico em psicanálise. Algumas pessoas pensam que o diagnóstico é inútil no discurso analítico, que não se deveria usar o diagnóstico. Mas também, e isso está ligado, há aqueles que denunciam o uso do diagnóstico como um abuso, o que não é totalmente igual.

Trabalhei esse tema até o começo do ano e certamente não voltarei a ele, porque não é, de forma alguma, algo atual – essa corrente pertence um pouco ao passado. Ela proliferou nos anos 1970, mas os tempos atuais são mais "diagnosticistas"; diagnostica-se bem ou mal, a torto e a direito. Os próprios sujeitos o demandam: "diga-me o que sou, diga-me o que tenho", eles querem etiquetas, o que talvez os tranquilize diante do desconcerto existente.

Mesmo assim, ainda há vozes que proclamam guerra contra os diagnósticos na psicanálise. Para tomar as coisas de forma mais positiva, menos polêmica, então, de onde vem o problema? Creio que compreendemos bem se nos referirmos às análises que Michel Foucault fez em seu livro *O nascimento da clínica*.[10] É uma de suas melhores obras – há outras que são interessantes, mas essa, particularmente, era pertinente. Nela, Michel Foucault estudava a clínica psiquiátrica, não a clínica psicanalítica, e caracterizou a atividade diagnóstica de uma forma que considero justa: diagnosticar é fazer o caso singular entrar em uma espécie geral. Isso é feito por uma preocupação com a racionalidade, o que é, porém, um pouco homólogo ao que se faz ao se classificar as espécies animais ou vegetais: criam-se jardins botânicos, zoológicos... É possível fazer também um jardim das patologias, sem problema! Michel Foucault ressaltou precisamente que se tratava de uma medicina do visível, do mostrável, que ela implicava o olho clínico – esse olho do clínico que, a partir do século XIX, passou inclusive para além do campo macroscópico, chegando até o microscópico com a anatomopatologia.

Essa sintomatologia do olhar é sempre uma sintomatologia do Outro, estabelecida pelo médico. Na psiquiatria, faz-se, sem dúvida, o paciente falar, mas na medida em que, por meio do que ele diz, se possa entregar os signos da espécie mórbida à qual pertence. Em sua fala, procura-se não os traços de um sujeito, mas os traços de sua doença. É, portanto, um hétero-diagnóstico, um diagnóstico que vem do Outro e no qual a fala não é, em absoluto, constituinte, mas simplesmente o veículo dos signos. Isso imediatamente faz parecer que há um problema com a psicanálise, porque nela se acolhe o sintoma constituído de forma muito distinta. Quando digo "se acolhe o sintoma", quero dizer o sintoma que pode ser

---

10 Foucault, M. (1963). *O nascimento da clínica*. São Paulo: Forense Universitária, 2011.

tratado, e não simplesmente aquele que nos é apresentado, e, talvez – é até mesmo certo –, que não seja possível tratar de todos.

O sintoma que pode ser tratado é constituído de outra forma, ele é necessariamente autodiagnosticado. Na psicanálise, é sintoma aquilo que o sujeito considera como sintoma. Na medida em que ele não considerar um traço como um sintoma, este permanecerá inerte, um enclave na fala analisante. Há, então, uma disjunção entre os sintomas cuja presença ou ausência o médico procura, e aqueles que permitem entrar na psicanálise.

É por isso, aliás, creio eu, que se coloca a questão da demanda de entrada. Sabe-se bem que não é qualquer demanda que permite entrar em uma análise. Essa questão é muito importante, precisamente porque não é qualquer estado do sintoma que se presta à elaboração analisante. Poderia, ainda, dizer isso de outra forma: só é sintoma tratável aquilo que se apresenta como um significante da transferência, isto é, que supõe um sujeito. O que não se vê, isso não procede da clínica do visível. Que um transtorno qualquer, algo que não vai bem para o sujeito, suponha o sujeito, não é visível.

O que faz com que o mesmo sintoma, definido na clínica psiquiátrica, na clínica da observação – quer seja uma conversão, uma fobia etc. – possa ou não se tornar um sintoma analítico. O fato de fabricar a forma analítica do sintoma é uma transformação.

Pode-se expressar isso de diversas formas: o que se denomina "sintoma" na clínica da observação não se denomina forçosamente "sintoma" na clínica autodiagnosticada do sujeito. Ou ainda: o que o Outro social (e o psiquiatra faz parte do Outro social) não suporta ou estigmatiza nem sempre coincide com o que cada sujeito não suporta. Nesse sentido, a fala, os ditos do sujeito, são constituintes do sintoma que é possível tratar na psicanálise. Somente o sujeito pode dizer o que não vai bem para ele, embora ele ignore a causa disso; naturalmente, ele talvez tente descobri-la. Às vezes, aquilo que não vai bem demonstra muito mais isso – o que não vai bem, quando tudo vai bem, aliás. É isso que faz com que, muitas vezes, os neuróticos sejam tratados como doentes imaginários. Um "doente imaginário" é um doente subjetivo, isto é, que o discurso comum diz: "ele tem tudo para ser feliz", mas não, algo não está bem. Percebe-se aí uma considerável diferença entre o sintoma visível, aquele que a psiquiatria pode diagnosticar – e o psicanalista eventualmente também –, e o sintoma invisível, aquele que o sujeito vive, entre o sintoma observado e o sintoma subjetivo.

Recebi recentemente uma pessoa assim. Foi bastante interessante. Tinha 47 anos, o que começa a ser apenas a metade da vida. Uma pessoa bem-sucedida, em tudo. Dizia a mim mesma que gostaria de saber o que um analista da IPA diria diante de uma pessoa assim. Porque se procurarmos esses critérios de adaptação ao discurso e ao mundo, tudo está bem – o marido, os filhos, sua carreira de sucesso (até mesmo excepcional), talentos manifestamente fora do comum. E eis que então, já há tempos, ela pensa na psicanálise, e finalmente vem a ela, porque com esse "tudo vai bem", algo ou tudo também vai mal. O que é isso, então? Isso é um sintoma possivelmente tratável pela psicanálise; não se sabe para onde isso levará, mas, em todo caso, trata-se de uma configuração que torna sensível, na própria entrada, essa diferença profunda entre a clínica psiquiátrica e a clínica psicanalítica.

Creio que é essa diferença, para tomá-la da forma mais positiva possível, explica porque certos analistas pensam que o diagnóstico prévio é inútil, já que é na elaboração da fala que se pode desdobrar o sintoma, mas que o sintoma que se observa na entrada não é interessante para o psicanalista, e que, no fundo, o que lhe interessa é aquilo que se revela mediante transferência nos ditos do sujeito.

A ética dos diagnósticos

É para ser indulgente que estou tentando explicar, para mim mesma, a tese da inutilidade do diagnóstico. Mas há outra parte da tese que denuncia o abuso do diagnóstico. Há um problema de ética com os diagnósticos, sobre o qual gostaria de dizer algumas palavras.

Para resumir a tese daqueles que o denunciam, o diagnóstico seria uma espécie de abuso do saber em prol de outra coisa; em outras palavras, é a ideia de que o exercício clínico, que é um exercício de saber, é apenas o álibi do gozo do clínico. Essa tese partiu eminentemente de Michel Foucault, de quem acabam de republicar o curso de 1973-1974 sob o título de *O poder psiquiátrico*.[11] A data aí é importante, porque nessa época ainda estávamos sob os sobressaltos dos efeitos de 1968, da ideologia antimestre e antipoder de 1968. Comprei esse livro, então, com bastante esperança, porque Michel Foucault, apesar de tudo, escreveu diversos grandes textos, mas devo admitir que aquele não foi seu melhor ano (acontece!). Ele me pareceu muito fraco e, sobretudo, datado, embora, como sempre, encontre-se em seu texto uma massa de informações, de erudição, sempre úteis para o leitor.

Qual é a tese de Michel Foucault?

Em princípio, ele estigmatiza a posição do poder do psiquiatra tomando seu parâmetro, digamos, longe no tempo, mas essencialmente no século XIX e no início do XX. Há ali textos extremamente convincentes que ele cita e em que se vê, na verdade, que os psiquiatras dessa época não se consideravam somente como homens

---
11 Foucault, M. (1973-1974). *O poder psiquiátrico*. São Paulo: Martins Fontes, 2006.

de saber, mas retificadores de desvios morais e sociais. Foucault estigmatiza o poder do psiquiatra sobre o pobre psiquiatrizado, que está à sua mercê. E em seguida, ele isola – estou resumindo em linhas gerais – duas empreitadas, as quais chama de despsiquiatrização, que ele coloca no mesmo plano – se não o tiverem lido, não vão adivinhar quais são: a farmacologia e a psicanálise, na medida em que elas despsiquiatrizam e tocam, efetivamente, em algo do poder moral do psiquiatra. De fato, tudo isso para fazer uma apologia, uma verdadeira apologia, da antipsiquiatria que seria a única a ter efetivamente desfeito o abuso psiquiátrico.

Essa tese de Michel Foucault parece-me bastante representativa de uma tese defendida por certo número de autores: a tese do abuso inerente ao diagnóstico, que faz do saber um álibi do gozo. Aí já não se trata mais tanto do gozo do olhar, mas do gozo do poder.

Michel Foucault, decerto, não está no campo da psicanálise, mas encontramos tais ecos no campo da própria psicanálise. Gostaria de citar um exemplo, não porque ele é representativo, mas porque, de forma contingente, li o livro de René Major, que se chama *La démocratie en cruauté*.[12] Como ele teve a gentileza de me oferecer um exemplar, eu o li e encontrei uma tese que me surpreendeu muito, na verdade. Há nele muitas coisas interessantes, mas, no fundo, René Major, inspirado por Derrida, introduz a seguinte noção: "a hospitalidade incondicional do analista". É uma noção muito bonita, e é preciso dizer que a hospitalidade – condicional ou incondicional – é uma prática que está se perdendo. Ele propõe essa ideia, que a princípio parece muito simpática, mas logo diz:

> *a hospitalidade incondicional com o paciente faz prescindir de tudo o que posso saber, nunca sei o bastante,*

---

12 Major, R. (2003). *La démocratie en cruauté*. Paris: Éditions Galilée.

> *toda apreensão nosográfica do outro, toda etiqueta que lhe fizesse carregar [é a hospitalidade incondicional, portanto, que exclui qualquer olhar nosográfico] seria um dispositivo imunitário [ele escreve bem!] contra todo advento imprevisível, inesperado, surpreendente, e seria, em suma, uma medida de hospitalidade limitada.*

Quando lemos isso, dizemos "Ah, sim...". Somente nos adventos imprevisíveis, inesperados e surpreendentes pode ocorrer, por exemplo, o suicídio de um sujeito melancólico... O que já é, então, um problema. Ele acrescenta: "a hospitalidade incondicional deixa de reserva todo saber e toda inquisição". Essa é uma tese muito forte, ele diz que a posição nosográfica é inquisidora.

Um pouco mais adiante, ele diz que essa hospitalidade exclui o cálculo, a antecipação e o apropriável. Tudo isso – cálculo, antecipação, previsão na clínica –, ele imputa àquilo que chama de crueldade, que é um dos nomes do gozo do poder.

René Major, por fim, provavelmente tenha razão no âmbito já fixado, já desenhado da psicanálise do sujeito neurótico. Nesse âmbito, é possível sustentar o que ele coloca. É bastante próximo do que Freud dizia, quando convidava a esquecer tudo o que se sabe para abordar cada caso como se fosse o primeiro. Isso também se tratava de hospitalidade incondicional, porém, não antes da entrada em análise, mas depois.

O que podemos conservar dessas críticas? Diagnóstico inútil ou abusivo? Nós, enquanto alunos de Lacan, estamos persuadidos da necessidade do diagnóstico prévio, para saber se, e como, a pessoa que recebemos pode ou não se beneficiar com o processo analítico.

Freud, como sabem, pensava que a psicanálise era inoperante para a psicose. Essa não é exatamente a posição de Lacan, nem a dos pós-freudianos; a posição de Lacan é muito simples: a de que o saber clínico orienta a ação. Se não se sabe como uma psicose se constrói, quais são as condições e a natureza de seus fenômenos, então – como ele diz ao terminar seu texto "De uma questão preliminar..." – se "remará na areia"[13] – em outras palavras, agiremos em vão. Remar na areia é inútil. Se fosse apenas inútil, não haveria problema, mas também pode ser perigoso, e isso é mais incômodo: dou-lhes um exemplo (há outros exemplos), quando se tem que lidar com um sujeito melancólico, que pode se parecer com um neurótico como qualquer outro em certos momentos, é melhor perceber isso e não imaginar que a fala é um remédio para tudo. Ele pode, por vezes, precisar também de medicamentos e, provavelmente, de abrigo hospitalar. A "hospitalidade incondicional" seria aí, antes, culpada.

Para concluir sobre isso, a necessidade do diagnóstico é solidária do racionalismo da orientação lacaniana, isto é, do postulado segundo o qual a relação analítica com sua experiência da fala e o instrumento da linguagem, por um lado, e, por outro, o campo de que ela trata (a saber, os sintomas), que ambos – relação analítica e sintoma – são, um e outro, regulados, ou seja, que há leis, mecanismos, e, portanto, cálculo possível. Evidentemente, o cálculo não é tudo, não exclui a incidência da causa subjetiva singular própria a cada um, em que reside o incalculável. O melhor que se pode fazer na psicanálise é um cálculo que dê lugar ao incalculável.

---

13 Lacan, J. (1958). De uma questão preliminar a todo tratamento possível da psicose, *op. cit.*, p. 590.

Gostaria, agora, de ressaltar o seguinte: em qualquer diagnóstico – e isso é talvez algo que os denunciadores do diagnóstico tenham percebido – há algo que excede apenas o juízo de saber. Mais vale, é claro, que o diagnóstico seja justo; justo ou não, porém, ele implica sempre um juízo ético, e um juízo ético não é um juízo de saber. Se preferirem, poder-se-ia dizer um juízo de gosto, para retomar o termo de Kant. Percebe-se muito bem isso, na época atual, quando se ouve falar do sintoma da homossexualidade. Os psicanalistas falarem do sintoma da homossexualidade é o exemplo atual para apreender realmente que nos diagnósticos não há somente o elemento de saber.

Há fenômenos discretos que mostram essa dimensão de juízo ético no diagnóstico, e, em princípio, algo muito simples: ser diagnosticado é sempre muito desagradável. Fala-se daquele que faz o diagnóstico, mas há também aquele que é diagnosticado. E algumas vezes ser diagnosticado é muito desalentador.

E depois há a prática do diagnóstico selvagem, que é frequente: trata-se como maluco, histérico, paranoico, esquizofrênico... Que no cotidiano seja possível fazer esse uso é um índice de que há um uso possível do diagnóstico como injúria, especialmente nos meios informados psicanalíticos e psiquiátricos, isto é, que há também diagnósticos de corredor, fofocas que dizem "você sabe que fulano é um...". Essas pequenas ocorrências discretas do cotidiano devem ser colocadas em uma estrutura muito mais geral que Lacan formulou de forma bem simples: "todo significante faz injúria ao sujeito", isto é, todo juízo que atribui um significante a um sujeito exerce uma violência sobre esse sujeito. O que quer dizer que o caráter injurioso não depende tanto do sentido do significante quanto da própria predicação, a predicação que vem do Outro, um Outro que formula "você é isso ou aquilo" – seja isso positivo ou negativo. O "isso ou aquilo", o significante predicado, faz injúria ao sujeito. O que quer dizer que ele recalca e aliena seu ser próprio. Há uma violência da predicação e a predicação do diagnóstico não escapa, em absoluto, dessa estrutura geral. As palavras que nos imputam nos violentam.

Nesse sentido, o diagnóstico é o oposto do nome próprio – não me refiro ao nome próprio como o patronímico que se carrega, mas a uma definição de nome próprio como um nome que identifica os traços de alguém como singulares, únicos, impredicáveis justamente e que só se promove por meio dos atos e das obras. É o que permite dizer que o nome próprio *ex-siste* ao Outro: não é um significante do Outro, mesmo que faça muitos outros para confirmar isso. Nem todo sujeito tem um nome próprio. E não estou longe de pensar que uma análise digna desse nome, se ela começa com a injúria do diagnóstico prévio necessário, e da qual dependem as indicações da análise, deveria terminar com um nome próprio, para permitir ao sujeito apreender aquilo que, para ele, fixa seu ser singular fora do Outro, fora da alienação.

Tudo isso para dizer que não há por que esconder a face: reconheçamos a violência do diagnóstico. Se tivéssemos que escolher entre violência e não violência seria muito simples, mas não é esse o caso. Temos que escolher entre tipos de violência e, portanto, há uma violência do diagnóstico que não deve ser a última palavra de nossa prática, mas que, no entanto, é necessária para evitar os desastres.

Lacan, por sua vez, não tinha o hábito de ignorar a realidade, e ele nunca dissimulou um juízo ético que implicava suas categorias diagnósticas. É muito impressionante, ele explicitou passo a passo como as categorias diagnósticas implicavam avaliações éticas, conforme já evoquei.

Podemos acompanhar essa evolução: vemos, por exemplo, a princípio, que ele tem muita simpatia pelo neurótico e fala dele como de uma vítima comovente (isso é gentil!), isto é, que ele vê nos neuróticos sujeitos que têm dificuldades com seu desejo (é esse o caso), mas que, por isso mesmo, já que têm dificuldades – virtude do sintoma – revelam que o próprio desejo implica dificuldades. Não são apenas eles que têm dificuldades, o próprio desejo veicula dificuldades estruturais, e não somente eles as revelam, diz Lacan, mas as têm presentes, e ele acrescenta – eis o juízo ético – que isso não os coloca tão mal assim na escala humana.

É evidente que se poderia dizer que uma avaliação dessas – vista hoje a partir do relatório Cléry-Melin,[14] por exemplo, o qual queria fazer todo mundo passar pelo critério da normalidade – é um juízo que gostaríamos de encontrar.

Mas Lacan, que valorizava o sintoma neurótico na medida em que estava elaborando a dimensão do desejo na experiência, faz outra avaliação quando começa a se interessar por aquilo que não é o desejo, mas o gozo, e retoma um termo que Freud sublinhou na fala do Homem dos ratos, o termo "vileza", "covardia". Ou seja, que o neurótico, por causa do recalque, da defesa e *tutti quanti*, recua quando se trata de reconhecer e de assumir seu próprio gozo.

E, consequentemente, nesses anos – estamos em 1967 – ele faz elogios ao perverso, o qual, diz ele "confrontado muito mais de perto com o impasse do ato sexual".[15]

Vejam, portanto, que nessas duas etapas Lacan explicita o juízo do diagnóstico em função da perspectiva que ele assume para o diagnóstico. O que faz, creio eu, com que seja sempre útil, em

---

14 O relatório Cléry-Melin foi uma encomenda do Ministério da Saúde francês visando "coordenar os profissionais e engajar a avaliação de práticas por parte das ANAES (Agence Nationale d'Accréditation et d'Évaluation en Santé) e trazer a psiquiatria para outras especialidades médicas". [N. T.]
15 Lacan, J. (1967). A lógica da fantasia. Resumo do Seminário de 1966-1967. In *Outros escritos*. Rio de Janeiro: Zahar, 2003, p. 327.

cada juízo de diagnóstico que proferirem ou que ouvirem proferir, interrogar não somente sua pertinência nosográfica, mas o ponto de perspectiva de onde o sintoma é avaliado. É o que sempre permanece silenciado, somos obrigados a extrair isso se quisermos percebê-lo, e aí é preciso reconhecer justamente que a ética do diagnóstico não é a mesma na psicanálise e na psiquiatria. Não é de se espantar. Para o psiquiatra, na medida em que ele é agente da saúde mental, os diagnósticos, mais ou menos, em última análise, referem-se sempre à adaptação social, à periculosidade ou não.

A avaliação ética do diagnóstico psicanalítico não tem esse referente, ela se refere àquilo para que a psicanálise aponta – a saber, encontra-se aí no inconsciente: é esse o dever analítico. É um dever relativo a esse discurso, não do dever em geral! Com efeito, e podemos interrogar, quanto ao diagnóstico, sobre a forma pela qual um sujeito singular responde ao destino que o inconsciente produz para ele, como ele se situa com relação à sua verdade e com relação ao gozo real que ele tem tendência a desconhecer, mais ou menos.

Concluo sobre essa questão do abuso do diagnóstico. Creio que aqueles que denunciam o uso dos diagnósticos enganam-se de alvo. No plano epistêmico e prático, precisamos dos diagnósticos mediante a pena de sermos irresponsáveis. O abuso possível, se houver algum, é no nível da predicação ética e daquilo que inspira o juízo ético que é interno ao diagnóstico. Pode haver aí, efetivamente, usos pouco recomendados do diagnóstico.

2. De RSI a... RSI

26 de novembro de 2003

Começarei a entrar na sintomatologia borromeana de Lacan. Vocês sabem que, a partir de 1973, ele deixou de operar com a estrutura da linguagem e do discurso para utilizar as categorias de imaginário, simbólico, real.

Evidentemente essa mudança, por si só, coloca questões. Em particular, a questão de se saber se, a partir de então, muda-se realmente de paradigma ou se essa nova sintomatologia apenas reformula de outra forma aquilo que já estava articulado em termos de linguagem e de discurso. Tomo aqui a noção de paradigma no sentido de Thomas Kuhn, tal como ele a popularizou em seu livro intitulado *A estrutura das revoluções científicas*,[1] uma obra de epistemologia das ciências físicas – as "ciências duras", como se diz agora, não as ciências humanas. A primeira edição de seu livro

---

1 Kuhn, T. S. (2011). *A estrutura das revoluções científicas*. São Paulo: Perspectiva.

data de 1962, quase cinquenta anos atrás. Trata-se, então, de um corte ou de uma continuidade, um hiato ou um remanejamento?

Essa primeira questão que formulo é epistemológica. Em geral, a epistemologia não interessa muito aos clínicos; é uma pena em minha opinião, mas é assim. Não obstante, essa questão epistemológica tem certo interesse em referência a outra, que é clínica, a saber, o problema de avaliar se, no nível de seu uso clínico, o novo esquematismo borromeano é mais fecundo do que a cadeia significante e os discursos. Ele permite ordenar mais fenômenos, novos fenômenos inclusive, e permite integrar toda a clínica? Essa é, de fato, a questão de partida.

Corte ou continuidade

Lacan tentou preferencialmente articular os dois esquematismos entre si; ele não sublinhou uma descontinuidade, mas, antes, tentou mostrar conexões. Há muitas observações nos Seminários a partir de 1973, em que ele tenta substituir, na clínica borromeana, o que havia articulado anteriormente em outros termos. Poder-se-ia fazer um recenseamento completo disso; não o fiz, mas tomei alguns pontos.

No seminário intitulado *Les non-dupes errent* [Os não tolos erram][2] – um título que [em francês] produz uma assonância com "*Les Noms-du-Père*" [Os Nomes-do-Pai], a língua, francamente, é surpreendente –, nas lições de 11 e 18 de dezembro, Lacan faz múltiplas tentativas de retradução clínica.

---

2 Lacan, J. (1973-1974). *O seminário, livro 21: Les non-dupes errent* [Os não tolos erram/Os nomes do pai], inédito.

Inicialmente, ele tenta colocar os fenômenos do amor no nó borromeano, distinguindo diferentes formas de amor. Ele coloca ali a fobia de Hans em termos de clínica borromeana. Ele tenta repensar o laço social em termos borromeanos. E na sequência, no Seminário *O sinthoma*,³ um pouco mais tarde, ele tenta colocar a relação de par. E depois novamente, desde 1973, ele nota que as frases interrompidas da psicose de Schreber são a ilustração mais simples de uma ruptura do enodamento entre imaginário, simbólico e real, o que, evidentemente, nos obriga a pensar o enodamento borromeano entre imaginário, simbólico e real como a condição da cadeia significante. Em 1974, ele tenta ainda colocar inibição, sintoma e angústia na clínica borromeana, em seguida, o próprio complexo de Édipo, e a clínica da letra, o objeto *a*, a função do pai etc.

O próprio Lacan, então, fez esboços – ainda que não os tenha desenvolvido muito – de transladar suas análises clínicas de uma formulação para a outra. O que nos diz, em todo caso, que ele pensava que isso era possível, que não se havia dado um salto para um paradigma completamente diferente. O que vai nos obrigar a interrogar as razões do deslocamento, o porquê de ele ter se voltado para um novo esquematismo.

Hoje – ainda estou nas preliminares –, noto, em princípio, que as três categorias – imaginário, simbólico e real – são, no ensino de Lacan, categorias antigas, constantes, que ele nunca deixou de utilizar. Vocês conhecem a conferência à qual ele deu o título de "Simbólico, imaginário, real", de 8 de julho de 1953.⁴ Essa data tem sua importância. Foi logo depois da primeira cisão da IPA, de junho de

---

3 Lacan, J. (1975-1976). *O seminário, livro 23: O Sinthoma*. Rio de Janeiro: Zahar, 2007.
4 Publicada no Brasil no livro *Nomes-do-Pai* (Rio de Janeiro: Zahar, 2005, pp. 9-54). [N. T.]

1953, e um mês antes da grande conferência inaugural intitulada "Função e campo da fala e da linguagem",[5] datada de setembro de 1953. Entre as duas, portanto, ele profere essa conferência, e é interessante se remeter a ela.

Ela nos mostra, para quem duvidava disso, que as três categorias não datam do fim de seu ensino. Elas estão ali desde o princípio, mas logo Lacan as reabsorveu, quase que imediatamente, na lógica da cadeia significante, habituando seus leitores a conceitualizar a clínica a partir da cadeia do discurso, o significante 1, o significante 2, o sujeito. Voltarei a isso.

Gostaria, contudo, de acentuar algo que é conhecido, mas que, parece-me, merece ser destacado: se as categorias estão ali desde o início, elas, porém, não são pensadas da mesma forma.

Antes de tudo, ele as apresenta como hierarquizadas; aliás, ele não diz "imaginário, simbólico, real", mas "simbólico, imaginário, real". Trata-se de uma ordem e, de fato, ele as apresenta com a ideia de que o simbólico é a categoria mestre, que o simbólico é aquilo que domina o imaginário e o real, e até mais, é aquilo que tem um papel determinante na produção dos fenômenos imaginários, com a ideia de que não somente o simbólico permite conter os fenômenos imaginários e os fenômenos reais, mas que ele permite ordená-los, o que é ainda algo diferente de contê-los.

Vocês sabem que todos os primeiros esquemas de Lacan – o esquema L[6] em particular, e depois em "De uma questão

---

5 Lacan, J. (1953). Função e campo da fala e da linguagem em psicanálise. In *Escritos*. Rio de Janeiro: Zahar, 1998, pp. 238-324.
6 Lacan, J. (1955). O seminário sobre "A carta roubada". In *Escritos*. Rio de Janeiro: Zahar, p. 58.

preliminar...", dedicada às psicoses, os esquemas R[7] e I[8] – são, todos, esquemas para se pensar a domesticação possível do imaginário e do real pelo simbólico, para pensar um imaginário e um real assujeitados, enodados, comandados pelo simbólico. Isso é muito importante porque, afinal, isto é, vinte anos depois, a partir de 1973, ele afirma o contrário, e será preciso ver o porquê. Ele afirma –isso é um *leitmotiv* nos últimos Seminários –, a autonomia e a equivalência das três dimensões. Isso significa que o imaginário tem a sua consistência própria, que o imaginário se sustenta sem o simbólico, cuja regência é colocada em questão pelo próprio Lacan. O mesmo acontece com o simbólico: o simbólico se sustenta sem o imaginário e sem o real.

Em outras palavras, é a ideia de que, ao natural – note que a expressão "ao natural" não é satisfatória – essas três dimensões não são solidárias, não se sustentam juntas, elas decerto podem ser enodadas, mas não necessariamente.

Consequentemente, compreende-se que o próprio enodamento borromeano é um acontecimento a mais. Espero que tenham em mente o esquema mínimo do enodamento borromeano. A ilustração mais simples é a de se representar, como Lacan sugeriu, três rodinhas de barbante que não estão enodadas. Ponham duas, uma sobre a outra, elas não estão enodadas, e se a terceira passa por baixo daquela que está embaixo e por cima daquela que está em cima, como pode fazer um barbante, então, as três ficarão presas, enodadas borromeanamente, com essa característica de que basta cortar qualquer rodinha para que as três se soltem. Essa é a formulação mais simples para todas as prósperas construções que

---

7 Lacan, J. (1958). De uma questão preliminar a todo tratamento possível da psicose. In *Escritos*. Rio de Janeiro: Zahar, 1998, p. 559.
8 *Op. cit.*, p. 578.

Lacan fez em seguida sobre essa matriz mínima das cadeias borromeanas as quais, por sua vez, são extremamente numerosas.

Em outras palavras: três consistências não enodadas, independentes, não hierarquizadas, mas, que podem se enganchar juntas, o que dá imediatamente duas configurações possíveis, ao menos de base. As configurações em que as três dimensões estão desenodadas, autônomas – e com relação ao que isso responde na clínica – e as configurações em que as três dimensões estão enganchadas, enodadas borromeanamente.

Quando estão enodadas, muitas questões surgem. Em primeiro lugar: o que determina o enodamento, o que faz com que, para um sujeito, isso se mantenha unido ou não? Em seguida, quantas modalidades de enodamento existem? Aí, Lacan começou a desenvolver toda uma tentativa, toda uma pesquisa acerca das cadeias borromeanas a qual, me parece, ele não conseguiu levar a termo, mas que são indicativas daquilo que o estimulava naquele momento.

Eis já uma primeira distinção: a princípio, as três ordens estão organizadas e hierarquizadas; ao final, estão disjuntas.

Variantes de RSI

Mas podemos nos colocar outra questão: será que estes três termos designam a mesma coisa em 1953 e 1973? Os mesmos termos não têm forçosamente nem o mesmo referente nem o mesmo sentido em um determinado contexto, e podemos nos colocar a questão de saber se de um esquematismo para outro o imaginário, o simbólico e o real não mudam de definição.

Para tornar sensível esse ponto, referi-me em primeiro lugar à conferência de 1953, mas ela não é de grande utilidade a esse respeito, porque é uma conferência em que Lacan começa a elaborar o simbólico e a dominância do simbólico. Mas, no Seminário 1, cujo título é *Os escritos técnicos de Freud* – que Lacan começou em setembro de 1954, apenas um ano depois de "Função e campo da fala e da linguagem"–, o que me impactou é que ele utiliza maciçamente as categorias de imaginário, simbólico e real, ao passo que se olharem os seminários seguintes – o Seminário 2, o Seminário 3 (sobre *As psicoses*), o Seminário 4 (sobre *A relação de objeto*), e em seguida, o Seminário 5 (*As formações do inconsciente*), não é mais do imaginário, do simbólico e do real que se fala: fala-se do simbólico e das elaborações no simbólico. No fundo, não se trata de um desaparecimento, mas de uma espécie de apagamento do uso das três categorias, em prol das questões que Lacan se coloca sobre a linguagem, a cadeia significante, os símbolos etc.

No Seminário 1, o interessante é que ainda não é bem esse o caso. Ele utiliza as três ordens e produz esta frase: "são três ordens ordenadas".[9]

Comecemos pela ordem imaginária. Vou me referir a elementos que muitos conhecem perfeitamente.

A ordem imaginária é bem conhecida no ensino de Lacan, na medida em que o núcleo dessa ordem foi produzido com "O estádio do espelho", que é bem anterior a "Função e campo da fala e da linguagem". "O estádio do espelho"[10] nos apresenta, eu diria, a matriz primordial da constituição do primeiro par [*couple*], o par narcísico, isto é, o par que o ser forma com seu primeiro objeto, que é a imagem de seu próprio corpo, antes de resvalar possivelmente para a imagem do semelhante. O primeiro parceiro – é o que Lacan dizia – no campo do imaginário é a sua própria imagem

---

9 Lacan, J. (1953-1954). *O seminário, livro 1: Os escritos técnicos de Freud*. Rio de Janeiro: Zahar, 1983, p. 272.
10 Lacan, J. (1949). O estádio do espelho como formador da função do eu. In *Escritos*. Rio de Janeiro: Zahar, 1998, pp. 96-103.

como objeto no espelho, e, em seguida, a imagem do semelhante; primeiro par, então. Para Lacan, e desde o início, toda a questão reside em saber como esse imaginário pode ser domesticado, porque ele está habitado – Lacan insistiu muito nisso – pela guerra intestina do "você ou eu". A questão reside, então, em saber como as tensões narcísicas podem ser apaziguadas, ou ao menos contidas, e como essas tensões narcísicas ordenam-se com o laço entre os sujeitos falantes.

Os sujeitos falantes não são imagens, não dependem somente da categoria do imaginário. Essa foi a primeira questão de Lacan, e é no Seminário 1 que ele constrói seu esquema óptico, esquema esse que ele retoma em "Observação sobre o relatório de Daniel Lagache",[11] que é um esquema de ilustração visual da subordinação da imagem narcísica ao simbólico. A tese que Lacan progressivamente desenvolveu resultou na formulação de que sem o Outro da linguagem, sem os significantes do Outro, o sujeito não pode sequer sustentar a si mesmo na posição de Narciso. Não somente o simbólico domestica o narcisismo, mas, além disso, ele o condiciona em parte. Nessa lógica estava implícito que se o simbólico e o narcisismo se separassem, teríamos anomalias no campo do narcisismo. Outra maneira de dizer isso seria afirmar que o significante do ideal do Outro, o Outro como lugar da fala, dirige a i(a) – a imagem do outro.

$$I(A) \longrightarrow i(a)$$

Simplificando: só nos percebemos como amáveis, em todos os sentidos do termo, por meio da mediação do Outro – "não sem" a mediação do Outro seria mais preciso. E vocês sabem que Lacan evocava, nos *Escritos*, o movimento do lactante diante do espelho,

---

[11] Lacan, J. (1949). Observação sobre o relatório de Daniel Lagache: Psicanálise e estrutura da personalidade. In *Escritos*. Rio de Janeiro: Zahar, pp. 653-691.

o qual percebe a si mesmo no espelho e se vira para o adulto que o segura como que para tomá-lo como testemunha, apresentar-lhe a imagem ou pedir-lhe algo com relação a essa imagem. Outra forma de dizer isso, mais condensada, é que o significante mestre – pensava Lacan nessa época – domina até o investimento narcísico.

Esse é o primeiro desenvolvimento do Seminário 1 que gostaria de destacar. Além disso, esse esquema retorna durante anos no ensino de Lacan.

A *simbolização*

Encontramos, também no Seminário 1, uma noção central que teve um sucesso fulminante entre os leitores de Lacan (as noções que têm um sucesso muito imediato sempre fazem com que eu me questione): a de simbolização. Simbolização é uma noção que desaparece à medida que se avança no ensino de Lacan e que não tem mais razão de ser na sintomatologia borromeana.

O próprio termo "simbolização" evoca um processo que requer tempo, e é por isso que Lacan, naquele momento, proferiu a frase: "o conceito de análise é o tempo".[12] Frase estranha – ele não diz simplesmente "é preciso tempo"–, mas lógica: ele só pode produzi-la porque, no princípio, pensa a análise como um processo de simbolização. Falta ainda definir o que é uma simbolização. Nem sempre é fácil apreender clinicamente que uma simbolização ocorreu ou não, mas é possível dar uma definição simples dela: uma simbolização consiste em assimilar – na cadeia do simbólico, na cadeia significante – aquilo que provém de outro lugar, seja do imaginário ou do real. Hoje, às vezes, dizemos "significantização". Deixo isso de lado.

---

12 Lacan, J. (1953-1954). *O seminário, livro 1: Os escritos técnicos de Freud, op. cit.*, p. 325.

Gostaria de indicar para vocês duas passagens que me interessaram com relação às questões que me coloco. Ao final do Seminário 1, no capítulo intitulado "O conceito de análise",[13] gostaria de chamar a atenção para dois pontos, um na página 323, e outro na página 324.

Na página 323, ele fala sobre o núcleo imaginário do eu e evoca as "fixações imaginárias que foram assimiláveis ao desenvolvimento simbólico da sua história",[14] e acrescenta que isso quer dizer que eram traumáticas. Ele diz essa frase logo abaixo de um esquema que não voltou a utilizar em seguida, e acho que ele fez bem, porque este não era totalmente adequado. Mas se vê bem o que ele entende por simbolização: aquilo que fora deixado de fora deve ser integrado na cadeia verbal de construção da história.

Mas pouco antes, há mais, consta essa outra afirmação: "o sujeito desenvolve no discurso analítico o que é sua verdade, sua integração, sua história. Mas há buracos nessa história, lá onde se produziu o que foi *verworfen*"[15] (isto é, foracluído – saltei um trecho), "a rejeição é original" (não posso me estender por ora nisso), e logo depois ele evoca as fixações imaginárias que não foram integradas e que permanecem traumáticas. Vejam que Lacan emprega um termo forte, "foraclusão", e não em referência à questão do Nome-do-Pai, dado que estamos em uma estrutura muito mais geral, em que se fala da análise dos neuróticos. Mas, em todo caso, vê-se bem o que ele entende por simbolização: a admissão, no discurso articulado – como diz Lacan, "a cadeia significante da fala" –, de elementos imaginários e reais que estavam "fora". Evidentemente, isso evoca, ao mesmo tempo, as imagens e as representações, e não

---

13 *Op. cit.*, pp. 311-327.
14 *Op. cit.*, p. 323.
15 *Op. cit.*, p. 322.

deixa de me fazer lembrar o texto de Freud, seu *addenda* a "Inibição, sintoma e angústia",[16] quando ele volta a dizer que toda neurose é de origem traumática e tenta isolar os elementos traumáticos – comentei isso há alguns anos. Ele diz: "são elementos perceptivos, vistos, ouvidos ou sentidos que dizem respeito tanto ao próprio corpo quanto ao corpo do outro", isto é, que agora poderíamos traduzir como "elementos imaginários e/ou reais".

Lacan não está longe da tese que, aliás, é bastante simples, pois é muito evidente que essa frase pressupõe um imaginário e um real independentes do simbólico. Todo o problema de Lacan nesse Seminário é construir o domínio do simbólico. No entanto, ele se vê obrigado a partir da ideia de que há elementos imaginários ou reais que, de certo modo, digo serem independentes, diria quase antecedentes, "antecedendo" a admissão no simbólico. Trata-se dos elementos que foram encontrados ou que impactaram o sujeito. Parece-me, então, que já havia aí uma espécie de necessidade, que Lacan deixou em espera, de pensar quais elementos do imaginário e do real não foram integrados no simbólico, separados, que não estão enodados, se quiserem retomar o termo "borromeano".

Efeito da simbolização

Há outra observação de Lacan que é muito valiosa. Ele diz que a assimilação no simbólico, no processo de simbolização – em particular, o de uma análise, mas também o da vida da criança –, a assimilação no simbólico do advento dos acontecimentos ocorridos que foram encontrados, imaginários ou reais, produz uma

---

16 Freud, S. (1926). Inibição, sintoma e angústia. In *Obras psicológicas completas: Edição Standard Brasileira*, v. XX. Rio de Janeiro: Imago, 1996, pp. 79-172.

transformação desses elementos. Em outras palavras, uma vez assimilados, eles não são mais o que eram antes. E para situar a transformação, Lacan nos diz: "cava-se, no real, um buraco".[17] Ele já indica os dois estatutos do imaginário e do real – o de antes e o de depois da transformação.

Só lhe faltará dar um passo a mais, no Seminário *As psicoses*, em "A instância da letra"[18] e "De uma questão preliminar...", três textos que se relacionam, dado que "A instância da letra" e "De uma questão preliminar..." são dois escritos que correspondem ao Seminário *As psicoses*.

Lacan aí consegue dar uma melhor articulação, menos aproximativa do que é uma simbolização.

Uma simbolização consegue alojar o imaginário e o real no discurso no lugar do significado, o que consiste em transformá-lo em uma significação. Em outras palavras, nos três textos que acabo de mencionar, Lacan propõe uma estrutura linguageira do que ele chamava de simbolização, termo um pouco vago. Por meio da operação do que ele chamava de simbolização, o referente imaginário e real – que às vezes ele chama de "significável", "o que estava por significar" – tornou-se significado. Ou seja, Lacan consegue fazer a simbolização entrar na matriz saussuriana.

$$\frac{Sa}{s} \quad \frac{S}{(I\text{-}R)}$$
$$I\text{-}R \mathbin{/\mkern-6mu/} S$$

---

17 Lacan, J. (1953-1954). *O seminário, livro 1: Os escritos técnicos de Freud*, op. cit., p. 261.
18 Lacan, J. (1957). A instância da letra no inconsciente ou a razão desde Freud. In *Outros escritos*. Rio de Janeiro: Zahar, 2003, pp. 496-536.

Vejam que as formulações do Seminário 1 implicam dois estados e dois lugares diferentes para as três categorias imaginário, real e simbólico. Em outros termos, temos o imaginário e o real, mas separados da cadeia do discurso, desconectados, fora da cadeia do discurso.

Mas, no estado 2 de simbolização, como ele diz nesse momento, temos na cadeia significante uma mudança de posição do real e do imaginário. Vejam que, nesse momento, isso poderia ter sido dito em termos de não enodamento/enodamento. Poderíamos chamar esse imaginário/real, que não estava tomado no discurso, de "desenodado", ao passo que, quando vem no lugar do significado, está enodado com a cadeia – só que já não é mais o mesmo imaginário. Ele sofreu o que Lacan chama de "buraco no real", sofreu uma transformação negativizante.

Essa transformação negativizante consiste simplesmente – como ele diz em "A instância da letra" – em que não há significação que não remeta a outra. Em outras palavras, toda significação precisa de outra, esse é o próprio princípio do movimento recorrente da metonímia e do discurso infinito que o acompanha.

Então, o que escrevo como posição 2, trata-se de um imaginário e de um real tão furados como a metonímia dos significantes.

Esse esquema pode parecer um pouco abstrato, mas é possível aplicá-lo sem dificuldade, por exemplo, ao desenvolvimento de Lacan sobre a mãe e sua função, daquilo que ela é para o seu filho.

Vocês sabem que em "De uma questão preliminar...", quando Lacan escreve "o significante primordial, desejo da mãe", para escrever a metáfora paterna, ele escreve como primeiro significante "desejo da mãe". Hoje, muitas vezes, se escreve "DM" com maiúsculas. Lacan não escreve assim, ele escreve "desejo", com minúscula, da mãe.

Colocar o desejo da mãe como um significante pode parecer muito surpreendente, dado que, desde o início da psicanálise, o desejo, o desejo freudiano, está no lugar do significado, não no lugar do significante.

Freud, decerto, não utiliza "significante" e "significado"; contudo, leiam "A interpretação dos sonhos":[19] quando ele decifra um sonho, declina todos os seus elementos como se fossem elementos de discurso e tenta responder à questão do que isso quer dizer na cadeia de elementos. Não há dúvida de que ele procura produzir o desejo como o significado de todos os elementos presentes no sonho.

Então, por que Lacan escreve DM, desejo da mãe, como significante? Na página 563 dos *Escritos*, em que poderão encontrar isso, ele explica. Ali ele diz que escreve esse desejo da mãe "ao lugar primeiramente simbolizado pela operação da ausência da mãe",[20] em outras palavras, como resultado de uma simbolização. Temos realmente, então, dois estados e duas posições da mãe.

De início – não sei como chamá-la, mas, em todo caso, não se trata de um produto do simbólico –, temos a mãe dos cuidados, a mãe genitora. E em seguida, a simbolização de sua ausência, que vamos escrever com o matema saussuriano, como indiquei há pouco.

Vocês sabem que Lacan diz que a operação de simbolização mínima está ilustrada pelo caso do menino que Freud comenta – o *fort-da*. Isto é, que ele, com esse binário de dois elementos que se pronuncia *fort-da*, já consegue, de certa forma, representar-se, fazer passar a presença/ausência da mãe na cadeia.

---

19 Freud, S. (1900). A interpretação dos sonhos. In *Obras psicológicas completas: Edição Standard Brasileira*, v. IV e V. Rio de Janeiro: Imago, 1987.
20 Lacan, J. (1958). De uma questão preliminar a todo tratamento possível da psicose, *op. cit.*, p. 563.

Essa é a operação da simbolização no andar do significante. É a esse lugar de simbolização que o desejo da mãe vem; dito em outros termos, essa simbolização da ausência introduz a significação da mãe como furada, como faltante, como nem sempre estando ali. Trata-se de uma mãe transformada, assim como evoquei há pouco o imaginário transformado, passado dos elementos foracluídos à significação. Aqui temos a mãe real que passou à significação.

Lacan constrói sua metáfora paterna sobre esse elemento "desejo da mãe", do qual ele faz o significante básico da metáfora paterna. Na metáfora paterna, chama-se "desejo da mãe" à mãe furada. É a partir daí que será possível interrogar o "x" de seu desejo.

Li em algum lugar – não realmente por acaso, já que me haviam enviado – um artigo de Jeanine Chasseguet-Smirgel chamado "Reinvenção da misoginia".[21] Não terminei de lê-lo, li a primeira parte, em que se fala muito da mãe. Devo dizer que não consigo ler esse tipo de texto sem certa dificuldade, sem me divertir também, já que ela afirma, de modo extremamente peremptório, ter descoberto coisas que Freud não viu – ela não fala de Lacan, ignorado em seu texto. Ela fala de forma peremptória, como se fosse uma descoberta. Não é, em absoluto, uma descoberta; muitos autores – e Lacan em particular – falaram disso, só que para Lacan o momento crucial, ponto de viragem da relação com a mãe, é o momento em que a mãe é simbolizada, o momento em que a mãe presente, real, dos cuidados, do engendramento, aparece no fundo como um sujeito, um sujeito em que pode haver um desejo.

Uma última palavra acerca do Seminário 1, em que Lacan termina um de seus capítulos, página 265, referindo-se a um dístico

---

21 Chasseguet-Smirgel, J. (2003). Réinvention de la misogynie. In *Le corps comme miroir du monde*. Paris: PUF, pp. 75-98.

de Angélus Silésius, um dos autores que encontramos de um extremo ao outro de seu ensino – ele tem referências que voltam, e é sempre apaixonante acompanhar a evolução do que ele diz do princípio ao fim. Essa é uma das referências que ele não cessa de remanejar, e aqui fala dele como um místico, mas intui que o termo não é apropriado. (No Seminário *Mais, ainda*, ou seja, quase vinte anos depois, ele retoma Angélus Silésius, mas ali, precisa sua ideia. Ele diz que há dois tipos de místicos: o místico que se coloca do lado do "para todo homem" – isto é, do lado do todo fálico –, e a mística, digamos, feminina; não é isso que queria salientar, trata-se apenas de um parêntese).

O dístico de Angélus Silésius diz – traduzido para o português, é claro:

Contingência e essência
Homem, torna-te essencial: porque, quando o mundo passa,
a contingência se perde e o essencial subsiste.

Vejam o comentário que fará Lacan, que subentende que tudo o que procede justamente das fixações imaginárias e reais é a contingência dos encontros; o essencial é o que está inscrito na cadeia, e ele situa o fim da análise – assim diz ele, é muito bonito – como "um crepúsculo, de um declínio imaginário do mundo, e até de uma experiência no limite da despersonalização". Trata-se, então, de uma deflação de consistências imaginárias. Vou deixar isso, o imaginário em todo caso.

Insistia, então, sobre esses pontos, porque as elaborações posteriores de Lacan, as elaborações clássicas, fizeram com que se esquecesse o que se dizia nesse Seminário inicial, a saber, que somos obrigados a postular estados do imaginário e do real disjuntos do simbólico. Em seguida, pensa-se como eles podem estar juntos, mas somos obrigados a considerá-los separados a princípio. As elaborações clássicas fizeram com que se esquecesse isso na medida em que afirmaram a antecedência do Outro, sempre ali, e o poder do simbólico. Ele havia proposto, então, um imaginário pré-simbólico, ou talvez fora do simbólico.

O mesmo ocorre com o real, se nos ativermos a esse Seminário 1. Nele, Lacan dá uma bela definição do real – ele deu tantas! –, ao dizer: "o real . . . é o que resiste absolutamente à simbolização",[22] a qual não deixa de ecoar a fórmula de 1974, "o real é o fora do simbólico".

A fórmula "o real . . . é o que resiste absolutamente à simbolização", que é muito eloquente e simples, obriga também a postular duas posições do real com relação ao simbólico, que não são homólogas às posições do imaginário que acabo de indicar. "O que resiste à simbolização" postula um real, diria, antes do processo de simbolização, necessariamente prévio ao processo de simbolização, mas também uma posição do real como um resto ao término do processo de simbolização: o que resistiu, no final, a se deixar integrar na história, na verdade do sujeito. O que dá, portanto, dois lugares ao real: o real a significar, que deve ser simbolizado, e depois o real como resto, que não conseguiu ser simbolizado.

$$\frac{I\text{-}R \mathbin{/\mkern-2mu/} S}{\underline{S \mathbin{/\mkern-2mu/} R}}$$
$$I$$

Retomemos o esquema com o lugar do não integrado à simbolização: os desenvolvimentos de Lacan nos levam a pensar que, por meio da operação da simbolização, o imaginário vai parar no nível

---

[22] Lacan, J. (1953-1954). *O seminário, livro 1: Os escritos técnicos de Freud*, op. cit., p. 82.

do significado. Lacan inclui no imaginário não somente o par do espelho, mas todas as significações, todo o campo da significação, porém, em contrapartida, não situa o real como resto totalmente no nível da significação. Em outras palavras há um resto de real, vou dizer assim, depois do assassinato da Coisa pelo simbólico. Nessa época, em 1954, havia então balizas que podem ser retomadas na época dos nós borromeanos.

Mas isso não é tudo. Não somente com o nó borromeano Lacan deixa de pensar que as três ordens são hierarquizadas, mas, sobretudo, a definição das três ordens muda.

Ele falou do simbólico por anos, e quando incluía a simbolização como uma integração no discurso, tratava-se de um simbólico definido pela cadeia significante. Porque o matema saussuriano S/s, significante sobre significado, que corresponde a simbólico/imaginário – é o que acabo de lembrar – é um matema elementar, mas que precisa ser desdobrado.

O S do simbólico deve ser desdobrado em cadeia significante, a cadeia da fala que esquematizamos com duas letras: S_1-S_2. Voltarei a isso mais tarde. Se acompanharmos Lacan, a cadeia significante tem uma forma dupla: a metáfora e a metonímia. A cadeia significante liga significantes entre si – isso é uma cadeia –, liga, ao mesmo tempo, o sujeito e o Outro, e, ao fazê-lo, também produz significados imaginários, que se inscrevem no lugar do significado. Esse é um ponto importante sobre o qual Lacan sempre insistiu: a cadeia dos ditos de um sujeito não é a expressão do significado. Os sujeitos que falam, evidentemente, têm intenções de expressão, eles querem dizer algo: "não é o que queria dizer", "você não entendeu o que eu queria dizer...". Não obstante, a cadeia dos ditos efetivamente articulados não expressa o significado, ela o produz, o que é muito diferente.

Lacan insistiu muito nessa determinação: o significante determina o sujeito.

É preciso ver o avesso dessa tese, a outra face do problema: se o simbólico produz o significado, o próprio simbólico, por sua vez, fica atado, enodado ao significado, não sem o imaginário, portanto. O que faz com que todo o simbólico da cadeia de que falamos seja um simbólico não sem o imaginário, enganchado no imaginário, que ele ordena e determina. É uma espécie de casamento, um casamento indissolúvel enquanto a cadeia estiver ali.

Remanejamento das categorias

Mas a partir do momento em que se leva em conta a autonomia das três dimensões, a definição do simbólico muda: vemo-nos obrigados a alcançar um simbólico que não está casado com o significado, sem o imaginário e sem o real.

Um simbólico desconectado do real e do imaginário é um simbólico que não é produtor de significação, que não tem estrutura de cadeia. Não confundamos a cadeia significante e o simbólico. O conceito de simbólico é mais amplo do que o de cadeia significante.

Durante longos anos, Lacan ocupou-se do simbólico enquanto cadeia significante. Isso é bem normal, porque na análise o sujeito, com a fala, desdobra sua cadeia e sua história. Era lógico, então, que ele apresentasse isso primeiro. Mas há razões para ver que a cadeia significante é apenas um dos estados possíveis do simbólico, aquele que supõe o seu enganchamento como imaginário, enganchamento de dominação, pensava-se, mas, de todo modo, seu enganchamento.

Lacan explicitou esse ponto – não é uma interpretação minha – no Seminário *"Les non-dupes errent"* [*Os não tolos erram*].

É muito raro Lacan se autorrefutar. Creio que essa é a única ocorrência em todo o seu ensino. É verdade, dizemos muitas vezes isso, que Lacan trabalha sempre em progresso sobre seus enunciados precedentes, e até mesmo em polêmica implícita com seus enunciados precedentes, mas, em geral, não diz, e quando ele se dá conta ou evoca isso, não toma como uma autorrefutação. O melhor exemplo, creio eu, é a viragem, até mesmo a inversão que há entre as teses de "Função e campo da fala e da linguagem"[23] e as teses de "A direção do tratamento",[24] em que há uma contradição completa sobre o ponto preciso da relação entre o desejo e a fala.

Em "Função e campo da fala e da linguagem", com a noção de fala plena possível ("tu és meu mestre", "tu és minha mulher"), Lacan postulava uma fala idêntica ao desejo que ela carrega. Ele desenvolveu isso em "Variantes do tratamento-padrão".[25] A fala é um ato idêntico ao próprio ser. E em seguida, no fim de "A direção do tratamento", na página 647, encontramos a seguinte frase: "incompatibilidade do desejo com a fala". Em outros termos, não há palavra idêntica ao desejo que ela carrega. Isso não quer dizer que não haja relação entre desejo e fala, mas o desejo significado pela fala está sempre em hiato com relação à cadeia.

O próprio Lacan, em "A direção do tratamento" marca que há um pequeno movimento. No entanto, não é tão pequeno assim! Ele diz: "palavras que alguns se surpreenderão ao encontrar sob minha pena...". Claro! Quem havia lido "Função e campo da fala e da linguagem" tinha com que se surpreender. Mas Lacan não

---

23 Lacan, J. (1953). Função e campo da fala e da linguagem em psicanálise. In *Escritos*. Rio de Janeiro: Zahar, 1998, pp. 238-324.
24 Lacan, J. (1958). A direção do tratamento e os princípios de seu poder. In *Escritos*. Rio de Janeiro: Zahar, 1998, pp. 591-652.
25 Lacan, J. (1953). Variantes do tratamento-padrão. In *Escritos*. Rio de Janeiro: Zahar, 1998, pp. 325-364.

coloca isso como uma autocontradição, mas como um progresso na elaboração da fala e da cadeia significante.

Em contrapartida, quando se trata da definição do simbólico, ele é categórico, e creio que é a única vez em que formula uma autorrefutação explícita, e diz – creio que é na lição de 11 de dezembro de 1973,[26] se não me engano –"contrariamente ao que eu disse em 'Função e campo da fala e da linguagem', o Outro significante, o S_2, não faz cadeia". Isso está muito claro.

$$S = S_1 - S_2$$
$$S = S_1 // S_2$$

Tínhamos uma primeira definição do simbólico como uma cadeia, e, em 1973, ele nos diz que o S_2 não faz cadeia. Isso obriga a repensar a própria definição do inconsciente. Nesses mesmos anos, ele diz: "o inconsciente não conhece a gramática". Trata-se da mesma tese, porque a gramática é o conjunto de regras de manejo da cadeia tendo em vista a produção do que se quer dizer, não é...? Isto é, o conjunto das regras de manejo para produzir a significação. "O inconsciente não conhece a gramática" precisamente porque não faz cadeia.

Se ele não é uma cadeia significante, o que é, então, o simbólico? E como isso pode ser manejado em uma análise? Esse é ainda outro problema, para um pouco mais tarde.

Um simbólico que não é uma cadeia, ou seja, elementos articulados entre si, enodados entre si, elementos que copulam nas frases (já que se fala de cópula para designar o verbo na frase) é um simbólico que só pode ser um conjunto de elementos disjuntos, de Uns não encadeados, não enodados entre si. Além disso, quando

---

[26] Lacan, J. (1973-1974). *O seminário, livro 21: Les non-dupes errent, op. cit.*, Lição de 11/12/1973 (inédito).

digo um conjunto de elementos, já é dizer demais, aos olhos da teoria dos conjuntos. Seria preciso, antes, evocar não um conjunto, mas estaria mais próximo do que é a própria língua, a língua que é não a linguagem, a língua que é uma multiplicidade inconsistente.

Para representar esses elementos disjuntos não encadeados, Lacan utilizou uma imagem bastante sugestiva: a de um grão de areia.[27] O que daria uma ideia de dois estados do significante – o significante em cadeia e o significante em grão, e os grãos de areia não estão encadeados entre si.

Obviamente, se o simbólico não faz cadeia, ele também não faz laço social, e, em particular, não faz laço amoroso, já que não perdemos de vista (estou tentando mostrar para vocês o alcance dessas afirmações) que todo laço social supõe um laço de significantes.

Vocês podem tomar todos os pares: a mãe e o filho, o rei e a rainha – em "A carta roubada"[28] – o pai e a mãe, os pais e os filhos, o professor e o aluno, o homem e a mulher, o analista e o analisando, o sujeito e o mestre, todos esses pares de significantes – são significantes – presidem a aproximação e as relações entre os seres aos quais esses significantes se referem. O grão de areia, por si só, não estabelece relação, mas faz um monte – é a multiplicidade inconsistente do monte, e me dou conta de que compreender a diferença entre um laço social e um monte de gente é um problema. Não se deve presumir que porque há múltiplo, exista laço social. O monte de gente é como o monte de areia! Um ponto muito importante, então: o simbólico do nó borromeano não é o simbólico do grafo do desejo, por exemplo.

---

27 Lacan, J. (1974). *A terceira*, inédito. Conferência em Roma, 01/11/1974.
28 Lacan, J. (1955). Seminário sobre "A carta roubada". In *Escritos*. Rio de Janeiro: Zahar, 1998, pp. 13-68.

O próprio imaginário, no nó borromeano, não é o de "De uma questão preliminar...". Lacan, nos últimos seminários, retorna regularmente à seguinte afirmação: o imaginário é o corpo. Isso não designa o corpo como substância orgânica viva, mas o corpo da imagem, o da "boa forma" como se dizia.

Em outras palavras, trata-se de um imaginário que está voltado sobre a matriz do estádio do espelho, sobre esse fenômeno primário, aparentemente irredutível, de fascínio sobre o ser humano por sua própria imagem. E Lacan, nos últimos Seminários, retorna repetidamente a essa questão: como é possível que o ser humano fique tão enfatuado por sua própria imagem, tão apaixonado, tão adorador de seu próprio reflexo?

É certo que essa imagem tem uma força de atração e uma consistência que lhe é própria e que não provém do simbólico: retorno ao passado, retorno à autonomia dessa pregnância da forma imaginária.

Além disso, ele está enfatuado por sua imagem, sua própria imagem, mas também pela de seu semelhante. Lacan observa em *Les non-dupes errent*, ainda na mesma lição: "o que se adora no ser amado é o perfil, a projeção, a silhueta".[29] Isso também é uma redução do amor a seu núcleo mais especular, nada a ver com o amor como relação de sujeito a sujeito, de alma a alma e todas essas coisas...

Que haja fenômenos especulares em animais – algo que Lacan enfatizou desde o início – basta por si só, ainda que não se tenha dado destaque, para compreender que não há imaginário fora da linguagem, que há autonomia imaginária com relação à linguagem. Essa autonomia foi recoberta em seguida pela elaboração

---

29 Lacan, J. (1973-1974). *O seminário, livro 21: Les non-dupes errent*, op. cit., Lição de 11/12/1973 (inédito).

simbólica, mas já estava indicada no início, no que estou insistindo hoje.

Depois de estádio do espelho, Lacan procedeu a uma extensão da categoria de imaginário, e incluiu, no imaginário, toda a cadeia de significação no imaginário, e até mesmo o desejo e a fantasia. No gráfico de "Subversão do sujeito e dialética do desejo", há um quadrângulo entre o par do espelho *a-a*' e, em seguida, o que Lacan escreve "desejo", e aqui está o matema da fantasia. Lacan diz: "assim se fecha a via imaginária".[30]

Em outros termos, em suas elaborações dessa época, Lacan inclui no imaginário todas as significações fantasmáticas e, portanto, tudo o que governa o desejo e não apenas a imagem, a imagem no espelho.

No fundo, quando ele chega ao nó borromeano, de certa forma graças à ideia de um imaginário desenodado do simbólico, ele redesveste a imagem narcísica de tudo o que o cercava de construções fantasmáticas – isso não quer dizer que elas não existam mais, mas que o imaginário, seu núcleo, é a imagem do corpo. Já não se tratado imaginário do período intermediário do ensino de Lacan.

Em termos de realidade, ele também o define como fora do simbólico e fora do imaginário, desenodado no nó borromeano, autônomo. O que é esse real?

---

30 Lacan, J. (1960). Subversão do sujeito e dialética do desejo no inconsciente freudiano. In *Escritos*. Rio de Janeiro: Zahar, 1998, p. 831.

Lacan deu muitas definições do real, como disse, e, em particular, a ideia de que se aborda o real por meio do impossível. Em outras palavras: o real é o impossível de se simbolizar; é o impossível que resta a simbolizar; é o impossível de significantizar; impossível de se imaginar. Isto é, o real impossível de se pensar, o real impossível de mudar. Vê-se bem que se trata de uma definição forte do real como aquilo que não se pode fazer entrar nem no imaginário nem no simbólico. Só que, se nos ativermos a essas definições da impossibilidade, essas definições se aplicariam perfeitamente ao Deus da teologia negativa: todas as correntes teológicas mais ou menos místicas que afirmaram a impossibilidade de predicar sobre Deus, a impossibilidade de pensá-lo, de representá-lo, de dizer o que quer que seja sobre ele, essas são abordagens, como diz o termo, negativas. Há ainda assim, no ensino de Lacan – não estamos em uma "realogia negativa" [*réallogie négative*] – índices de determinação, do que Lacan entende por esse real fora do simbólico e fora do imaginário.

Ele diz duas coisas: "o campo do real só pode ser colonizado pelas ciências da vida". É como dizer que ele pensa esse campo do real como o campo do vivente. Não sabemos muito bem o que é a vida, mas ele diz "campo do vivente". E há outra frase: "o real é a morte",[31] frase estranha, mas perfeitamente coerente com a afirmação anterior, na medida em que a morte, que é certamente um impossível de pensar, um impossível de representar, também é um acontecimento no campo da vida.

Podemos, portanto, supor com razão que quando Lacan escreve o círculo do real, no fim de seu ensino, ele efetivamente o pensa como o campo do vivente, e quando dizemos "vivente", também evocamos o gozo.

---

31 Lacan, J. (1973-1974). *O seminário, livro 21: Les non-dupes errent, op. cit.*, Lição de 18/12/1973 (inédito).

Concluo por hoje. Insisto muito sobre essas redefinições porque creio que é necessário regular nossos usos da citação, e quando se cita o Lacan de 1953, com as mesmas palavras de 1973 e que as palavras mudaram de uso, é preciso, ainda mais, se preocupar com o contexto dos termos. Mas insisto, sobretudo, porque essas redefinições têm um correlato clínico.

Pretendia terminar com isso. Fui caminhando lentamente. Retomarei esse ponto no próximo encontro.

# 3. A virada borromeana

14 de janeiro de 2004

Desejo a todos um feliz 2004, que só pode ser bom, de acordo com os nossos votos.

Insisti no último encontro, então, sobre a flutuação das definições que Lacan dá aos três termos imaginário, simbólico e real no decorrer do tempo. Para dizer a verdade, retomei ali alguns desenvolvimentos que não eram inteiramente novos para mim, dado que já os havia proposto em parte em 1996, em Buenos Aires, em um seminário intitulado "Clínica borromeana".[1] Prossigo, então.

Essas variações do uso e da definição dos termos não são fantasiosas, elas têm seus fundamentos. Cabe a nós elucidá-las, porque Lacan nem sempre as explicita.

---

1 Soler, C. (1996). Clinique borroméenne. In *Satisfacciones del síntoma*, agosto de 1997.

Em todo caso, a introdução do nó borromeano nos obriga a distinguir, para cada uma das três dimensões – imaginário, real e simbólico –, dois estados possíveis, conforme estejam ou não enodados entre si. Não sei se a palavra "estado" é apropriada, mas não encontrei nenhuma melhor e, por ora, a mantenho.

A partir dessa introdução do nó borromeano, há toda uma fenomenologia a ser retomada, que diz respeito à relação com o corpo (imaginário), com o verbo (simbólico) e com o gozo vivente (real), conforme eles estejam enodados ou não. Lembrei-os de como pensava que Lacan definia cada uma dessas dimensões como não enodadas.

Parece-me bem certo que o imaginário não enodado é um imaginário que não inclui as significações do desejo e da fantasia. Disse no último encontro: é um imaginário voltado sobre a imagem do corpo. É por isso que Lacan repete o tempo todo que "o imaginário é o corpo".

No que diz respeito ao real, trata-se de um real que Lacan qualifica de modo muito forte quando diz: "fora do simbólico, fora do sentido". Sem ordem, portanto. Esse real é um real muito diferente do que vale para o real no simbólico. Durante anos, quando Lacan fala do real, ele designa aquilo que vale para o real no simbólico, um real que pode sempre ser cingido por um limite, mais exatamente, um batente [*butée*] da formalização. É algo diferente do real da vida.

Disse no último encontro que o simbólico não enodado não é o simbólico da linguagem, mas um simbólico feito de "Uns disjuntos", e evoquei a língua. Vou me deter nesta questão, em princípio porque chegaram a mim alguns ecos dando a entender que ela não estava suficientemente explicitada e porque há uma verdadeira dificuldade nesse tema.

É certo – atenhamo-nos àquilo que não é duvidoso – que quando Lacan diz "a linguagem e a língua", a linguagem e a línguas e opõem, assim como se opõem a cadeia significante e uma multiplicidade inconsistente de Uns para a qual, como sabem, ele propõe a imagem do monte de grãos de areia.[2] Só que essa oposição linguagem/língua não é suficiente para situar esse simbólico desenodado das duas outras consistências. Uma das coisas que indica isso imediatamente é que Lacan se vê obrigado a introduzir outros termos: o nome e a letra, que não são quaisquer grãos de areia!

De dois a três

Gostaria de insistir um pouco nessa questão complexa, recomeçando pelo bê-á-bá, ou seja, pelo ponto de partida. Acontece que há certa ambiguidade que se instaura, parece-me, pelo fato de que Lacan falou por anos da cadeia significante e que, quando ele introduz o nó borromeano, fala da cadeia borromeana.

Mas Lacan formulou precisamente essa ambiguidade e tentou eliminá-la, em todo caso precisá-la, na lição de 15 de abril de 1975 do Seminário *RSI*. Ele retoma suas formulações sobre sua conceituação da cadeia significante até 1973. O elemento principal era a noção de ponto de estofo, que é a primeira teoria de um enodamento em seu ensino. Só que esse enodamento ainda não era concebido, durante todos aqueles anos, como um enodamento borromeano de três, mas como um de dois. O ponto de estofo é um atrelamento [*accrochage*] entre significante e significado.

Lacan insistiu muito em dizer que na diacronia do discurso – não digo em sua sincronia – o deslizamento do significado é contínuo. Ele desliza desde a abertura de um discurso até o

---

2 Lacan, J. (1974) *A terceira*, inédito. Conferência em Roma, 1/11/1974.

surgimento de um significante, um S_2 que detém o deslizamento, isto é, que fixa a significação. De fato, esse esquema é, pois, um duplo enodamento de dois: é preciso no mínimo dois significantes – esquematiza-se com dois significantes no mínimo– o S_1 que abre o discurso e o S_2, que para o deslizamento e que equivale ao momento de concluir. Correlativamente a esse enodamento de dois significantes, porém, há um enodamento entre significante e significado, os dois níveis que ele pensa tomar emprestados de Saussure. Lacan ilustrou esse enodamento com uma topologia precisa de dois toros enlaçados. O enodamento de dois toros, para representá-lo de forma mais simples, como ele próprio fez, são duas câmaras de ar que se encaixam, passando cada uma pelo furo central da outra.

Na lição de 15 de abril de 1975, Lacan recorda sua topologia dos dois toros, e lembra alguns elementos daquilo que havia dito acerca da cadeia significante, para dizer que o enodamento de dois supõe o terceiro. Não há, diz ele, nó de dois. Os dois não estão enodados. Ele repete isso com várias fórmulas e chega finalmente a esta: "não há relação de par" [*il n'y a pas de rapport de couple*]. Evidentemente, quando se diz hoje "não há relação de par", "não há nó de par", imediatamente pensamos no par sexuado [*couple sexué*]. Porém, no contexto, verão que isso decerto designa o par sexual, mas também o par significante. Nessa passagem, ele evoca André Gide, que diz em seu texto *Paludes*:[3] "o número dois se regozija em ser ímpar",[4] e Lacan acrescenta: "ele tem toda razão (não que o número dois não se regozije com nada disso, para dizer a verdade!), mas para que haja o dois, é preciso haver o ímpar do três". Podem constatar isso relendo essas passagens, o número de vezes em que Lacan se refere à teoria dos números inteiros e ao problema do

---

3 Gide, A. (1988). *Paludes*. Rio de Janeiro: Nova Fronteira.
4 Lacan, J. (1974-1975). *O seminário, livro 22: RSI*, inédito. Lição de 15/04/1975.

zero, do dois e do três. Deixo esse ponto de lado. Podemos, aliás, mencionar o provérbio que diz "não há duas sem três".[5]

O que essa lição propõe é o seguinte: "Como elementos que não estão enodados em dois podem, contudo, se enodar em três?". Os elementos não enodados em dois são tanto os dois significantes, quanto o par significante/significado, o par sexual, os parceiros do laço social. Muitas elaborações poderiam ser desenvolvidas nessa linha.

Uma vez que contamos com essa tese, a qual não apenas postula a diferença entre a cadeia de dois vezes dois e a cadeia de três, mas que coloca que não há cadeia de dois sem cadeia, ainda que invisível, de três – esse é um dos aspectos da tese do nó borromeano –, uma vez que contamos com essa tese, podemos nos submeter a um pequeno exercício: procurar o terceiro (o que não é, como acabei de dizer, necessariamente o terceiro homem) nas cadeias de dois que conhecemos ou que acreditamos conhecer. Esse exercício é realizável. Podemos nos voltar para os exemplos que Lacan deu dos pontos de estofo, e creio que não há nenhum desses exemplos que não mobilize, além do simbólico do significante e o imaginário do significado, um terceiro que é real.

Qual real? É difícil designá-lo de forma realmente satisfatória. Acredito, em todo caso, que nos primeiros exemplos trata-se daquilo a que o próprio Freud visava quando falava do registro econômico. Volto a esse termo – que, enquanto leitores de Lacan, há que se dizer, não empregamos muito hoje – para deixar de lado outros termos, volto a ele para não dizer nem libido, nem desejo, nem demanda, nem pulsão; digo "registro econômico", isto é, o registro, digamos, energético do aparelho psíquico.

---

5 Provérbio que designa que quando algo acontece duas vezes, é certo que acontecerá uma terceira. [N. T.]

Nos dois primeiros exemplos que Lacan deu do ponto de estofo, onde está esse registro? No Seminário 3,[6] na passagem da página 298, Lacan apresenta o ponto de estofo, usando uma cena da peça *Atália*, de Racine. Ele dá dois exemplos de estofo:

1) a primeira frase da tirada,

2) a própria tirada em sua totalidade.

Nessa primeira cena, nomeia-se Abner, que é um oficial a serviço da rainha e que se apresenta diante de Joad, o sumo sacerdote. A cena começa com: "Sim, eu venho em seu templo...". Aí, estamos no suspense da significação. A unidade significante ainda está quebrada. O corte poderia ser: "Sim, eu venho em seu templo para deter o sumo sacerdote"– que ideia teve Lacan! Não, não se trata disso, mas de: "*Sim, eu venho em seu templo para adorar o Eterno*".[7] Ali está constituída a unidade significante. Na realidade, também poderíamos dizer unidade semântica, dado que o S_1-S_2 da frase produz uma unidade semântica. Eis, portanto, uma frase modelo de ponto de estofo.

Só que esse modelo pode ser aplicado a todo o diálogo que constitui esse monólogo. Vocês lerão como Lacan comenta o texto. O diálogo continua, Abner dá a entender que está preocupado, que há ameaças, que Joad poderia muito bem ter razões para temer algo... É a linguagem do traidor de serviço, até que Joad lhe responde dizendo que o único temor que ele conhece é o temor a Deus. E Lacan ressalta esse significante, "temor a Deus",[8] que reorganiza o conjunto das significações que se desenvolveram até ali.

---

6 Lacan, J. (1955-1956). *O seminário, livro 3: As psicoses*. Rio de Janeiro: Zahar, 1988, p. 298.
7 *Op. cit.*, p. 296.
8 *Op. cit.*, p. 301.

Pode-se ver bem que todos os pontos de estofo nesse simples capítulo não estão no mesmo plano. Poderia esquematizá-lo da seguinte forma:

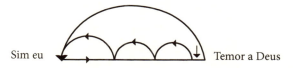

O monólogo começa: "Sim, eu venho...", e temos um primeiro ponto de estofo: a primeira frase. Todas as frases constituem, na realidade, uma série de pontos de estofo, dado que uma frase é um ponto de estofo. Temos, então, um esquema de círculos retroativos que se sucedem até o grande significante "temor a Deus" aparecer. Temos aí um ponto de estofo que engloba a série dos outros pontos de estofo que deixaram a significação em suspenso.

Em outras palavras: temos – Lacan comenta assim – a série de pequenos temores, todos os mencionados por Abner; e, subitamente, uma grande significação nova, um temor uno, único, que remaneja todos os pequenos temores, que os sublima e, ao sublimá-los, os minora.

Seguramente podemos dizer que todos os temores evocados por Abner são temores que se desdobram no registro da luta de semelhante a semelhante, a rainha contra Joad em particular, as lutas que qualificamos como imaginárias, não porque não são reais, mas porque operam no nível do semelhante. Quando se chega ao temor a Deus, se está em um registro completamente diferente: o da relação, digamos, com aquilo que escrevemos agora o grande Outro barrado A.

No esquema da construção do ponto de estofo, onde está o terceiro, o terceiro real, que pertence ao registro econômico? Podemos dizer, de certa forma, que ele está em toda parte nas significações convocadas. Vejam o vocabulário utilizado: inquietação, tremor, complô, extermínio, vingança funesta, todas são noções que mobilizam o registro das paixões, isto é, o registro dos objetivos pulsionais em luta no domínio religioso e político. Não estamos aí nas miragens do imaginário, não estamos, em absoluto, em uma realidade mental parafrênica, estamos em um discurso que se refere ao que há de mais real economicamente, na relação dos indivíduos entre si e de cada um com o Outro barrado A.

Lacan explica esse enodamento entre a cadeia significante e o real econômico com outros termos em "Radiofonia".[9] Para aqueles que o estudaram, lembrem-se quando ele diz: a metonímia (que designei com esses círculos retroativos) veicula o mais-de-gozar, ela opera o deslocamento do gozo etc. – ele tem várias fórmulas. Remeto à resposta 3 em "Radiofonia", em que ele diz em outros termos, mas está presente desde o primeiro exemplo.

Claro que na época do Seminário 3, *As psicoses*, e mesmo na época de "Radiofonia", Lacan não tinha ideia de que essa presença do terceiro real estava enodada borromeanamente, ainda que pensasse simplesmente que o terceiro estava implicado o estofamento da cadeia. A referência ao nó borromeano aparece apenas nas páginas 515 e 516 de "Televisão"[10] [nos *Outros escritos*], referência à margem que retomarei talvez em outro momento: "é o real que permite desatar efetivamente . . . um nó de significantes".[11] Está escrito aí explicitamente. Então, em todo ponto de estofo, duplo

---

9   Lacan, J. (1970). Radiofonia. In *Outros escritos*. Rio de Janeiro: Zahar, 2003, pp. 400-447.
10 Lacan, J. (1973). Televisão. In *Outros escritos*. Rio de Janeiro: Zahar, 2003, pp. 508-543.
11 Lacan, J. (1970). Televisão, *op. cit.*, p. 515.

enodamento de dois, o terceiro está implicado. Isso fica bastante evidente quando se comenta a cena de *Atália*.

Quando se trata de uma frase, em sua definição linguística simplesmente, é possível captar sempre essa incidência do real? Essa é uma questão que me coloquei, porque se levarmos a tese a sério, isso quer dizer que não se pode sequer terminar a menor frase sem a incidência do real. Falo especialmente da frase porque, linguisticamente, há dois tipos de ponto de estofo. O mais visível, o mais evidente, é a frase, ponto de estofo na diacronia do discurso, no decorrer do discurso.

O outro ponto de estofo – estou repetindo a tese de Lacan tal como ela é – é a metáfora. A metáfora, menos evidente, diz ele, é o ponto de estofo na sincronia, não na diacronia. Que a metáfora seja um ponto de estofo é menos evidente, mas isso não impede que seja efetiva, seja qual for a metáfora em questão – porque existem várias. A metáfora é um significante que substitui outro, outro que remete, diz Lacan, ao nível inferior, do significado. Em outras palavras, para conectar os termos freudianos e lacanianos, trata-se de um significante que recalca outro. Esse outro recalcado, passado para baixo, permanece presente, mas latente. Isso não impede que, mesmo estando latente, a partir do momento em que está presente no implícito da cadeia explícita e diacrônica do discurso, faça cadeia com o significante que o substituiu. O que faz com que a cadeia que se escreve horizontalmente $S_1\text{-}S_2$ na frase, de fato, na metáfora, seja escrita

$$\frac{S_1}{S_2} \quad \text{ou} \quad \frac{S_2}{S_1}$$

de acordo com a forma como queremos numerar os significantes. Sobre esse ponto em particular, e no mesmo período que o Seminário 3, seguindo o exemplo de "Booz adormecido",[12] em que Lacan comenta a metáfora do sujeito que, em nome de Booz, substitui seu feixe. É um comentário muito preciso, muito bonito, que, sem dúvida, deve ser relido.

Para dizer a verdade, parece-me que na metáfora, conceitualmente, se percebe com mais facilidade a incidência do registro econômico, embora a metáfora em aparência seja um processo puramente linguístico. A incidência do elemento econômico está, aliás, muito presente no exemplo de Booz, se não esquecermos que a mola propulsora da metáfora a serviço do recalque é a defesa, tese que Lacan retoma ainda em "Radiofonia": defesa, precisamente, contra os representantes pulsionais, contra o que Freud chamou, desde o início, de "as representações irreconciliáveis". Comentei isso acerca da histeria.

A metáfora, então, rejeita, recalca para a parte inferior, não quaisquer significantes, mas os representantes do gozo, e é aí que entendemos que há, de fato, o terceiro em jogo, o terceiro do registro econômico.

Com relação à frase, o que nos permite afirmar que o enodamento do terceiro é a condição do ponto que se pode colocar no final de nossas frases? Essa é a questão.

Refletindo sobre isso, dizia a mim mesma que poderíamos retomar a experiência que cada um tem quando fala – tomo a coisa no nível da fala – e preocupa-se em como dizer. Quando nos perguntamos como dizer, temos a experiência subjetiva da suspensão diacrônica do ponto de estofo e percebemos que se nos

---

12 Lacan, J. (1955-1956). *O seminário, livro 3: As psicoses*, op. cit., pp. 248-250.

perguntamos "como dizer" é porque sempre há várias vertentes possíveis para uma frase, sendo cada vertente outra maneira de falar do ponto de estofo.

Com efeito, os significantes linguísticos por si só não podem explicar o circuito circular da frase, pelo simples fato de que os significantes disponíveis linguisticamente são sempre muitos, não há apenas um, e então há alternativas possíveis. Nesse sentido, percebemos que o que decide o ponto final não é uma ordem significante, mas outra ordem, uma ordem que poderíamos dizer "decisional", mas como o decisional implica sempre o pulsional, voltamos novamente à incidência do econômico.

Patologias do ponto de estofo

Podemos evocar essa experiência, mas, mais convincente, creio eu, são todas as patologias do ponto de estofo, as patologias típicas do círculo significativo no discurso. Sabemos clinicamente que essas patologias do círculo significativo estão sempre acompanhadas de manifestações correlativas, digamos, no nível do gozo, para ir rapidamente.

Os fenômenos mais conhecidos dessas patologias do ponto de estofo são os fenômenos da psicose, que Lacan chamou de os fenômenos do significante no real, do qual ele dá uma definição muito precisa: significante fora da cadeia. O significante no real é objeção ao ponto de estofo. E existem várias formas de manifestação do significante no real.

Há já o "tratar as palavras como coisas",[13] de acordo com a expressão que Freud aplica à esquizofrenia e que Lacan retoma de

---
13 Freud, S. (1905). O chiste e sua relação com o inconsciente. In *Obras psicológicas completas: Edição Standard Brasileira*, v. IV. Rio de Janeiro: Imago, 1980.

outra forma, dizendo que o simbólico é real para o esquizofrênico, isto é, disjuntivo, separado do imaginário da significação, portanto, fora do ponto de estofo.

Em segundo lugar, há, claro, todos os fenômenos do automatismo mental, especialmente as vozes da psicose, os neologismos (vou retornar a isso).

Todos esses fenômenos estão notavelmente ilustrados, como vocês sabem, no caso Schreber. Schreber não apenas ilustra esses fenômenos, dá exemplos deles, mas – é essa a sua peculiaridade dentre os casos que conhecemos – traz à luz a estrutura desses fenômenos em sua própria experiência alucinatória. Em Schreber, tudo acontece como se ele alucinasse a estrutura.

Vê-se isso muito especialmente em sua experiência das chamadas frases interrompidas. As frases interrompidas de Schreber são frases alucinadas, isto é, supostamente emitidas pelas vozes, atribuídas às vozes, que começam uma frase: "Sim, eu venho em seu templo..." e que pararia – para fazer a analogia com o exemplo dado há pouco. Essas frases interrompidas também são completadas, mas por Schreber, que, em sua experiência alucinatória, acredita que deve assumir os pontos de estofo.

Lacan, no capítulo que citei anteriormente do Seminário 3, dá dois ou três exemplos disso, mas há um que me chamou a atenção especialmente, é a seguinte frase interrompida e completada: as vozes dizem "*falta-nos agora...*" e Schreber acrescenta "o pensamento *principal*".[14] Considero esse exemplo particularmente interessante, pois a falta do pensamento principal não deixa de ser, obviamente, quase homóloga com a falta do significante principal que Lacan utiliza para definir a foraclusão do Nome-do-Pai.

---

14 Lacan, J. (1955-1956). *O seminário, livro 3: As psicoses*, op. cit., p. 133.

Todos esses fenômenos da psicose são, evidentemente, fenômenos de linguagem, mas são solidários de um gozo um tanto anômalo – não entrarei em detalhes.

Penso, no entanto, que o que talvez coloque mais em evidência a implicação do terceiro na série das frases é a mania. Os fenômenos da mania, aqueles que podem ser observados, os que são mais visíveis, não estão somente no nível da forma do maníaco falar, mas no nível econômico. Isso se vê, está na superfície da mania: os gastos desconsiderados, as insônias (sono e insônia são fenômenos da economia, obviamente) a atividade febril, até mesmo desenfreada, os diversos excessos etc., tudo isso, são tanto fenômenos econômicos quanto traços, e, poderíamos acrescentar, que Lacan resumiu em uma só palavra, "Televisão",[15] nessas duas famosas linhas sobre a psicose maníaca: "excitação maníaca".

É de um laconismo, já tive a oportunidade de ressaltar, absolutamente exemplar e que, além disso, contrasta com os desenvolvimentos de Freud sobre a mania. Creio, é minha tese em todo caso, que Freud não entendeu o que voltava na mania e que ele se deixou enganar: acreditou que a mania era um gênero de festa. É verdade que na festa se gasta, se cometem excessos etc. Mas a mania não tem nada de festivo, trata-se da excitação que, às vezes, pode ser fatal, como Lacan diz na passagem que cito.

Excitação é um termo muito preciso, muito correto, para dizer o que há ali de registro vital da vida do corpo e a "vida subjetiva" – se pudermos nos permitir essa expressão– quando falta a vetorização da energia que se manifesta, por exemplo, no desejo (o desejo é sempre um vetor no projeto, pouco importa qual, seja do pensamento ou da ação). A excitação é a energia sem o vetor.

---

15 Lacan, J. (1973). Televisão, *op. cit.*, p. 525.

Evidentemente, isso tem suas repercussões, traduz-se necessariamente no nível da apreensão do tempo – é muito apaixonante estudar o tempo do maníaco – também tem repercussões na coerência/incoerência do discurso. Esses são temas que foram de grande interesse para a escola fenomenológica, particularmente para Binswanger. Efetivamente, o tempo fragmentado e o discurso desalinhavado do maníaco obedecem, respondem a uma mesma estrutura, a de uma cadeia rompida.

Lacan acaba de falar da tristeza etc., e evoca o rechaço do inconsciente. Ele diz: "bastando que essa covardia, por ser rechaço [*rejet*] do inconsciente chegue à psicose – é o retorno no real daquilo que foi rechaçado de linguagem; é a excitação maníaca pela qual esse retorno se faz mortal".[16] Esta frase, que poderíamos comentar bem extensamente, quer dizer que se tem aí um rechaço da linguagem. Estamos em 1973, e para Lacan, o rechaço da linguagem não é rechaço da língua, não é rechaço das palavras; isso quer dizer rechaço da cadeia. A linguagem é a cadeia. No fundo, quando a cadeia está quebrada, ficam apenas Uns que podem efetivamente ser colocados em série, mas que, em nenhum caso, conseguem estofar o discurso. Creio que, na mania, se vê bem a solidariedade quase inseparável entre os fenômenos da linguagem e os fenômenos em nível econômico, isto é, no nível real.

Não há apenas a psicose. Há a neurose, da qual uma parte dos fenômenos se manifesta como ataques ao ponto de estofo, a questão sendo, então, saber qual ponto de estofo.

A dúvida obsessiva, sua espera perpétua, essa espera que às vezes deixa a libido em suspenso por momentos que parecem intermináveis para o não obsessivo, é uma suspensão do ponto de

---

16 Lacan, J. (1973). Televisão, *op. cit.*, pp. 524-525.

estofo. Em uma das lições de *RSI*, Lacan recorda que um de seus pacientes, falando do sintoma, lhe disse: "o sintoma é como os pontos de suspensão [*points de suspension*]".[17] Podem ter certeza de que se trata de uma frase de um obsessivo. O sintoma ponto de suspensão é, efetivamente, essa forma de se relacionar com o tempo, no tempo, com o ponto de estofo, e de manter em espera – alguns dizem procrastinação – os momentos de concluir. Os pontos de estofo são os momentos de concluir.

Porém, há também a incerteza histérica em que não há a dúvida, mas a questão perpétua. Assim como a dúvida obsessiva tem como contraponto a passagem ao ato, é bem sabido que a incerteza dos sujeitos histéricos tem como contraponto, não sei como chamar, os acessos de agitação. Geralmente se diz, coloquialmente [em francês]: "ele (ou ela) está *déchaîné*[18] agora!" É bonito, notem, que a língua diz "*déchaîné*" para designar isso, uma palavra que se aplicaria muito mais precisamente à mania; para a histeria, é apenas descritivo. Aliás, a mania, às vezes, pode levar a confundir com a histeria e vice-versa: além de que o significante no real nem sempre é fácil de diagnosticar; como distinguir, nos casos de histeria agitada, se se trata de uma mania em que há realmente o rechaço da cadeia, ou se há uma metáfora que sustenta uma cadeia recalcada? É muito difícil saber nesses casos se o apoio da cadeia significante, como diz Lacan, falta ou não ao sujeito.

---

17 Lacan, J. (1974-1975). *Le séminaire, livre 22: RSI*, inédito. Lição de 21/01/1975. Em francês, *points de suspension* é o equivalente às nossas "reticências", isto é, três pontos consecutivos indicados para "marcar uma pausa no enunciado, podendo indicar omissão de alguma coisa que não se quer revelar, emoção demasiada, insinuação etc.". (*Dicionário Houaiss da Língua Portuguesa*. Rio de Janeiro: Objetiva, 2009). [N. T.]

18 Em francês, *déchaîné* [fora de cadeia, desencadeado]. Em português, poderíamos traduzir a expressão *il est déchaîné* por "ele está fora de si, desenfreado". [N. T.]

Significante no real e cadeia inconsciente

Já que estou começando a avançar em uma questão de distinção diagnóstica entre fenômenos que muitas vezes são vizinhos no nível da observação, talvez traga uma precisão sobre um ponto que por muito tempo me trouxe dificuldades, acercado significante no real.

A tese diz que o significante no real é a cadeia quebrada. Só que não há tipo clínico em que a gramática da frase esteja perdida, isto é, em que a sintaxe do ponto de estofo, pontos de estofo da fala, não se encontre à disposição no nível de simples frases. Como resultado, os sujeitos que recebemos, em geral, falam em uma linguagem socialmente compreensível. É justamente por isso, aliás, que podemos receber seu testemunho e confiar nele. Obviamente, deixo de lado o silêncio catatônico, a petrificação melancólica, todos os casos em que o sujeito não fala. O próprio maníaco, em sua excitação, decerto está fora do diálogo – isto é, a cadeia se desenvolve do lado do sujeito maníaco e pouco importa o que o interlocutor diz–, mas não está fora da gramática, e o ponto de estofo é a estrutura gramatical da frase. Este ponto, então, pode gerar dificuldade.

A dificuldade se resolve se se levar justamente em conta que há cadeia e cadeia. Há a cadeia do "falatório" [*parlote*] – retomo um termo de que gosto, e que Lacan utiliza justamente em *RSI* – e, em seguida, a cadeia de linguagem, que não são iguais, significante no real ou não. Vou explicitar isso um pouco.

Digo "cadeia do falatório": provavelmente seja excessivo dizer "cadeia", seria preciso, antes, dizer o "fluxo do falatório", é o fluxo do discurso que o sujeito articula, seja ele maníaco, histérico ou qualquer que seja a sua estrutura. A palavra "falatório" [*parlote*] conota muito bem a profusão e, ao mesmo tempo, tem uma nuance que é levemente pejorativa, é a mesma nuance de quando se diz "*cause toujours!*",[19] uma nuance para dizer que o falatório desliza, circula, mas que eventualmente se separa do real, em todo caso, não capturado por ele. O falatório se apresenta em todos os sujeitos, de todos os tipos, independentemente da estrutura clínica. Todos, em um certo nível do falatório, são capturados no "*disquecursocorrente*",[20] porque o falatório repercute o discurso, o discurso corrente – é a primeira coisa que ele faz. Ele repercute o que pode ser chamado de "cadeia pré-constituída do discurso do Outro".

O discurso do Outro é uma cadeia pré-constituída, não é a cadeia do sujeito, o que Lacan, em seu grafo, escreve no andar de baixo, entre o grande A, à direita, e o s(A), significado de grande A, à esquerda. Este discurso pré-constituído é um discurso que todo sujeito transmite em sua fala, e é por isso que, com a fala analisante, digamos que o mundo entra no consultório do analista porque o falatório do analisando veicula as cadeias pré-constituídas do discurso corrente. Portanto, qualquer sujeito as transmite, mas ele também deve se separar dele, é preciso uma operação de separação para que o sujeito tenha acesso a um dizer que seja seu.

Essa distinção entre o falatório como muito impregnado pela cadeia pré-constituída, e o que seria o dizer próprio do sujeito, foi abordada por Lacan repetidamente com diferentes termos. A primeira forma de abordá-la consistiu em distinguir entre a fala plena e a fala vazia. A fala vazia é a fala que não diz nada sobre o próprio ser; a palavra plena é aquela que visa, e que às vezes consegue – essa é a tese de Lacan no início –, ser idêntica ao próprio ser.

---

19 *Cause toujours (tu m'intéresses)* é uma expressão em francês que se diz para mostrar a alguém que não se vai levar em consideração o que ele está dizendo, que ele ainda pode continuar a falar, mas que isso não terá consequências. [N. T.]
20 Neologismo que equivoca a expressão *discourscourant* [discurso corrente], e que também condensa os vocábulos *disque* [disco], *discours* [discurso], *hors* [fora] e *courrant* [corrente]. [N. T.]

Notem que as personalidades "como se", de Helen Deutsch,[21] são sujeitos cuja fala e conduta são emprestadas, sujeitos que tomam emprestado da cadeia pré-constituída do Outro, mas isso permanece separado do real. No fundo, são sujeitos que utilizam o discurso pré-constituído do Outro como uma prótese, o que lhes dá uma pseudonormalidade que desvela seu engodo, quando isso se desencadeia. E isso se desencadeia quando o real já não entra mais nos pequenos furos da cadeia pré-constituída, evidentemente.

As personalidades "como se" são exatamente o que Lacan designa, em outros termos, no Seminário *Os quatro conceitos fundamentais da psicanálise*, quando fala da holófrase.[22] A holófrase é exatamente isso: repercutir a cadeia pré-constituída do Outro. Haveria muitas coisas a serem desenvolvidas sobre esse ponto.

Nesse sentido, o que nos interessa, quando se fala de significante no real ou da cadeia inconsciente, não está no nível do simples fluxo da fala, mas no nível daquilo que pode ser isolado, distinguido e extraído do fluxo do falatório.

O significante no real é, por fim, mais fácil de diagnosticar do que a cadeia inconsciente, ao contrário do que se imagina, porque o significante no real (é o caso em todos os exemplos que citei) se apresenta no nível dos fenômenos como uma anomalia na fala, no falatório, algo que vem perturbar o falatório. Quer se trate de vozes ou de neologismos, da fala maníaca deslastrada dos objetivos dos projetos intencionais ou das palavras coisificadas do esquizofrênico, isso aparece no falatório, na superfície, como dizia Freud.

---

21 Deutsch, H. (1970). *La psychanalyse des névroses*. Paris: Payot, 1970, pp. 223-238.
22 Lacan, J. (1964-1965). *Os quatro conceitos fundamentais da psicanálise*. Rio de Janeiro: Zahar, 1988, p. 225.

O inconsciente, a cadeia inconsciente, não é um fenômeno, e esse é justamente o problema dos psicanalistas! Não se trata de um fenômeno, é um objeto mais difícil de entender.

Freud foi o primeiro a desenvolver um método, seu próprio método, para extrair e trazer à tona a cadeia inconsciente. O que ele nos descreve desde o início como uma atenção flutuante é a ideia de que se deve levar em conta todos os elementos do falatório, todos, como se eles estivessem no mesmo plano, como se cada um tivesse a mesma importância que os outros. Isso quer dizer colocar em curto-circuito a significação do falatório, porque nele nem todos os elementos têm a mesma importância: há aqueles que fazem precipitar pequenas significações.

Freud diz: tenhamos em conta todos os elementos como se eles estivessem todos no mesmo plano. Assim é que se perceberá que, independentemente das significações do falatório, há elementos, palavras, imagens, que se repetem, que se sobrepõem, que voltam e que, ao se repetir, se sobrepor, retornar, insistir, desenham uma cadeia significante diferente da do fluxo do falatório: é a cadeia que chamaremos de cadeia inconsciente. Em outras palavras, a cadeia inconsciente aparece na técnica freudiana apenas por meio do trabalho de decifração. É um trabalho. E para realizar um trabalho, é preciso querer!

O que faz com que quando os psicanalistas duvidam da permanência do inconsciente, nunca se sabe muito bem se é o inconsciente que desaparece ou se são os psicanalistas que não o querem mais. Há sempre esse pequeno ponto de interrogação, talvez eles não tenham mais vontade de realizar o trabalho... Estamos a um século de Freud.

Seja como for, quer se trate do significante no real ou dos significantes na cadeia do inconsciente, nos dois casos, esses são elementos que visam o mesmo referente. Como nomear esse referente que, por definição, escapa?

Lacan primeiro o chamou de "ser do eu [*je*]" em sua singularidade, necessariamente recalcada na cadeia pré-constituída do Outro. Hoje, dizemos mais habitualmente "o ser do gozo" ou "o gozo" simplesmente. É por isso que falo de significantes no real ou no inconsciente: em ambos os casos, se não é a mesma estrutura clínica, são elementos significantes que visam e que têm como referente o ser de gozo ou "ser do eu".

Os neologismos

Antes de abandonar essas elaborações, já que mencionei as vozes e os neologismos da psicose, gostaria de dizer algo sobre os neologismos. Sabemos que os sujeitos psicóticos são propensos aos neologismos e, com razão, muitas vezes fazemos deles um elemento de diagnóstico.

Gostaria de lhes explicar que, em minha opinião, quando se trata de neologismos, o diagnóstico requer precauções muito especiais. Esse não é o caso das vozes, porque elas são invocadas como tais pelo próprio sujeito, ao passo que o sujeito se considera emissor do neologismo e ele não o distingue, por sua vez, como um fenômeno estranho. O sujeito fala com você sobre suas vozes, elas o concernem, interpelam-no, suas vozes tornam-se um objeto de preocupação para ele. O neologismo, na psicose, nunca preocupou o sujeito que o forma. O neologismo, portanto, não tem exatamente o mesmo lugar na fala.

O neologismo, se quisermos defini-lo de forma simples, como faz o dicionário, consiste em inventar palavras que não existem na língua ou em usar palavras que existem na língua, mas em um sentido novo, singular, estranho, em um sentido que não é o dado pelos dicionários.

O problema é que a atividade neológica não é em si mesma psicótica. Há condições para dizer que um neologismo é índice de psicose. Digo que a atividade neológica não é psicótica, mas comum, é por meio dela que uma língua se mantém viva. É por meio dos neologismos no cotidiano que uma linguagem evolui, porque aqueles que a falam inventam palavras e usos que não existiam antes.

Estamos acostumados com a tese de Lacan: o significante está no Outro, já ali, para ser tomado, portanto. No entanto, deve-se acrescentar que o significante está no Outro porque foi colocado ali, não chegou ali sozinho. Não é o Outro que o colocou ali porque o Outro não existe.

A invenção da língua é inteiramente neológica, e trata-se de um fenômeno cotidiano. Isso vai da invenção das gírias, do *slang*, até a poesia mais elevada ou a conceitualização teórica mais elaborada. Todo escritor é produtor de neologismos, seja no campo da filosofia ou da literatura. Estou falando de verdadeiros escritores, não daqueles que simplesmente colocam suas histórias no papel. O escritor é alguém que toca *alíngua*, que marca a língua.

O mais óbvio ocorre com a poesia. A poesia é inteiramente neológica. Lacan diz: "a poesia é o dizer menos burro".[23] Isso quer dizer, creio eu, que ela desenvolve o dizer menos conforme, menos padronizado, menos "curso-corrente" [*courscourrant*]. Não é

---

23 Lacan, J. (1973). Posfácio ao *Seminário 11*. In *Outros escritos*. Rio de Janeiro: Zahar, 2003, p. 506. A frase à qual a autora faz alusão é "o escrito do poema torna o dizer menos burro?".

de se espantar, então, e constatamos isso todos os dias, que Lacan ache cômicos os partidários do bom senso, as classes, as populações mais apegadas ao senso comum, o sentido correto, o sentido conforme, comum (ele diz "o senso bom"): ele tem seus motivos, os quais não vou desenvolver. Em geral, os partidários do bom senso estão fechados à poesia, é um fato, e muitas vezes, mais que isso, são inimigos da poesia! Eles temem algo da atividade poética. Vemos isso em nossa história.

A holófrase, ao contrário, é exatamente o antineologismo, o grau zero do dizer.

Temos, pois, dois polos no uso, na atividade de falar: temos o grau zero do dizer, e temos, em seguida, o grau máximo, que sempre sai das vias do léxico dos sentidos traçados.

Evidentemente, na França – este não é o caso em todos os países do mundo – temos uma Academia.[24] E reflitam sobre isso: é importante ter uma Academia, que entre suas diversas tarefas – honorífico e uma recompensa, é claro – é guardiã da língua. Sua tarefa é decidir quais as palavras ela vai deixar entrar na língua, quais neologismos vai permitir fazer parte do léxico, que sentidos vai aceitar. E vocês notarão que quando ela aceita alguma, no dicionário, geralmente, se coloca a citação do escritor que produziu o neologismo, para usar como argumento de autoridade esse escritor, para fazer isso entrar na língua.

É uma faca de dois gumes a Academia (não vou desenvolver esse ponto, isso nos levará um pouco longe), que é uma instituição guardiã do linguisticamente correto, porque o linguisticamente correto é muito próximo do politicamente correto, é fato, e, ao

---

24 Instituição fundada pelo cardeal Richelieu em 1635, sob a égide de Luís XIII, rei da França. Sua função, desde sua criação, é de "definir a língua francesa por meio da elaboração de seu dicionário, o qual fixa o uso do francês". [N. T.]

mesmo tempo, quando se vê o que era a magnífica língua francesa no século XVIII, dizemos que seria bom poder proteger isso. Mas é totalmente vão, não se consegue fazê-lo.

Agora podemos ir um pouco mais longe com relação ao neologismo: perceberam que o Nome-do-Pai é uma invenção neológica? Com efeito, se ele pode desaparecer é porque foi inventado. Se há vários possíveis – Lacan disse isso – é porque se trata de um produto do dizer produtor: essa é a ideia de Lacan, e é minha também, mas porque a tomei emprestada.

Na passagem que talvez já tenha usado anteriormente do Seminário 3, quando ele fala, na cena de *Atália*, do temor a Deus, citando a frase de Joad: "Temo a Deus, caro Abner, e não tenho outro temor" (são muito bonitos os alexandrinos!), Lacan faz um comentário que vale o seu peso em ouro:

> *O temor a Deus não é um significante que está espalhado por toda parte. Foi preciso alguém para inventá-lo, e a propor aos homens, como um remédio para um mundo feito de terrores múltiplos, ter medo de um ser que, não pode, afinal de contas, exercer suas sevícias senão pelos males que estão aí, multiplamente .... Substituir os inumeráveis temores pelo temor de um ser único que não tem outro meio de manifestar sua potência e não pelo que é temido atrás desses inumeráveis temores é demais.* [E acrescenta] *Vocês me dirão – Eis uma perfeita ideia de padre! Pois bem, vocês não têm razão. Os padres não inventaram absolutamente nada nesse gênero. Para inventar tal coisa, é preciso ser poeta ou profeta* . . .[25]

---

25 Lacan, J. (1955-1956). *O seminário, livro 3: As psicoses, op. cit.*, pp. 301-302.

Lacan coloca aí o temor a Deus, que é, nesse texto, homólogo ao Nome-do-Pai, como o resultado de uma invenção, isto é, de um dizer de alguém que ele qualifica como poeta ou profeta. Isso quer dizer que não estava lá no Outro antes que se colocasse ali.

Poderia também recordar outra passagem que não encontrarão porque ela desapareceu, no Seminário *A ética da psicanálise*,[26] em que Lacan define a Coisa. Ele retorna a isso várias vezes: "a Coisa é o real na medida em que ele padece [*pâtit*] do significante". O que significa, evidentemente, a incidência, a operatividade do significante, a operatividade do simbólico sobre o real.

Mas há uma de suas lições em que ele evoca a Coisa, na medida em que ela constrói [*bâtit*] significante; é um jogo de palavras bem ao estilo de Lacan, para padecer/construir [*pâtir/bâtir*]. Já havia me referido a essa distinção em 1975, na presença do próprio Lacan. Vocês não encontrarão na edição do Seuil, não sei por que Miller a apagou. Minha hipótese é que na época em que ele fez o Seminário – foi depois da dissolução, creio, não me lembro mais –, ele pensava que sua missão naquele momento era ensinar aos alunos de Lacan o que era o simbólico, e provavelmente pensou que iria complicar as coisas explicando que o simbólico, de todo modo, era inconsistente e que estava apenso ao dizer do poeta ou do profeta. Então ali alguém iria se perder. Enfim, é a hipótese que faço, é uma simples hipótese, e é benevolente além disso, porque é isso... Ou pior!

Devido à falta de tempo, não pude hoje encontrar a lição – comprometo-me, estou lhes dizendo para ficar obrigada a fazê-lo e

---

26 Lacan, J. (1959-1960). *O seminário, livro 7: A ética da psicanálise*. Rio de Janeiro: Zahar, 1988.

não vou ceder à negligência – do Seminário *A ética*... em que Lacan fala daquilo que constrói [*bâtit*] significante.[27] É a mesma linha.

Acrescento ainda, em quinto lugar, que o inconsciente em si, o inconsciente do neurótico, é neológico. Deixo de lado a demonstração, voltarei a ela mais tarde.

Tudo isso para lhes dizer que creio que seria mais valioso para os clínicos que tentamos ser, que não sejamos muito acadêmicos quando escutamos os sujeitos, não somente porque não temos a competência do acadêmico, mas porque não se trata de uma estranheza [*bizarrerie*] de linguagem que certifica a psicose. A neurose tem suas estranhezas de uso.

Para ter certeza de que uma estranheza de uso legitima a psicose, é preciso um elemento a mais, é preciso aquilo que ressaltei há pouco, tanto para as vozes quanto para a cadeia inconsciente do neurótico: que os elementos linguísticos de uso estranho se refiram ao ser do sujeito. Caso se fale de outra coisa, as estranhezas da linguagem não têm significação diagnóstica. É preciso que o neologismo tenha o mesmo traço comum que se encontra entre a "porca" do paciente "De uma questão preliminar..."[28] e o rato do Homem dos ratos; um é psicótico, o outro é neurótico, mas "porca"

---

27 Trata-se da lição de 27 de janeiro de 1960. O trecho a que a autora faz alusão (e que não aparece na versão oficial da Zahar, mas está presente na versão não oficial da ALI) é o seguinte: "... *cette Chose, ce qui du réel – entendez ici un réel que nous n'avons pas encore à limiter, je veux dire qu'il s'agit du réel dans sa totalité, il s'agit aussi bien du réel qui est celui du sujet que du réel auquel il a affaire comme étant, à lui, extérieur – ce qui du réel primordial, nous dirons pâtit du signifiant*". Em português: "... essa Coisa, aquilo que do real – entenda-se aqui um real que ainda não temos que limitar, quero dizer que se trata do real em sua totalidade, trata-se tanto do real que é o do sujeito quanto do real ao qual ele tem que lidar como sendo, para ele, externo –aquilo que, do real primordial, diremos sofre do significante". [N. T.]

28 Lacan, J. (1958). De uma questão preliminar a todo tratamento possível da psicose. In *Escritos*. Rio de Janeiro: Zahar, 1998, p. 540.

e "rato" têm esse traço comum: eles visam diretamente, têm o ser de gozo como alvo. Eles não se referem ao ser de "eu penso", mas ao ser do "se goza" [*se jouit*], segundo o jogo que Lacan faz. É preciso exigir o mesmo para ter certeza de que um neologismo certifica a psicose, esse pelo menos é o meu ponto de vista, o que queria transmitir para vocês.

* * *

Dado que comecei a tocar nesse delicado problema do diagnóstico e que meu título do ano ainda é "A querela dos diagnósticos", gostaria de me comprometer com um desenvolvimento que interrogasse precisamente o que a introdução do nó borromeano muda sobre a questão de diagnóstico. Não vou entrar muito nesse desenvolvimento hoje porque está quase na hora de terminar, direi apenas o seguinte: regularmente, pessoalmente em todo caso, vejo-me bastante estupefata, repetidas vezes, em ver até que ponto essa questão não é colocada em nossas elaborações. O que muda com o nó borromeano, o que deveria mudar se considerarmos as elaborações de Lacan naquela época?

Continuamos efetivamente a falar sobre a clínica diferencial como se nada tivesse mudado desde "De uma questão preliminar...". Continuamos a funcionar com as categorias clássicas, como se o novo esquematismo não abrisse nenhum remanejamento no nível da nosografia clínica. Continuamos a funcionar sobre uma alternativa binária; Nome-do-Pai ou Nome-do-Pai zero, (NP ou NP_0), não foraclusão ou foraclusão, e então funcionamos sobre a alternativa psicose ou neurose-perversão, terceiros excluídos. Ignoramos, portanto, os *borderlines*, as personalidades narcísicas ou múltiplas, e assim por diante...

De fato, esquematizo, porque ao menos se diz algo de todos esses inclassificáveis da nosografia clássica: são aqueles que não têm os sintomas-padrão da psicose ou da neurose – porque a neurose e a psicose se definem por sintomas-padrão – como Lacan diz na "Introdução à edição alemã dos *Escritos*",[29] ao falar algo de todos esses sintomas-padrão, de forma patente, não os ignoramos; atualmente se diz simplesmente que são psicoses não diagnosticadas, não reconhecidas, não desencadeadas, o que produziu um alargamento da extensão da categoria de psicose de modo considerável em alguns anos.

Há aí duas variáveis. É bem possível que, no atual discurso capitalista (esta é a tese de muitas pessoas), haja cada vez mais sujeitos psicóticos. Não me pronuncio a esse respeito. O que estou falando é que nossa categoria clínica de psicose se expandiu. Voltarei a isso.

Interroguei, então, a mim mesma sobre o que poderia ser extraído dos desenvolvimentos de *RSI*, do Seminário *O sinthoma*[30] e os seguintes, sobre essa questão diagnóstica.

Voltemos a ler os textos de Lacan. Fiquei surpresa com algo que deveria ter captado mais rápido: o número de indicações diagnósticas pouco clássicas que Lacan dá nesses seminários e o número de indicações que ele faz, e que põem em questão o binário foraclusão/não foraclusão. Voltarei então sobre esse ponto no próximo encontro, isto é, em quinze dias.

---

[29] Lacan, J. (1973). Introdução à edição alemã de um primeiro volume dos *Escritos*. In *Outros escritos*: Rio de Janeiro: Zahar, 2003, pp. 550-556.
[30] Lacan, J. (1975-1976). *O seminário, livro 23: O sinthoma*. Rio de Janeiro: Zahar, 2005.

4. A colocação em questão do Nome-do-Pai

28 de janeiro de 2004

Para falar a verdade, extrair, entre outros, as consequências diagnósticas das últimas elaborações de Lacan não é tarefa muito simples. Eu mesma não tenho certeza de ter chegado até o final do que poderia dizer sobre isso, mas, no fim das contas, vou lhes dizer o que pude captar até o momento.

Quero ressaltar todos os desenvolvimentos em que Lacan, a partir do nó borromeano, manifesta, de forma explícita ou implícita, que ele se coloca questões para fazer ajustes no campo diagnóstico, ainda que nem sempre conclua.

Primeira observação, que é um parêntese sobre a questão dos sintomas: nunca se deve perder de vista que, quando falamos atualmente, não falamos mais como no início do século passado. A psiquiatria da época, quando definia seus sintomas-padrão, postulava que os sintomas eram anomalias e que existiam sujeitos assintomáticos que podiam ser chamados de sujeitos "normais". Essa não é mais, em absoluto, a nossa perspectiva. Nossa perspectiva – já a partir de Freud, se quisermos, e claramente a partir de Lacan – é de que o sintoma é uma resposta a uma prova pela qual passamos todos, e que Freud chamou de "castração". Outra forma de falar isso, obviamente, é dizer que o sintoma faz suplência à ausência de relação sexual, é o que vem em seu lugar. Mas, nesse sentido, não há um sujeito assintomático para nós. Todo parceiro é sintomático, o que quer dizer muito precisamente que ele é eleito, escolhido, determinado pelo viés da linguagem, do inconsciente. Tudo o que podemos dizer é que há sintomas mais ou menos compatíveis com o laço social dominante e mais ou menos cômodos para os próprios sujeitos. Lembro isso na abertura, porque não se deve perdê-lo de vista em todos os desenvolvimentos que faremos.

Vou partir novamente dos Seminários dos anos de 1974-1975 e seguintes, para acompanhar o que Lacan, parece-me, introduz ali como novo. O Seminário *RSI* é inteiramente atravessado pelo problema do Nome-do-Pai: o que é o Nome-do-Pai? E a última frase pronunciada bem ao final do seminário, do qual leio apenas as últimas linhas, anuncia mais um exame daquilo que há de substancial no Nome-do-Pai para o ano seguinte, que será o de "Joyce, o *sinthoma*". Então, isso atravessa sua obra realmente de ponta a ponta, e não termina quando chega ao fim.

Nome-do-Pai e nó borromeano

É possível perfeitamente usar o nó borromeano para não mudar nada em nossos critérios diagnósticos, isso é muito fácil. A descontinuidade entre psicose e outras estruturas – neurose, perversão – proposta por Lacan desde o início não é, falando estritamente, colocada em questão pelo nó borromeano. A problemática clássica pode ser reformulada facilmente no nó borromeano como se se tratasse apenas de uma mudança de vocabulário.

Basta simplesmente perguntar para cada caso clínico se as três consistências, I, S, R, estão ou não enodadas. A imagem do corpo, a cadeia da linguagem e o que se pode perceber do gozo estão enodados ou há fenômenos que atestam que eles não estão enodados?

E, como sabem, todos os fenômenos da psicose ou quase – os fenômenos incontestáveis – manifestam uma autonomização dos três registros, ao menos de um deles, começando pelo que Lacan chamava, desde o início, de significante no real, que é equivalente, como lembrei detidamente, à ruptura da cadeia significante. Essa ruptura supõe a ausência do enodamento entre I, S e R. Podemos, então, continuar funcionando sem problemas com o binário: enodamento/não enodamento.

E para retomar exatamente a problemática de "De uma questão preliminar...",[1] basta acrescentar uma pequena coisa: que o Nome-do-Pai está no princípio do nó borromeano e, portanto, basta colocar que não há um nó borromeano sem um Nome-do-Pai.

Como resultado, chegamos mais ou menos à seguinte distribuição clínica:

NP_0 NB_0	Casos atípicos	NP NB
foraclusão psicoses		neuroses perversões

---

1 Lacan, J. (1958). De uma questão preliminar a todo tratamento possível da psicose. In *Escritos*. Rio de Janeiro: Zahar, 1998, pp. 537-590.

Se representar por meio de um eixo a paleta das estruturas clínicas, colocarei o que vou chamar de Nome-do-Pai zero (a foraclusão), um nó borromeano zero (para designar que se não há o Nome-do-Pai, não há nó borromeano); e aqui estamos no que chamo de psicose-padrão, para a qual não há discussão, ela pode ser vista imediatamente porque os fenômenos estão na superfície.

Em seguida, teremos o espaço em que vamos escrever o Nome-do-Pai e o nó borromeano: é o que chamamos classicamente de neurose e perversão-padrão.

Entre os dois, ficamos um pouco confusos, porque encontramos certo número de casos, bem numerosos na realidade, que são, não diria "indecidíveis" – seria supor demais –, mas atípicos, que não entram exatamente nos casos-padrão, que algumas vezes foram chamados de "inclassificáveis", e vocês sabem que nós, em geral, no fim das contas, adquirimos o hábito de dizer que se trata de uma extensão da psicose. Há outras correntes que tentaram encontrar nomes para isso sem poder dar conta realmente das estruturas, mas encontrar outros nomes como *borderline*, "personalidade múltipla", "personalidade narcísica" etc.

A meu ver, o que torna difícil permanecer aí, além de certas realidades clínicas – às quais voltarei mais tarde – é que se quisermos acompanhar o que Lacan faz a partir de 1974, encontraremos, no entanto, uma quantidade de indicações que fazem aparecer essa distribuição que todos conhecemos tão bem agora, como algo, digamos, muito simplista, de um simplismo redutor. É claro que Lacan não dá a questão por resolvida.

Retrabalhei todos esses textos em detalhes. Agora estou convencida de que, em 1974, Lacan não considera essa distribuição indiscutível. Ele coloca a questão explicitamente e tenta respondê-la. As respostas, como disse, nem sempre são categóricas, mas algumas delas estão aqui.

Ele se pergunta essencialmente, várias vezes, o que condiciona o enodamento. E não perguntaria isso se tivesse certeza de que se tratado Nome-do-Pai. Ele examina a questão, e pergunta: é o Nome-do-Pai? Se ele se questiona, então, é porque há possíveis objeções; então, o que faz nó? E isso volta: o que o faz com que se enode ou não? Qual é a função do Nome-do-Pai no enodamento?

É daí que ele parte. E eu gostaria de entrar um pouco no que sugere o fio condutor que ele segue.

Édipo e Nome-do-Pai

Inicialmente, farei um pequeno desenvolvimento acerca do Édipo e Nome-do-Pai. Agora, quando dizemos "Édipo freudiano", dizemos o "Nome-do-Pai" e vice-versa, com razão porque o próprio Lacan, desde "De uma questão preliminar a todo tratamento possível da psicose" até as fórmulas da sexuação em "O aturdito",[2] sempre apresentou essas elaborações em torno do Nome-do-Pai como reformulações do Édipo freudiano que consistiam não em refutar o Édipo freudiano, mas para "logificá-lo". Em "O aturdito", isso é afirmado duas vezes – e é importante porque é logo antes dos Seminários sobre o nó borromeano– na página 458 dos *Outros escritos*, ele diz explicitamente, após ter introduzido suas fórmulas da sexuação: "É justamente nessa lógica que se resume tudo o que acontece com o complexo de Édipo".[3] Portanto, a redução do Édipo freudiano, que é um mito da lógica das fórmulas do todo e do "existe um que...". Na página 462, ele ainda coloca os "pingos nos is", categoricamente: "O Édipo é o que digo, não o que se crê",[4] e o

---

2 Lacan, J. (1972). O aturdito. In *Outros escritos*. Rio de Janeiro: Zahar, 2003, pp. 448-497.
3 *Op. cit.*, p. 458.
4 *Op. cit.*, p. 462.

que se crê está, seguramente, mais próximo do Édipo freudiano, porque é de muito mais fácil acesso do que entrar na lógica dos quantificadores que ele usa em "O aturdito".

Em outras palavras, até aqui podemos dizer que Lacan simplesmente retomou, *mutatis mutandis*, o Édipo.

O tom muda completamente em *RSI*. Vou reter duas referências principais: a lição de 14 de janeiro de 1975 e a lição de 11 de fevereiro de 1975.

No final da lição de 14 de janeiro, Lacan – que já havia dito muitas coisas antes, voltarei a elas– se volta para Freud para dizer "Freud não era lacaniano".[5] Ele citou certo número de autores afirmando que eram lacanianos – a saber, Platão e Tolstói. Mas aí, ele diz que Freud não era lacaniano porque não usava categorias (entre outras) imaginário, simbólico, real. "Mas", diz ele, "no entanto, podemos deslizá-las sob seus pés, como uma casca de banana".[6] É como dizer que podemos interrogar sua elaboração a partir dessas categorias. Lacan afirma que para Freud, os três – o imaginário, o simbólico e o real – não estão enodados. Eles não se mantêm juntos, sobrepõem-se um ao outro e estão enodados apenas pelo que ele chama de realidade psíquica. Ora, a realidade psíquica é, em Freud, o complexo de Édipo, isto é, a realidade religiosa.

Eis as três asserções que merecem que nos detenhamos um pouco nelas.

Na lição de 11 de fevereiro de 1975, ele diz o mesmo, com as mesmas expressões, o que é algo raro nele. Ele reitera que Freud

---

5 Lacan, J. (1974-1975). *O seminário, livro 22: RSI, op. cit.*, Lição de 14/01/1975.
6 *Op. cit.*, Lição de 14/01/1975.

apenas consegue compreender o enodamento imaginário, simbólico e real por meio do que ele chama de realidade psíquica, que não é senão a realidade religiosa, isto é, por meio dessa função de sonho que é o Nome-do-Pai. Cito esses termos para que vocês entendam a distância tomada, o tom crítico que Lacan adota com relação ao Édipo freudiano naquele momento. Então, sua hipótese, o que ele acrescenta ali, é que o Édipo freudiano/Édipo Nome-do--Pai funciona como um quarto círculo que permitirá enodar entre si as três consistências que não estão enodadas. Trata-se, portanto, da tese do Nome-do-Pai, do Édipo, como um acréscimo, como uma função suplementar em relação às três dimensões.

Evidentemente, seria interessante para nós – há tantas coisas interessantes que, se entrarmos nelas, não paramos mais de nos desviar de nosso tema – compreender e estudar o que permite que Lacan diga que, em Freud, imaginário, simbólico e real não estão enodados. Suponho que, para isso, seria preciso recorrer à leitura que Lacan faz dos textos de 1920, "O ego e id",[7] a segunda tópica de Freud. Não entrarei nessa exploração.

Quero ressaltar que o que Lacan extrai dessa maneira de considerar os problemas é muito claro: trata-se de um questionamento da necessidade do Nome-do-Pai em si. Encontramos isso na aula de 11 de fevereiro. Ele diz explicitamente, depois de ter lembrado que Freud utiliza o Édipo como um quarto que enodaria os três. Ele se pergunta se é preciso necessariamente esse um a mais, cuja consistência deveria ser referida à função do pai. A questão é explícita. Resposta: o nó borromeano demonstra o contrário.

---

7 Freud, S. (1920). O ego e o id. In *Obras psicológicas completas: Edição Standard Brasileira*, v. XIX. Rio de Janeiro: Imago, 1972.

Dois parágrafos abaixo: essa função suplementar do pai é indispensável? Poderia ser forjada. Mais claro impossível! E ele continua dizendo que se, no Seminário que havia anunciado e nunca ministrou (como sabem, ele repete isso o tempo todo) havia proposto os Nomes-do-Pai, é porque já tinha certas ideias acerca da suplência do Nome-do-Pai. E faz ali, penso eu, uma observação cautelosa: "não é porque esta função não é indispensável que ela não tem vez".[8] O que o leva a insistir novamente no fato de que o Nome-do-Pai é substituível, que podemos prescindir dele; não somente o quarto é supérfluo, porque é possível enodar com três, mas, além disso, é substituível. Um pouco mais adiante, chega até a dizer: "é um nome a se perder"[9] – ele diz no final da lição. Então, seria preciso levar em conta, me parece, essas afirmações que são massivas.

A função enodamento

Com efeito, se o Nome-do-Pai é uma função suplementar para enodar o que às vezes está desenodado (a saber, a imagem do corpo, por um lado, a língua e o simbólico, por outro, e, por fim, o real do gozo), compreende-se logo que o problema se desloca para o que se pode chamar de "função enodamento": é ela que se torna o problema. Isso implica, no fim das contas, de imediato, sem exame clínico suplementar, a possibilidade (não digo a realidade) de outra distribuição do campo nosográfico:

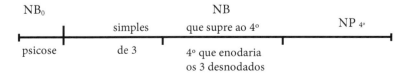

---
8 Lacan, J. (1974-1975). *O seminário, livro 22: RSI*, op. cit., Lição de 11/02/1975.
9 *Op. cit.*, Lição de 11/03/1975.

Vamos dividir o campo em duas grandes partes: a parte em que não há nó borromeano, escrevo-a como uma foraclusão, para conectar com a escrita da foraclusão do Nome-do-Pai – estamos aí do lado da psicose – e a parte em que há nó.

Mas nessa parte do enodamento, Lacan acaba de nos indicar três possibilidades: a eventualidade de um enodamento de três, sem quarto suplementar– e é o que ele faz quando desenha o nó simples –, e depois os enodamentos de quatro, com um quarto que enoda os três que não estariam enodados. Mas ele acaba de indicar que esses enodamentos de quatro são, em si mesmos, divisíveis: há o enodamento de quatro pelo Nome-do-Pai quarto (Édipo freudiano) e os enodamentos de quatro pelo que poderiam ser outros quartos, as suplências do Nome-do-Pai, já que ele próprio diz que o Nome-do-Pai é passível de suplência. Estou seguindo a própria lógica da elaboração.

Volto ao texto. Trata-se, então, da referência das citações que li para vocês, da lição de 11 de fevereiro. A afirmação é muito precisa: o pai é uma função suplementarem relação ao nó de três, essa função suplementar pode, em si mesma, ser suprida. Daí a questão de outros quartos possíveis.

O que permanecerá ao final do Seminário dessa questão de um enodamento de três sem quarto? Voltarei a isso porque, para explicar a resposta de Lacan, é preciso fazer um desvio pelo conjunto do Seminário. Na verdade, Lacan não retorna a esse tema. Ele acaba admitindo que sempre há um quarto. Retomo isso para explicar como ele chega a essa conclusão.

Gostaria de fazer um comentário primeiro. Se o Nome-do--Pai é suplementar e pode ser suprido, o que nos autoriza a dizer, quando o quarto é diferente do Nome-do-Pai, que estamos lidando com uma psicose compensada ou com uma suplência da psicose?

Essa questão me parece essencial porque, se dizemos isso, por que, então, não dizer que a neurose é uma psicose compensada, compensada pelo quarto, que é o Nome-do-Pai, que mantém as três dimensões unidas na neurose por este quarto que é o Nome-do-Pai? Em tal caso, seria preciso dizer: neurose = psicose suprida.

Não pensem que se trata de sofisticações doutrinais! E se acreditam nisso, não se esqueçam de que há uma corrente inteira da psicanálise (a corrente kleiniana) que sustenta, desde o princípio, que há um núcleo psicótico em todos os sujeitos e que a neurose é uma estrutura construída sobre o núcleo psicótico, compensando-o. Claro que talvez não partilhemos exatamente o caminho, os conceitos e a teorização de Melanie Klein, mas deve haver algo na experiência que torne essa doutrina ao menos plausível. Por isso Lacan sempre a levou muito a sério. Além disso, durante anos, ele mesmo não hesitou em evocar o núcleo psicótico de um sujeito particular ou em falar de um sujeito à beira do limite da psicose e da neurose. Ele era mais flexível do que somos hoje!

Creio que Lacan sempre elaborou sua doutrina entre duas preocupações, constantemente presentes de um extremo ao outro de seu ensino, e esse ainda é o caso em 1974-1975: por um lado, a preocupação propriamente clínica, e, por outro lado, a preocupação que chamarei de política, no sentido amplo do termo, isto é, da atualidade do discurso.

Ora, em 1975, parece-me certo que Lacan tenta proceder colocando a psicanálise em dia, colocar em dia com relação a algo que já havia se movido muito – hoje, isso é óbvio, naquela época era menos, mas, no entanto, já havia mudado muito – do lado das caras da neurose. Digo "caras", porque a mesma estrutura pode apresentar várias caras, clinicamente. Esse é o primeiro motivo, creio eu, é a razão política: o discurso se move, e Lacan busca alcançá-lo, se assim posso dizer, na teoria analítica. Ele já havia feito isso em 1968, quando produziu os quatro discursos, e aqui continua com os nós borromeanos.

Do outro lado, do lado clínico, parece-me que uma das coisas que fizeram com que Lacan não se contentasse com sua "De uma questão preliminar..." é que, clinicamente, e diferentemente do que estava sendo feito e se faz ainda na IPA, e diversamente de muitos de seus colegas, ele recebia – não diria, como alguns dizem, "qualquer um"; ele não recebia qualquer um mas, antes de tudo, o que é, "qualquer um"? –, mas, recebia, com certeza, pacientes muito distantes dos sintomas-padrão da normalidade e penso que essa paleta clínica das pessoas que ele atendia deve ter pesado nessa necessidade ou no fato de que ele tenha sido levado a tornar a questão um pouco mais complexa.

Segundo comentário: o Seminário do ano seguinte, sobre Joyce – *Joyce, o sinthoma* – é um exemplo de um enodamento por um quarto que não é o Nome-do-Pai. É preciso ver justamente que se trata de uma continuação, porque em *RSI* ele só havia proposto a possibilidade: o Nome-do-Pai pode ser suprido, mas não havia um exemplo maior, um exemplo, em todo caso, realmente convincente.

Ele define o que chama de *"sinthoma"* muito precisamente nesse Seminário: é o que enoda as três consistências. O Nome-do-Pai, então, é um *"sinthoma"* e há outros. Por exemplo: Joyce. Em *Joyce*, Lacan cria a hipótese de que é seu *ego*, o nome de seu *ego* mais exatamente, o artista, que funciona como quarto.

Quando chegamos a esse Seminário, não temos apenas a construção topológica precisa, mas também o exemplo. Se assim for e se acompanharmos Lacan, será preciso explicar como o *sinthoma*-pai, o *sinthoma* quando ele é o Nome-do-Pai, quando o quarto é o Nome-do-Pai, seria superior aos outros quartos. Voltarei a essa questão porque há muito a desenvolver sobre ela. Observo que não problematizamos esse ponto que deve, a meu ver, ser problematizado.

O que nos permite, em particular, pressupor, como todos fazemos regularmente, que, quando está enodado por um quarto Nome-do-Pai, não pode ser desenodado, que não pode haver uma descompensação de neurose? Poderíamos formular isso de outra forma para aqueles que conhecem bem os desenvolvimentos: em que a identificação última com o significante fálico seria mais estável do que outro tipo de identificação? Se quisermos afirmar isso, temos que fundamentar! Na falta de fundamentação, o que fazemos? Quando vemos um sujeito que foi considerado neurótico por dez, quinze anos, e desencadeia-se uma psicose, dizemos "Ah, era uma psicose que não havíamos reconhecido!". Isso é muito simples, é uma explicação mágica.

Então, por que se fala de psicose compensada no caso de *Joyce* e não em outros? Voltarei a esse problema e à eventual superioridade da solução por meio do pai, mas, desde já, gostaria de chamar a atenção para o seguinte fato, que me surpreendeu desde o início de minhas leituras, muito tempo atrás, mas do qual não havia podido tirar nenhuma conclusão até bem recentemente. Releiam o seminário sobre *Joyce* e as duas "Conferências" sobre *Joyce* encontradas no livro *Joyce avec Lacan*, publicada pelas Éditions Navarin.[10]

Vocês constatarão duas coisas. Primeiramente, e está claro, é evidente que Lacan ao longo dos textos sempre se pergunta sobre

---

10 Essas conferências estão publicadas em português em duas obras: *Joyce, o Sintoma* (I) aparece em *O seminário, livro 23: O sinthoma* (Rio de Janeiro: Zahar, 2007, pp. 157-165) e *Joyce, o Sintoma* (II) publicada nos *Outros escritos* (Rio de Janeiro: Zahar, 2003, pp. 560-566). [N. T.]

uma possível psicose Joyce. Ele pergunta: Joyce era louco?[11] Ele se volta para Jacques Aubert, um especialista em Joyce, que fez o volume de *La Pléiade*,[12] e pergunta-lhe, se, em sua opinião, "Joyce... é ou se toma, ele mesmo, pelo que se chama em sua língua de... um redentor"[13] – subentendendo-se aí que tomar a si mesmo como o Redentor é um dos sintomas-padrão da psicose. Em seguida, ele ressalta, a partir do episódio da surra, que esse relato atesta que Joyce tinha uma relação um pouco especial com seu próprio corpo. Ele diz: a indiferença, o abandono [*laisser tomber*][14] do próprio corpo faz suspeitar de uma psicose. Em seguida, há outras indicações que mostram que ele se coloca a questão. Mas, procurem, não encontrarão sequer uma frase em que ele diga que Joyce era psicótico, uma sequer; ou, caso contrário, se alguma me escapou, terão que me indicá-la com urgência, para que eu possa ver o contexto.

Ao final, ele conclui dizendo que em Joyce há um enodamento por um quarto que não é o Nome-do-Pai, que é, portanto, seu *ego*, mas, ele não diz que se tratava de uma psicose. Não creio que seja apenas por prudência. Poderia se tratar de prudência diante da opinião comum, porque, como sabem, quando se diz à opinião comum que grande parte das pessoas de exceção – escritores, políticos etc. – é de psicóticos, ela não fica convencida. A opinião comum continua pensando que os psicóticos são sujeitos que não entram no laço social habitual. Em sua grande sabedoria, essa é a

---

11 Lacan, J. (1975-1976). *O seminário, livro 23: O sinthoma*. Rio de Janeiro: Zahar, 2007, pp. 75-87.
12 A *Bibliothèque de la Pléiade* é uma das principais coleções de edições francesas, publicada pelas Éditions Gallimard. Por seu rigor editorial, são edições de referência (para leitores e pesquisadores), pela qualidade da redação e o cuidado extremo no estabelecimento dos textos. [N. T.]
13 Lacan, J. (1975-1976). *O seminário, livro 23: O sinthoma*, op. cit., p. 78.
14 "*Laisser tomber*", expressão que pode ser traduzida por "deixar cair" ou por "abandonar" ou "desistir", assim como referido em *O seminário, livro 23, O sinthoma*, op. cit. Ver nota do tradutor nesse seminário, p. 139. [N. T.]

sua convicção profunda. Então, poderíamos dizer que Lacan quis poupar a opinião comum e até mesmo os joyceanos, os estudantes universitários que estudam Joyce. Mesmo quando eles leem nossos textos com simpatia e veem nosso diagnóstico, não acreditam.

Não creio que Lacan tenha dito isso por prudência. Acredito que quando ele diz "Joyce, o *sinthoma*" quer dizer que ele faz de Joyce o exemplo, o exemplo paradigmático de um sujeito que prescindiu do Nome-do-Pai e que se serviu dele, isto é, que fez funcionar uma função enodamento homóloga sem passar pelo pai. Aí está. Talvez isso não faça desse caso uma psicose, apesar de tudo o que pude dizer a esse respeito algumas vezes.

Gostaria agora de retomar o fio condutor sobre a questão do Nome-do-Pai. É preciso seguir o fio condutor do Seminário para esclarecer as fórmulas difíceis. Guiando-se pela linha de pensamento de Lacan, a qual, a princípio, pode parecer enigmática, às vezes, percebe-se o que as fórmulas querem dizer.

O fio é muito claro. O Seminário de 14 de janeiro é a crítica ao Édipo freudiano. No Seminário de 21 de janeiro (não falei dessa aula, não era o meu objetivo), ele redefine o sintoma, fazendo dele não mais uma metáfora linguageira, mas uma função da letra, e é nesse seminário que temos todo um desenvolvimento totalmente novo em Lacan acerca do que é um pai, um pai que não teria um eventual efeito foraclusivo sobre seus descendentes. Em 11 de fevereiro, sigo o fio, como citei agora há pouco, é a colocação em questão explícita do Nome-do-Pai, da qual surge uma nova questão: o que é que faz enodamento?

O que se mantém desse caminho?

Do Édipo freudiano, mantém-se que, sim, o Nome-do-Pai pode enodar o imaginário, o simbólico e o real. Do que Lacan comenta, o que permanece? Permanece que o Nome-do-Pai não é indispensável, que é possível prescindir dele, que há Nomes-do--Pai, que há suplências possíveis e teremos o exemplo de Joyce no ano seguinte. A questão, então, desloca-se completamente para o enodamento porque se o Nome-do-Pai é suplementar e pode ser suprido, somos obrigados a nos perguntar qual é o elemento comum entre ele e seus suplentes.

O elemento comum é que eles são elementos que têm uma função enodamento e, portanto, é essa função enodamento que se torna o problema. Não se pode mais dizer: é o Nome-do-Pai que condiciona o nó, só podemos dizer: o Nome-do-Pai *pode* condicionar o enodamento.

É por isso que encontramos uma fórmula para a qual chamo a atenção de vocês. Em 11 de março, Lacan diz: "O Nome-do-Pai é o nó borromeano".[15] Há muitas fórmulas muito estranhas do começo ao fim, mas, no entanto, todas têm uma lógica impecável.

"O Nome-do-Pai é o nó borromeano" não significa, de modo algum, que o nó borromeano tenha o Nome-do-Pai como condição; essa frase propõe quase a identidade e, então, somos obrigados a comentá-la da seguinte maneira: o Nome-do-Pai não é mais do que uma função de enodamento.

Nomeação

Lacan entra em desenvolvimentos sobre o *naming*, o "dar nome", a nomeação. Extraio a resposta à pergunta – Lacan nunca faz pergunta/resposta. Ele coloca a questão e depois a coisa vai caminhando, é preciso encontrar onde a resposta está –, mas à

---

15 Lacan, J. (1974-1975). *O seminário, livro 22: RSI, op. cit.*, Lição de 11/03/1975 (inédito).

questão "o que o enoda?", ele responde: é "o dizer que nomeia". Isso está explícito, não é uma interpretação do texto, ele diz explicitamente "o dizer que nomeia". Ele se refere, aliás, à Bíblia, em que se adjudica a Deus a função de nomear as coisas.

Cuidado, não é o mesmo que a criação! "Que se faça a luz!" não é uma nomeação, é uma criação. A nomeação consiste em dar um nome às coisas – Lacan repete isso várias vezes assim –, dar um nome às coisas, de fato, é o que o Deus da Bíblia faz. Em seguida, ele insiste no fato de que dar nome, a função do dizer o nome, tem um efeito real, um efeito real sobre o real.

Ele diz: "Por meio do *naming* (é o termo em inglês para 'dar nome'), o falatório se enoda a algo real".[16]

A tese que Lacan postula aí é que, para enodar tudo o que é da ordem do simbólico e do significante ao real, é preciso passar pelo "dar nome". É claro que, assim que evocamos um nome, convocamos com isso o ato de nomear, o ato de dizer o nome. Não há nome sem um que nomeie ou, em todo caso, sem "nomeante" [*nommant*], se puder utilizar essa expressão; de onde vem a redefinição do Nome-do-Pai. Mais uma! A função radical do Nome-do-Pai, diz Lacan, é dar nome às coisas, com as consequências que vão até o gozar. Esse é o efeito sobre o real do "dar nome".[17] Voltarei a uma abordagem mais clínica do "pai nomeador".

O que quero insistir é que essas fórmulas mudam, contudo, muitas coisas na referência ao Nome-do-Pai. É verdade, admito, que em Lacan, dentre todas as dificuldades de leitura que ele apresenta, há uma que consiste em certa tendência, se o acompanharem de um extremo ao outro de seu ensino, a retomar os mesmos

---

16 Lacan, J. (1973-1974). *O seminário, livro 21: Les non-dupes errent* [Os não tolos erram/Os nomes do pai], inédito. Lição de 11/12/1973.
17 Lacan, J. (1974-1975). *O seminário, livro 22: RSI*, op. cit., Lição de 11/03/1975 (inédito).

termos, a permanecer fixado em termos que utilizou, elaborou dez anos, quinze anos antes; aqui, trata-se do Nome-do-Pai. Ele retoma, então, termos antigos, torcendo completamente o uso, as definições, a função, mas mantém a palavra. Isso induz, evidentemente, a mal-entendidos! Em uma leitura precipitada ou preguiçosa, afirma: "ele diz a mesma coisa!". Bem, não, ele não diz a mesma coisa e, sobre esse ponto do pai em particular, não diz o mesmo, creio eu. Além disso, se duvidarem, vou deslizar sob os pés de vocês, como casca de banana, uma série de fórmulas que ele utiliza e que são incompreensíveis nas definições de "De uma questão preliminar...".

Por exemplo, quando ele diz de repente, ao falar do "*naming*", "os Nomes-do-Pai são: o simbólico, o imaginário e o real",[18] vocês não conseguem dar sentido algum a esta frase partindo da metáfora do pai de "De uma questão preliminar..."

E, em seguida, encontram ali, por exemplo, outra frase (há muitas, tomei apenas duas) sobre o inconsciente (porque também é preciso pôr o inconsciente em dia!): "o inconsciente[diz ele] existe, nomeia, nomeia coisas".[19] Aí percebe que pode nos induzir ao erro e coloca (o que é muito raro, ele só faz isso uma ou duas vezes) os "pingos nos is", dizendo: "Será que digo a mesma coisa que em 'Função e campo de fala e linguagem', será que digo o mesmo que dizia na época do 'Discurso de Roma', quando digo: o inconsciente existe, ele nomeia?". E responde: "de forma alguma, não é o mesmo".[20] Aí, ele nos alerta, para dizer que não fala o mesmo acerca do Nome-do-Pai, na medida em que sua função é de dar nome.

* * *

---

18 *Op. cit.*
19 *Op. cit.*
20 *Op. cit.*

Gostaria de recapitular os sucessivos remanejamentos do Nome-do-Pai, porque é preciso chegar a entender o que resta dele no final.

Em princípio, é preciso perceber que o Nome-do-Pai não é um significante, contrariamente àquilo que ele propõe em "De uma questão preliminar a todo tratamento possível da psicose" e que continuamos repetindo. Cito, encontrarão isso na página 590 dos *Escritos*, como ele definia o Nome-do-Pai naquela época. Ele dizia: o Nome-do-Pai, ou seja, "o significante que, no Outro como lugar do significante, é o significante do Outro como lugar da lei".[21] Isso está escrito muito bem representando o Outro, o lugar do significante, o que ele escreve no canto inferior direito de seu grafo:

Lacan nos diz: "o Nome-do-Pai é um significante que está no Outro", por isso está escrito no interior e é o Outro da lei. Em outras palavras, faz do Nome-do-Pai um Outro do Outro. Não apenas no Outro, mas Outro do Outro. O significante do Outro enquanto lugar da lei.

Não é necessário esperar "O aturdito" ou *RSI* para que Lacan ponha isso abaixo, basta chegar a "Subversão do sujeito e dialética do desejo",[22] página 833, em particular (vejam essas páginas, resumo brevemente). No fundo, tudo gira em torno da elaboração desse significante que ele chama de "significante do Outro barrado" – e

---

21 Lacan, J. (1958). De uma questão preliminar a todo tratamento possível da psicose. In *Escritos*. Rio de Janeiro: Zahar, 1998, p. 590.
22 Lacan, J. (1960). Subversão do sujeito e dialética do desejo no inconsciente freudiano. In *Escritos*. Rio de Janeiro: Zahar, 1998, pp. 807-842.

sua referência implícita é a lógica dos conjuntos– da qual extraio duas notações.

Inerência de um menos-um para o conjunto, mas esse menos-um não está dentro, o menos-um é "um traço que se traça por seu círculo, sem poder ser incluído nele". Em outras palavras, a partir de "Subversão do sujeito...", deveríamos ter parado de falar do Nome-do-Pai como estando no Outro. Aqui está o traço que se contorna por seu círculo sem poder ser incluído nele, isto é, em seu interior.

Em seguida vem "O aturdito", um texto muito difícil do qual extraio algumas observações para orientar as coisas. Há um salto ali.

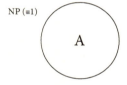

Em "O aturdito", Lacan tem a mesma referência à lógica dos conjuntos e à lógica dos quantificadores, mas retém algo bastante análogo ao que escrevi aqui, a saber (não digo em termos lógicos, mas em termos simples, da língua corrente): não há todo sem algo fora do todo. Em outras palavras, é a ideia de que não há um conjunto de que se possa dizer "todos os x" sem um ponto de exceção. Não se deve perder de vista, contudo– um pequeno parêntese –, que essa questão do todo e da exceção, por ser lógica, não é menos política e que toda a questão da gestão dos grupos sociais, do poder nos grupos sociais, está implicada nessas elaborações. Além disso, se lerem alguém como Agamben, perceberão que ele não deixa de desenvolver o problema da exceção para dar contado estado de exceção em nível político. Isso para lhes dizer que esses desenvolvimentos um pouco áridos não deixam de ter aplicações de longo alcance.

Quero ressaltar algo que não é exatamente isso, já que a lógica da exceção está muito assimilada, Deus sabe o quanto ouvimos falar dela nos últimos cinco anos! O que é importante em "O aturdito" é que ali o pai já não é postulado como um significante, mas como um dizer. Isso antecipa o que encontramos nesse Seminário. E até mesmo, ele precisa, um "dizer que não".

Muitas vezes, ouve-se reduzir o "dizer que não" do pai ao "dizer não": o "dizer não" é o policial, é a polícia; o "dizer que não" é outra coisa, muito diferente. Na página 452 de "O aturdito" [nos *Outros escritos*], em um pequeno parágrafo em que ele introduz o "dizer que não" – seria preciso comentá-lo termo a termo; não o faço, mas simplesmente o lembro a vocês, e o indico para aqueles que ainda não leram –, Lacan preocupa-se em explicar que o "dizer que não" não deve ser tomado ao nível do sentido (entenda-se, como "dizer não"), mas que é preciso compreender que isso designa "o contém . . ., não a contradição"[23] ("contém" no sentido de "conter"); "a resposta, e não a retomada como negação; a rejeição, e não a correção".[24] Não estou dizendo que isso seja claro, mas ao menos se entende algo: que essas notações são feitas para diferenciar do "dizer que não".

A posição do dizer em relação ao dito é exatamente isso:

---

23 Lacan, J. (1972). O aturdito. In *Outros escritos*. Rio de Janeiro: Zahar, 2003, pp. 452-453.
24 *Op. cit.*, p. 453.

Há todos os ditos, podemos escrever o conjunto dos ditos, mas, para que haja ditos, é preciso que se diga, é preciso o dizer que não é interno ao conjunto dos ditos nem da mesma natureza. Os ditos são os enunciados, eles remetem ao verdadeiro e ao falso, em outras palavras, os ditos significam sempre o sujeito.

O dizer que é outra coisa: é um ato, ele existe ou não. Esse é o sentido da primeira frase que Lacan comenta em "O aturdito": "que se diga fica esquecido...".[25]

Isso põe em questão todos os enunciados da lei, seja ela qual for. Mesmo se disserem – tomo o exemplo que Lacan usa em "O aturdito" – "todos os homens são mortais",[26] creem estar formulando uma lei da natureza, mas, para que essa lei da natureza exista, ainda assim é preciso dizê-la!

Isso permite que Lacan comente que esse esquecimento do dizer permite fingir que a lei – desta vez a lei do lado dos homens até a lei da proibição do incesto – é formulada a partir de lugar algum. Isto é, que isso permite esquecer que a própria lei está apensa a um dizer.

Então, estava em "O aturdito", o pai é "dizer que não".

Passemos para *RSI*, pois há um fio condutor que segue: a função do pai é dizer o nome. É a nomeação.

Podemos supor que a homofonia em francês, entre o *non* [não] e o *nom* [nome], não deixa de evocar algo que faz sentido, como todas essas homofonias, entre *deux* [dois] e *d'eux* [deles], enfim, há toda uma série na língua francesa.

---

25 *Op. cit.*, p. 448.
26 *Op. cit.*, p. 450.

Eis, então, o pai que não é um significante, que sequer é um nome, ele é um dizer. É preciso tentar testar o que isso implica.

* * *

Vou primeiro abordar a seguinte questão: de onde vem a necessidade de dar nome?

A questão, de fato, se desdobra em várias: a qual necessidade responde o ato de dar nome? E, em seguida, de onde vem o *naming*, o ato que nomeia? Como é possível o ato que nomeia?

O porquê do nome

Começo pela primeira questão, mais clínica, digamos: a qual necessidade isso corresponde?

É preciso, já que isso corresponde a uma necessidade, dado que todos nós constatamos que ser nomeado suscita paixões nos seres humanos! Seja porque há uma louca aspiração para ser nomeado ou porque (não é uma alternativa, são fatos) se percebe que uma nomeação, um "receber um nome", se fazer dizer um nome, em certa medida, pode ter efeitos subjetivos devastadores em alguns sujeitos, e muitas vezes em sujeitos psicóticos, justamente.

Para compreender, então, a necessidade do "ser nomeado" ou do nomear, é preciso medir até que ponto a nomeação não é uma identificação e até mesmo em que medida se situa como contraponto, como contrapeso. O nome vem como contraponto, diria eu, da impotência do significante. Apela-se para a nomeação justamente porque o processo de identificação fracassa em algo. Em outras palavras, é porque, apesar de seus esforços para se identificar, o sujeito não é identificável, e se vê levado a nomear e que aspira a ser nomeado, às vezes.

Há várias formas de tratar desse fato que diz respeito, além disso, diretamente ao próprio analista e às comunidades analíticas.

Que os indivíduos se identifiquem é um fato clínico indiscutível, todos concordam com isso, em todas as correntes da psicanálise. Magnífico!

A identificação é o processo pelo qual um sujeito se insere no discurso do mestre, isto é, que coloca um significante (vocês podem dizer que esse significante é o ideal do eu ou o ideal do Outro, que é um S_1, pois há várias formas de escrevê-lo, e Lacan o escreveu de modo diferente segundo as épocas) em posição específica do agente que determina, é claro, o eu ideal, isto é, todas as imagens valorizadas por um determinado sujeito, nele ou em outros, mas também todas as normas e os limites de gozo.

A identificação é eficaz quanto à orientação do registro econômico do sujeito; mas isso não impede que ela fracasse em algo, porque ela deixa a verdade do sujeito separada. Podemos tentar dizer essa verdade em si; em uma análise, tentamos expressá-la o mais íntimo, aquilo que não se encaixa nas identificações, o que não acompanha o passo de todo mundo, aquilo em que nos sentimos sempre um pouco anômalos, cada um à sua maneira. Podemos, então, tratar de falar a verdade, mas, como diz Lacan, só se pode dizê-la pela metade [*mi-dire*], e é porque podemos apenas dizê-la pela metade, aliás, que Lacan pode precisar duas fórmulas: "a verdade irmã da castração",[27] que designa a impotência de dizê-la toda, mas também "a verdade irmã do gozo"[28] na medida em que se poderia dizer que a verdade é medianeira do gozo. Nesse sentido, mesmo quando se busca dizer a verdade não identificada, há algo

---

27 Lacan, J. (1969-1970). *O seminário, livro 17: O avesso da psicanálise*. Rio de Janeiro: Zahar, 1992, p. 114.
28 *Op. cit.*, p. 64.

do ser ali que permanece fora do dizer, não só fora da identificação, mas também fora do dizer da verdade.

Então, há o que vou chamar de "ser impredicável". É justamente a isso que o nome visa.

Dizemos habitualmente que na análise procedemos a uma declinação das identificações, é verdade, e que obtemos uma queda das identificações. Escrevemos a queda das identificações ao inverter o matema da identificação. É muito simples. Um sujeito identificado sob um significante, escrevemos da seguinte forma:

$$\frac{S_1}{\cancel{S}}$$

Para escrever a queda das identificações, utilizamos esse matema que Lacan inscreve no discurso do analista:

$$\frac{\cancel{S}}{S_1}\downarrow$$

Lacan observava, há tempos, bem antes do nó borromeano, que avançar na análise produzia efeitos de despersonalização, o que é sinal de um progresso no curso da análise. Mas é preciso ver em que sentido, porque esse afeto da despersonalização consiste, em suma, para um sujeito em determinado momento, em uma dada conjuntura, eu diria, em perceber seu ser como despojado dos significantes do Outro e em excesso sobre aquilo que ele sabe de sua verdade. Essa parte, efetivamente, é a parte que chamo de impredicável.

Alguns de vocês possivelmente estavam na Escola do Campo Lacaniano na última quinta-feira, na reunião do Seminário de

Escola[29] em que se falou, em particular durante a discussão, dos analistas e sua propensão a se identificar ou a se fazer identificar, porque é possível se identificar e se fazer identificar pelo outro. Disse a mim mesma *a posteriori* que nessa discussão ficamos ao menos um pouco confusos, justamente por não distinguir nomeação e identificação. E vocês ficarão sem dúvida surpresos, como eu, se relerem o Seminário *RSI*, ao constatar que, no final de todos esses desenvolvimentos sobre o *naming*, o dar nome, sobre o dizer o nome que é a função eminente do pai, Lacan faz uma pequena observação, não apenas sobre o par (voltarei a ele), mas também sobre as nomeações de AME em sua Escola.

É preciso pegar o fio ali. Em primeira leitura, pode-se dizer a si mesmo: "mas o que isso produz ali?". Isso produz algo muito preciso: é que ele está examinando aquilo de que a nomeação necessita. Voltarei a esse tema.

Digamos que a necessidade de nomear vem da impotência do simbólico em fixar o real e, no fundo, a potência do dar nome responde a essa impotência.

No Seminário *RSI*, Lacan formula isso nos termos do nó borromeano: ele refere a nomeação ao fato de que o simbólico faz furo, furo, diz ele, muito necessário para que se possa enodar as três dimensões.

O simbólico faz furo: como entender isso? Está claro? Será que isso se impõe conceitualmente? Não sei. Em princípio, noto que Lacan representa esse furo [*trou*] topologicamente, com o círculo, o

---

29 Referência ao Seminário de Escola 2003-2004, cujo título era *Les traumatismes, causes et suites*, realizado em Paris, nos dias 04 e 05 de dezembro de 2003, na Cité des Sciences, em Paris. [N. T.]

toro que gira em torno do furo central. Mas se quisermos entender isso de uma forma mais manejável, como compreendê-lo?

Diria, inicialmente, que o furo do simbólico tem um nome freudiano: chama-se, em Freud, recalque original. E Freud compreendeu isso imediatamente – vocês encontrarão isso no final de *A interpretação dos sonhos*, em particular quando ele fala de "umbigo dos sonhos". O umbigo não se apresenta forçosamente como um furo, mas, antes, como um oco; porém, o umbigo é o ponto de onde irradiam, na fala, todas as linhas associativas, todas as linhas de pensamento, também é onde elas terminam e se perdem, diz Freud; as linhas associativas se perdem em algum momento. Poderíamos dizer que o que Freud chamou de "umbigo de sonho" seria o buraco negro [*trou noir*] do sonho – no sentido pictórico, porque na ciência o buraco negro é algo específico.

Qual é o nome lacaniano do furo simbólico antes de suas elaborações sobre o nó borromeano? Há pelo menos um: é a Coisa. Aí temos uma garantia, Lacan disse isso explicitamente uma vez em Estrasburgo, a um analista que lhe perguntou: "onde você situaria a Coisa em seu nó borromeano?" e ele responde "é o furo do simbólico".

Poderíamos ter adivinhado sem que ele o dissesse, se retomarmos as teses do seminário *A ética da psicanálise*,[30] já que quando ele quer definir o *das Ding*, o termo que ele toma de Freud, e apresenta como o efeito da linguagem sobre o real na medida em que a linguagem perfura um vazio. Há todos os desenvolvimentos da Coisa como vazios, dentro do vaso, eventualmente. Evidentemente, o próprio do vazio é poder ser às vezes preenchido, e o Seminário *A ética da psicanálise* desenvolve o preenchimento. Se ele fala tanto sobre a sublimação é porque todos os objetos de

---

30 Lacan, J. (1959-1960). *O seminário, livro 7: A ética da psicanálise*. Rio de Janeiro: Zahar, 1988.

sublimação saem desse furo, o preenchem com suas imagens e seus símbolos. Mas também o gozo, que ocupa um grande lugar nesse seminário *A ética*... A Coisa, nesse seminário, é um vazio em torno do qual o falatório gira, um vazio na medida em que o falatório perde o referente.

Lacan chega a dar um exemplo de um furo – é preciso realmente ficar atento para acompanhá-lo – evocando o Deus dos judeus, a definição que eles têm de Deus: "sou o que sou".[31] Ele diz: "então isso é um furo!".[32] Não entendi logo de imediato. Mas, com efeito, é um furo. É o furo do impredicável, é a frase que enuncia, não sei se preciso dizer uma proibição ou um impossível, mas, em todo caso, esse Deus que diz "sou o que sou" anuncia que não é predicável. Essa é a fórmula do impredicável absoluto. Isso para fazer com que vocês captem bem o que Lacan quer dizer quando diz "o simbólico faz furo". Isso quer dizer que o simbólico não coincide com o real.

Se acompanharam até aqui, não ficarão surpresos, será a última fórmula por hoje – lamento, este ano não consigo nunca me safar, vou retomar no próximo encontro – ainda no mesmo Seminário: "Deus... é o recalque em pessoa".[33] Isso indica exatamente isso: "sou o que sou", impredicável. É exatamente o recalque original de Freud, o recalque em pessoa ou a pessoa feita recalque. Daí, efetivamente, os dois polos que há sempre em todos os discursos sobre Deus.

Paramos por aqui, deixemos isso um pouco em suspenso até o próximo encontro!

---

31 Lacan, J. (1974-1975). *O seminário, livro 22: RSI*, op. cit., Lição de 15/04/1975 (inédito).
32 *Op. cit.*
33 *Op. cit.*, Lição de 17/12/1974.

5. Nomeações

11 de fevereiro de 2004

Continuo a questão da relação entre a função de enodamento e a função do pai.

Ressaltei o fato de que, ao acompanharmos as elaborações de Lacan em 1975, o que faz nó, o que permite enodar, é o dizer. Ele formula isso textualmente da seguinte forma: "o dizer que nomeia". Evidentemente, será preciso se perguntar o que está enodado.

Insisti até então para dizer que se trata das três consistências: o imaginário, o simbólico e o real. Nesse sentido, podemos considerar que um indivíduo falante é constituído por um nó, pelo enodamento do imaginário, do simbólico e do real. Mas não são apenas essas três consistências que são enodadas, eventualmente também o estão os indivíduos entre si. Situo isso de entrada hoje, porque me parece notável. Lacan prossegue, então, com esse dizer que nomeia, um remanejamento (podemos chamá-lo assim) da função do pai. Ele diz, lembro a vocês, insisto um pouco: a função do pai, do Nome-do-Pai, é nomear. Em outras palavras, o pai carrega um dizer que nomeia.

Poder-se-ia pensar que se trata apenas de um acréscimo que Lacan faz ali com relação ao Nome-do-Pai, que ele acrescenta a nomeação ao que havia proposto até ali. Porém, não se trata simplesmente de um acréscimo, é um salto na conceituação daquilo que ele havia chamado até então de "função paterna".

Insisto porque quando se diz "o pai carrega um dizer que nomeia", não há problema. Mas quando se acrescenta, como faz Lacan, "o dizer que nomeia que tem a mesma função que o pai", tudo muda. E temos a prova disso com Joyce: um dizer que nomeia sem o pai pode ter a mesma função que o pai. Retomarei esse tema para tentar estabelecê-lo, consolidá-lo.

Em outras palavras, a função nomeação, que é função de enodamento, é precisamente o que certifica, me parece, naqueles anos, a queda do privilégio do pai. É por isso que Lacan produziu esses desenvolvimentos, essas observações insistentes: o pai não é indispensável, é um "nome a se perder",[1] "pode-se prescindir dele"[2] e "sem recorrer ao Nome-do-Pai"[3] etc., há muitas fórmulas que vão, todas, na mesma direção.

Em outras palavras, o Nome-do-Pai nomeia, mas uma nomeação faz Nome-do-Pai. Lacan, claro, atribui uma função capital à nomeação, que é essa função de enodamento, aponto de dizer: seria preciso escrever a coisa assim, seria preciso escrever *nhomear*.[4]

---

1 Lacan, J. (1974-1975). *O Seminário, livro 22: RSI*, inédito. Lição de 11/03/1975.
2 Lacan, J. (1974-1975). *O Seminário, livro 22: RSI*, inédito. Lição de 11/02/1975.
3 Lacan, J. (1970). Radiofonia. In *Outros escritos*. Rio de Janeiro: Zahar, 2003, p. 428.
4 Neologismo que condensa os vocábulos *nommer* [nomear] e *homme* [homem], introduzido por Lacan no seminário *O ato psicanalítico* (Lição de 20 de março de 1968) e retomado em *RSI* (Lição de 18 de março de 1975). [N. T.]

É uma forma de dizer que a nomeação faz o homem, no sentido genérico. Mas poderíamos acrescentar um equívoco, outro equívoco que a língua francesa permitiria, que consiste em escrever a *nou(e)mination*,[5] uma vez que a nomeação [*nomination*] é o que enoda [*noue*]. Trata-se de um lembrete do que disse até então, para insistir um pouco.

Agora vou retomar o fio e articulá-lo com aquilo que havia começado a dizer com relação a Deus. Partamos do seguinte:

Furo irredutível, não identificável. Não há predicação, nada de "tu és isso ou aquilo" ("tu és isso..." é uma fórmula-padrão de predicação) que resolva o furo do impredicável, aquilo que Freud chamou de recalque original e Lacan redesignou como "a Coisa inviolável". Essa é uma expressão que se encontra no Seminário sobre *A ética*, mas que ele retoma em 1975 em *RSI*, quando diz: "o furo do simbólico é inviolável",[6] o que quer dizer que não há como reduzi-lo.

Teologia e deologia[7]

Estava falando do Deus dos judeus, a quem Moisés empresta a fórmula "sou o que sou": a fórmula do próprio recalque, do furo no predicável, e é por isso que Lacan diz que é o recalque em pessoa ou a pessoa feita recalque.

Eis duas observações: a pessoa feita recalque – não sei se estão entendendo isso, não saquei de pronto – é uma expressão que

---

5 Neologismo que amalgama o verbo *nouer* [enodar, atar, amarrar] e o substantivo *nomination* [nomeação]. [N. T.]
6 Lacan, J. (1974-1975). *O Seminário, livro 22: RSI*, op. cit., Lição de 11/03/1975 (inédito).
7 No original, *diologie*, ou seja, fusão do substantivo *dieu* [deus] e do sufixo *-logie* [-logia]. [N. T.]

precisaria ser confrontada como sujeito suposto saber. A pessoa não é o sujeito e o recalque não é saber.

Segunda observação: o "sou o que sou" não deve ser confundido com uma fórmula que vocês já ouviram, sem dúvida, porque ela é veiculada na literatura e nos nossos círculos também, que é o "sou como sou". "Sou o que sou" designa o impredicável. "Sou como sou" consiste em assumir seus sintomas, no fundo, em aceitar seus sintomas, até mesmo suas falhas, como nos representamos. Em geral, quando se diz "sou como sou", é para rechaçar àquele que gostaria que você mudasse um pouco. Em outras palavras, o "sou como sou" não tem nada a ver com o impredicável, é o contrário: aceito os predicados que são meus sintomas, aceito que meus sintomas me definem, é um modo de dizer "sou isso que meus sintomas manifestam". Distingamos bem, então, as duas coisas: com relação a Deus, pessoa feita recalque, ele é o próprio impredicável.

E é isso que faz – estava exatamente nesse ponto – com que sempre haja dois polos do discurso sobre Deus.

De um lado, está a teologia e, do outro, o que Lacan chamou de "*deologia*". Deixo de lado, entre os dois, o discurso dos profetas, que é outra coisa ainda. A teologia – desde 1967 Lacan notou isso, especialmente no texto chamado "O engano do sujeito suposto saber",[8] e em particular, mas não somente, a teologia cristã – consiste em predicar acerca de Deus. E no fundo, por meio dos teólogos, sob a aparência de uma revelação, isso consiste em interpretar e transmitir o que se supõe ser a mensagem de Deus. Em outras palavras, a teologia faz Deus bascular do lado do sujeito suposto saber, e, nesse sentido, o deus da teologia é aquele que Pascal chama

---

8 Lacan, J. (1967). O engano do sujeito suposto saber. In *Outros escritos*. Rio de Janeiro: Zahar, 2003, pp. 329-340.

de deus dos filósofos,[9] o mesmo que Descartes convoca como garante das verdades matemáticas. Esse deus, de que Descartes faz o depositário do saber matemático, esse deus dos filósofos sujeito suposto saber, não é o deus da palavra, é um deus "um pouco doente" – como Lacan observa com ironia – ainda mais doente hoje do que quando ele escreveu.

* * *

No outro extremo, o que é a *deologia*? Na *deologia*, podemos colocar todos os autores, todas as figuras que, sem saber talvez, trouxeram alguma luz sobre o que torna a hipótese de Deus necessária e, portanto, inevitável. É preciso que a hipótese de Deus seja necessitada na estrutura, é preciso supô-lo para explicar aquilo que se constata, a saber, que não se conhece nenhuma comunidade humana em que a hipótese de Deus não tenha sido postulada, de uma forma ou de outra. Não necessariamente na forma monoteísta, mas sempre há a hipótese de Deus. Somos obrigados a concluir que sempre há algo em nosso ponto de vista que necessita, estruturalmente, da hipótese de Deus. Seguramente, a hipótese de Deus não implica a existência de Deus, são duas coisas diferentes, em todo caso, há uma diferença.

Os nomes próprios que Lacan evoca do lado não da teologia, mas da *deologia*, vocês conhecem, sem dúvida: Moisés, Mestre Eckart e Joyce. Série curiosa, dirão vocês.

Há vários desenvolvimentos de Lacan que permitem, penso eu, compreender por que ele coloca Moisés como um nome ligado a

---

9 Referência ao *Mémorial*, de Blaise Pascal, escrito em 23 de novembro de 1654 (a chamada *Nuit de feu*). [N. T.]

algo que indica a necessidade de Deus. Não há somente o Moisés do arbusto em chamas, em que se manifesta a própria Coisa de Moisés com essa fala inaudita "sou o que sou" que mencionei há pouco. Há também as tábuas da Lei que, na leitura de Lacan, de fato, se referem justamente às leis da fala e do simbólico: em seus textos, e desde1953, há todo tipo de passagens. Nada está escrito nas tábuas da Lei – cito de memória – além das leis da palavra, ou seja, as necessidades estruturais ligadas à fala e, mais geralmente, ao simbólico.

Para ser sincera, não estou absolutamente certa de por que Mestre Eckart encontra-se nessa série, isso faz parte de meus projetos de estudo há muito tempo, mas meus projetos de estudo são sempre mais vastos do que o tempo de que disponho, e ele ainda está lá nos projetos de estudo... O que me faz considerar que não o conheço suficientemente.

Com o que posso saber, suponho que, se o Mestre Eckart está na série, é justamente em razão do que se encontra em sua teologia negativa. A teologia negativa não é uma teologia como qualquer outra, é a que objeta que se oriente Deus para o sujeito suposto saber, que se faça de Deus o sujeito suposto saber supremo. É, no fundo, aquela que tenta instituir Deus como impredicável precisamente, ou seja, equivalente ao furo no simbólico.

E, além disso, há Joyce que, se acompanharmos a hipótese que Lacan formula sobre ele, prescinde do pai, mas que ilustra – no duplo sentido do termo "ilustrar" – a função de um dizer que nomeia sem um pai. Encontramos em Joyce o exemplo de um dizer que nomeia e que não é o dizer do Um pai [*Un père*]. Por isso, tal como Lacan constrói seu caso, seu caso de dizer – não seu caso no sentido de patologia – Joyce, talvez mesmo sem saber, talvez sabendo um pouco, indica o quanto, no fundo, a lógica de Deus não deve nada à tradição, e deve tudo à lógica do simbólico.

Isso levaria, antes, a dizer que as próprias tradições são apenas ocorrências da lógica do simbólico e dos dizeres que nomeiam; ocorrências entre outras, cada uma entre outras, sem hierarquia possível. De todo modo, é problemático fundar uma hierarquia aí.

Deixo de lado minhas considerações sobre a teologia e a *deologia*, as quais resumi. Concluo simplesmente o seguinte: Deus é um Nome-do-Pai, é um nome, é um dos nomes do dizer do nome. Pode ser dito de outra forma: ao dizer, ali onde ele se manifesta – tenho vontade de acrescentar epifania do dizer –, damos o nome de Deus ou de pai e, talvez, outros nomes possíveis. Não é tanto, ou pelo menos não só, que o pai nomeia, mas, antes, que o dizer do nome é pai.

Em determinada época (em 1967, creio), Lacan empregava uma expressão, de que gosto bastante, para designar os poderes do simbólico: ele falava do *"logos* espermático".[10] Espermático, evidentemente, evoca o poder de geração. Poderíamos aqui falar do "dizer espermático". Se tiverem isso em mente, compreenderão porque Lacan pode dizer que o Édipo freudiano, o pai produzido por Freud, é uma sublimação – de Freud. Isso ressalta que se trata de uma invenção, uma produção, resultado de um dizer de Freud, um dizer que ele coloca, poderíamos afirmar, no furo.

Do mesmo modo, poderia lembrá-los das palavras de Lacan que citei há duas ou três sessões, acerca da produção do significante "temor a Deus" na cena de *Atália*. Ressaltei que ele precisava claramente que não se tratava de uma invenção de sacerdote, mas de uma palavra de profeta ou poeta. Era já uma forma de fazer

---

10 Lacan, J. (1967). Da psicanálise em sua relação com a realidade. In *Outros escritos*. Rio de Janeiro: Zahar, 2003, p. 356.

notar que estávamos lidando com o produto *ex nihilo* de um dizer. Enunciar isso é falar de epifania, de contingência do aparecimento, e não de necessidade. Voltarei a esse ponto.

Há muitas questões que surgem a partir daí. Em primeiro lugar, há uma questão, que lembro a vocês e mantenho em reserva pelo menos até o próximo encontro, de que se equivalem, respectivamente, os dizeres do nome e os dizeres que nomeiam e que, ao nomear, enodam. Se estão no plural, evidentemente, não só isso envolve as questões de diagnóstico (voltarei a isso), mas também envolve a questão de saber se há uns mais válidos do que outros, e o que nos permitiria hierarquizá-los. Em que, por exemplo, o nome do pai que nomeia, o dizer que nomeia quando passa pelo pai, seria ele superior a um dizer que nomeia sem passar pelo pai? Essa é a questão que deixarei pendente.

Falatório [parlote][11] *e nomeação*

Agora, gostaria de desdobrar melhor a questão de como a nomeação enoda, já que Lacan afirma, insiste e tira consequências disso. Podemos tentar desdobrar um pouco esse ponto.

A tese, em todo caso, é claramente afirmada. Muitas vezes ele repete: o que é que enoda? É o dizer que nomeia. E há essa frase

---

11 O termo *"parlote"* que podemos traduzir por "conversa" é proposto por Lacan em 1975 para articular o *parlêtre* [falasser], *parole* [fala] e o *babardage* [tagarelice ou falatório]. Ver: Lacan, J. (1975-1976). *O Seminário, livro 23: O sinthoma*, op. cit, p. 14. Ver também nas Conferências em Londres (02/02/1975), Yale University 25/11/1975 e Columbia University (1/12/1975). *Pas-tout Lacan*, Recuperado de http://ecole-lacanienne.net/bibliolacan/pas-tout-lacan/. (Acesso em 27/03/2018). Na tradução desta passagem, usamos "falatório" ou "conversa" conforme o contexto. [N. T.]

que citei para vocês: "Por meio da nomeação, o falatório se enoda ao real".

Podemos, portanto, propor duas fórmulas, que podem ser contrastadas e que me parecem interessantes. Uma, que conhecemos há bastante tempo, diz que pelo significante, pelo simbólico, o real é furado. Ele dizia há bastante tempo: o significante escava, perfura o real. Poderíamos seguir o tema quase desde "Função e campo da fala e da linguagem". Mas ali ele propõe uma fórmula completamente diferente: é pelo nome, o nome que em si não deixa de estar ligado com o simbólico, o nome que surge do furo do simbólico, é pelo nome que o real está enodado. O real, portanto, é furado pelo simbólico e enodado pelo nome, com todas as consequências sobre o gozar.

Com efeito, notemos que o falatório [*parlote*] – o que Lacan chama de "falatório" [*parlote*], não é o real, o falatório pertence ao registro do simbólico e do imaginário, no fundo é a sobreposição do simbólico e do imaginário – veicula o sentido, produz sentido e, portanto, produzindo sentido, veicula, digamos... ideias.

Lacan evoca, nesse capítulo, as ideias e os termos de Platão, entre outros. No fundo, ter ideias que a conversa veicula por *x* razões, seja por intenção de comunicação, seja porque é em si uma satisfação, no fundo não está longe de ter uma mentalidade, a ideia é mental. Nomear é muito diferente. Não há sequer razão para pensar que o animal não tem ideias, representações. Poderíamos pensar que o animal tem representações a partir do momento em que ele parece sonhar. Mas mesmo que se chegasse à conclusão de que ele tem ideias, é certo que ele não as nomeia. Como, então, a nomeação, que passa justamente pela conversa, ainda que se diferenciando dela, enoda?

É uma questão ampla. Mas para dar fórmulas um pouco condensadas, lembro inicialmente que a nomeação-Nome-do-Pai

– coloco um hífen entre os dois, o que quer dizer que a nomeação faz Nome-do-Pai e que o Nome-do-Pai também nomeia, em ambos os sentidos – é condicionada pelo furo do simbólico. O furo do simbólico é uma estrutura de foraclusão, que Lacan designava, em "Subversão do sujeito...", como a *inerência de um menos um*. A construção que Lacan faz é simples: o dizer do nome, qualquer que seja, emerge dessa estrutura e faz suplência a ela. O dizer é uma suplência à foraclusão estrutural generalizada do simbólico.

Agora, o que é nomeado? Veremos mais precisamente com exemplos. O que é nomeado, em geral, não é tanto a coisa impredicável que está no coração de cada um, quanto os parceiros dessa coisa. E é nesse sentido que a nomeação faz laço.

Nomear e "nomear para..."

Antes de avançar um pouco sobre este ponto, gostaria de introduzir uma pequena nuance. Devemos distinguir, se acompanhamos Lacan, a nomeação e o que ele chama de "ser nomeado para": ele desenvolveu isso no Seminário *Les non-dupes errent*,[12] se não me engano.

O que é "ser nomeado para"? Não é ser nomeado. Essa expressão designa, creio eu, aquilo que o Outro destina para você, e isso para cada sujeito. Se tivéssemos que dar uma fórmula do "ser nomeado para", não seria do tipo: "tu és" ("tu és" pode ser uma fórmula de nomeação), mas, antes, um "tu serás". Também não é exatamente um mandamento, "ser nomeado para" não é o superego que fala, mas, no fundo, é uma espécie de destino prescrito,

---

12 Lacan, J. (1973-1974). *O Seminário, livro 21: Les non dupes errent*, inédito. Lição de 19/03/1974.

altamente prescrito, como um chamado ou um impulso vindo do Outro.

Esse Outro pode variar muito, o que Lacan apontava em seu seminário *Les non-dupes errent* é que, cada vez mais, dada a evolução das famílias, é a mãe que leva um "nomear para" para sua prole: Lacan tem várias frases em que indica que isso é realmente lamentável. Ele insiste no fato de que o social, daí em diante, também possui esse poder, e acrescenta que isso é um desastre. Bem, deixemos ele com suas próprias avaliações!

Tentemos, antes, compreender um pouco a diferença. Pode-se pensar que "ser nomeado", no sentido forte do termo, é precisamente o que permite não sucumbir ao "ser nomeado para". O "ser nomeado para" é uma forma de alienação, e produz, *grosso modo*, dois tipos de respostas nos sujeitos. A dimensão do "tu serás isso ou aquilo" produz dois tipos de respostas nos sujeitos e, ao mesmo tempo, dois tipos de indivíduos: de um lado, possivelmente, o que chamarei de "submissão despersonalizante", o que cria esses sujeitos cuja vida realiza a prescrição que o Outro dirigiu a eles, sem que se saiba, muitas vezes, por onde passou e o que se tornou sua própria verdade. Do lado oposto, isso gera respostas de recusa, de rejeição, de revolta. Então, isso produz, antes, o que em toda uma corrente de psicanálise e psiquiatria se chama "transtornos de personalidade".

Tive a oportunidade na última sexta-feira de apresentar uma pessoa em Sainte-Anne,[13] que me pareceu muito interessante a este respeito.

---

13 Trata-se do Centre Hospitalier de Sainte-Anne, um hospital situado em Paris, especializado em psiquiatria, neurologia e neurocirurgia no qual a Dra. Colette Soler realiza as apresentações de pacientes, conforme a proposta de Jacques Lacan. [N. T.]

Em suas palavras, seu pai poderia ser caracterizado com três fórmulas. A primeira seria a seguinte: ele se situava por "dizer não a tudo para sua mulher". Ela não formulou isso dessa forma, mas indicou bem claramente. Foi recíproco, mas esse não é o problema que nos ocupa aqui.

Quanto à sua filha, ele se caracterizaria pela seguinte fórmula: "não dizer nada à sua filha". Ela insistiu muito nisso, o silêncio, a ausência de um dizer. Mas afirmava, é a frase dela: "Ele percebeu que tinha uma filha quando passei na HEC".[14] Isso nos deu imediatamente a dimensão que, junto a este pai – tão silencioso, ausente e que não dizia nada –, havia o "nomear para" sua filha. Ela acrescentou, aliás, e até mesmo insistiu: "Fiz de tudo para fazer o que se esperava de mim". Ela sempre fez, pensava, no plano profissional, o que se esperava dela. Com essas duas fórmulas: "ele percebeu que tinha uma filha quando passei na HEC" e "sempre fiz o que se esperava de mim", ela fez o que ele esperava dela na verdade. Nesse caso, vemos surgir a dimensão do "ser nomeado para", sem dúvida em detrimento de um dizer que nomeia, porque o dizer quenomeia não é um dizer que fala o que você deve ser. "Ser nomeado para" é dizer o que você deve ser.

Nó(s)meações [No(us)minations]

Volto, então, para a nomeação propriamente dita, a nomeação que enoda. Mas aí também há outro equívoco em francês. São surpreendentes os equívocos, eles não podem ser completamente um fato do acaso, o equívoco entre o *noue* [enoda] e os *nous* [nós][15] do

---

14 École de Hautes Études Commerciales de Paris (HEC). Trata-se de uma escola de comércio criada em 1881, reconhecida como uma das melhores da França e do mundo e, por isso, muito concorrida. [N. T.]
15 "Nós" no sentido da primeira pessoa do plural. [N. T.]

laço. A nomeação que enoda, também faz nós [*nous*], isto é, laço social. Ao enodar as consistências, enoda-se também, pelo viés da nomeação, os indivíduos entre si. É por isso que – é assim que eu explico isso a mim mesma, vocês verificarão se estudarem o texto –, na lição de 15 de abril de 1975, depois de toda uma série de fórmulas sobre a nomeação que enoda, Lacan encadeia três coisas, uma série que parece extremamente heteróclita: primeiramente, o par sexuado; em segundo lugar, as nomeações de AME; e, em terceiro lugar, o cartel. Parece curioso, mas o fio, não o fio associativo, mas o lógico, parece claro para mim.

* * *

Começo pelo par sexuado. O par sexuado, o *nós* [*nous*] desse par sexuado, um homem/uma mulher – é um *nós*, apesar de tudo! – é *eu*, é *você*, mas também é *nós*.

Então, devemos partir, é claro, da tese inicial: não há relação sexual, isto é, não há relação entre os corpos simplesmente enquanto seres vivos [*vivants*]. Contudo, há um laço e um nó possível. Esse nó, que anteriormente se chamava de "nós [*nœuds*] do amor", não supõe somente o par dos significantes. Ele os supõe, é claro, mas pressupõe, ademais, o dizer, na medida em que o dizer está a mais. Afirmamos frequentemente – e muitas vezes eu mesma disse, não nego – que só há acoplamento dos corpos, um para cada um, pelo par dos significantes homem/mulher, rei/rainha, pai/mãe etc.

Sim, sem dúvida, mas essas afirmações, no fundo, provêm do esquematismo que Lacan elaborou com os discursos e, é preciso acrescentar, dos próprios discursos – o do mestre, o da universidade, o da histérica, o do analista –, na medida em que eles são ordens. Em outras palavras, um discurso é ele próprio instituído por um dizer. Podem verificar isso se pegarem o texto que está no final de *Scilicet 2/3*, "Clôture du congrès de l'*École freudienne de Paris*" em 1970.[16] Falando dos discursos de Lacan, nessa pequena passagem, refere cada um deles a um dizer, e o dizer a um nome próprio: forma já de indicar que o ato de dizer é instituinte dos discursos, que instauram a ordem social, a ordem dos laços.

Para o discurso do mestre, obviamente, ele fala do dizer do legislador, evoca Licurgo; para o discurso da universidade, evoca o dizer magistral e menciona o nome de Carlos Magno; para o discurso da interpretação, evidentemente, seria preciso evocar o nome de Freud, para o dizer da interpretação que funda o discurso analítico. Deixemos com um ponto de interrogação o dizer histérico.

Continuo sobre a relação entre os sexos. Os sexos, para os indivíduos sexuados vivos [*vivants*], não estão enodados, e é preciso partir daí. São dois Um, mas Lacan propõe: "é por não estarem enodados (sem relação, portanto) que eles se enodam, se enodam por meio da nomeação". Compreende-se, consequentemente, por que Lacan imediatamente encadeia isso, é a frase seguinte, em seu "Discurso de Roma",[17] e a palavra "tu és minha mulher" [*tu es ma femme*], que é um dizer de nomeação.

Lacan rapidamente ironiza, acrescentando: "Não disse 'matar minha mulher' [*tuer ma femme*], no sentido de assassinato".[18,19] Ele

---
16 Lacan, J. (1970). Allocution prononcée pour la clôture du Congrès de l'Ecole freudienne de Paris (19/04/1970). In *Pas-tout Lacan*. Recuperado de http://ecole-lacanienne.net/bibliolacan/pas-tout-lacan/ (Acesso em 27/03/2018).
17 Lacan, J. (1953). Discurso de Roma. In *Outros escritos*. Rio de Janeiro: Zahar, 2003, pp. 139-172.
18 Lacan, J. (1974-1975). *O Seminário, livro 22: RSI*, op. cit., Lição de 15/04/1975 (inédito).
19 Em francês, "*tu es ma femme*" [tu és minha mulher] e "*tuer ma femme*" [matar minha mulher] são sentenças homófonas, o que faz com que Lacan especifique se tratar de uma e não de outra frase. [N. T.]

já havia dito esse "matar minha mulher" em "Televisão". Poder-se-
-ia acreditar que são piadas, provocações, gracinhas para animar o
público. Não acredito de forma alguma nisso. É para indicar com
clareza que o par pode ser enodado pela palavra de nomeação, mas
que, por poder ser enodado, é indenodável. Em outras palavras,
ele é indenodável, quaisquer que sejam as falas plenas que o funda-
ram. Para formular isso de forma diferente, a fala plena não alcan-
ça o necessário, se definirmos o necessário pelo que não cessa, seja
de se escrever, seja de se dizer.

Lacan, no entanto, não para por aí, nessa passagem, ele acrescenta, em seguida, que o que está no fundamento da possibilidade
da fala plena enodando o par é a proibição do incesto – fica-se um
pouco surpreso na primeira leitura, mas está perfeitamente dentro
da lógica de sua construção.

Ficamos um pouco surpresos ao ver aparecer ali a noção freudiana que Lacan retoma corrigindo-a em seguida, dizendo que a
proibição do incesto para nós ("nós" é ele) é estrutural, ela vem do
furo do simbólico e daquilo que sai dele, a nomeação. É uma forma
de dizer que em toda fala plena instituinte do parceiro (a fala plena institui o parceiro, como mencionei anteriormente) há mais do
que o dito da fala. Não devemos esquecer o "que se diga", o ato de
dizer, o ato de dizer que sai do furo do simbólico.

Poderíamos dizer o mesmo, *mutatis mutandis*, para a interpretação. Na interpretação, sempre se pergunta o que opera quando
ela opera. Será que são os significantes mobilizados ou o que o próprio Lacan chama de "jaculação"? Essa palavra, jaculação, designa,
no fundo, exatamente a epifania dos dizeres, a aparição, o ato de
dizer, o "que se diga". Ele coloca a questão para a interpretação, é
preciso dizer justamente, e deixa isso um pouco em suspenso.

O que posso ressaltar em seguida é que, ao insistir nessa dimensão do dizer que funda falas, mas não as eleva ao necessário,

ao que não cessaria, Lacan indica – é toda a sua construção que obriga a concluir isso – que, no fundo, o dizer é contingente, definindo o contingente como aquilo que "cessa de não...". O que cessa de não se dizer ou o que cessa de não se escrever ou o que cessa de não se produzir (é possível dizer de forma diferente) é contingente. E se for contingente, sem chegar até o necessário, isso quer dizer que oscila entre o contingente e o possível. Lacan define o possível de forma interessante, que vocês conhecem, sem dúvida: o possível é aquilo que cessa de se dizer ou de se escrever ou de se produzir, e é possível que o dizer que emerge por contingência cesse.

De onde vem a questão clínica, de que não tratarei, mas que insiro aqui, para não esquecer. O que nos assegura que o dizer do pai seria para a vida, e que, contrariamente ao dizer do amor, não poderia cessar? Essa é uma questão para a qual realmente não tenho resposta por ora, me parece.

* * *

O que permite prosseguir com o AME, o analista membro da Escola? É um título que Lacan inscreve em seu "Ato de fundação".[20] Ele deu uma definição de AME, várias até, mas todas elas voltam a dizer o mesmo: um AME é alguém a quem se reconhece que ele procede – é a expressão de Lacan – da formação da Escola. Quando Lacan dizia isso, tratava-se da formação de sua Escola, aquela em que ele estava, aquela que existia, como ele dizia, porque ensinava algo ali.

O que esse AME tem a ver com essa problemática do dizer de nomeação? Não parece tão complicado.

---

20 Lacan, J. (1964). Ato de fundação. In *Outros escritos*. Rio de Janeiro: Zahar, 2003, pp. 235-247.

Estamos em 1975, e Lacan já havia sido interpelado por esta questão, que sempre voltava: "quais são seus critérios de nomeação?".[21] Questão que insiste. Efetivamente, a partir do momento em que se trata de nomeação em algum lugar, pergunta-se àqueles que estão em posição de nomear: "quais são seus critérios?".

Vejamos primeiro a resposta de Lacan, que parece impertinente e, no entanto, não é, creio eu. Ele diz: "Pois bem, vou lhe dizer, é simples: eles não causarão má impressão". E acrescenta: "não agora, eles causarão isso mais tarde, quando tiverem mais cancha [*pris la bouteille*]".[22] Não é de forma alguma uma evasiva, creio eu.

O que é "causar má impressão"? "Má impressão" com relação à ideia que ele tem da Escola, com relação à sua Escola. Evidentemente, há apenas uma forma de causar má impressão com relação a uma Escola: ter adquirido cancha suficiente para pensar que terminou sua formação. Lacan tinha uma ideia de formação interminável do analista. É isso que está implícito na palavra Escola. Uma Escola de psicanálise quer dizer que ali se estuda psicanálise e não há razão para que o estudo da psicanálise tenha um fim, a menos que a própria psicanálise tenha falecido. É algo muito lógico, portanto. A cancha não se encaixa na posição de estudo da psicanálise. É simples assim.

Evidentemente, a resposta não podia satisfazer aqueles que pediam por critérios. Isso não atendia às suas expectativas. Mas é que, no fundo, uma nomeação, uma verdadeira nomeação, nunca tem critérios.

O que, por outro lado, poderia ter critérios seria o "nomeado para", porque o "nomeado para" prescreve uma tarefa. Quando se

---

21 Lacan, J. (1974-1975). *O seminário, livro 22: RSI, op. cit.*, Lição de 15/04/1975 (inédito).
22 *Op. cit.*

prescreve uma tarefa, é possível avaliar as competências, as características e se se está em boas condições para realizá-la.

Mas uma verdadeira nomeação... Não depende do predicado. Quanto mais ela for uma nomeação que nomeia o parceiro, mais se pode assegurar que ela não tem critérios, é eletiva, e é por isso que efetivamente na Escola, no tempo de Lacan, poder-se-ia pensar que ser nomeado AME tinha um pequeno valor de nomeação, dado que Lacan não deixava dar uma olhada em todas as indicações. Isso significava um pouco "tu és da minha escola". Não "tu és minha esposa, tu és minha filha", é "tu és da minha escola". Hoje não é mais assim, de forma alguma; obviamente a questão dos critérios pode ser mobilizada. Não entro nesse debate, porque seria outro problema.

* * *

Apesar disso, vejam que, assim como nas falas plenas de "tu és minha esposa" quanto de "tu és da minha escola", em ambos os casos, Lacan ressalta o lado efêmero. E é por um tempo, pode parar, e é nisso que insisto. Isso indica que o dizer de nomeação oscila entre o contingente e o possível.

É justamente por isso, aliás, que se pode afirmar que o amor, por meio do qual advém um nome – há justamente uma nomeação no amor, um dizer de nomeação – pois bem, o amor aspira ao necessário. Lacan enfatizava isso no Seminário *Mais, ainda*.[23] Ele não aspiraria se alcançasse o necessário, ao qual não cessa de se escrever ou de se dizer.

---

23 Lacan, J. (1972-1973). *O seminário, livro 20: Mais, ainda*. Rio de Janeiro: Zahar, 1985, p. 199.

Poderíamos colocar as mesmas questões para o inconsciente. Em suas lições de *RSI*, Lacan precisa que o inconsciente nomeia, o inconsciente enoda e, se procurarmos como ele considera o inconsciente nessas passagens, somos obrigados a concluir que ele faz o inconsciente coincidir com o furo do simbólico, o furo de onde o nome vem. Caso contrário, seria completamente incompreensível.

Isso, para acrescentar que o nó já está feito para cada sujeito, com seu inconsciente. Há já um enodamento que é feito entre as três consistências, e até mesmo somos como que "apanhados" pelo enodamento que os constitui.

Dizer que o nó já está feito evoca o destino. Isso lembra o "está escrito" ou o "já estava dito": "já estava enodado", estou feito, nada posso fazer. O que todos gostariam de concluir às vezes. Ao dizer "com o inconsciente já está enodado", coloca-se que a contingência se fixa em necessidade, ou seja, a contingência das conjunturas, de seu aparecimento na vida, a contingência do dizer que lhe constituiu. Supõe-se que essa contingência se instalou em necessidade e que, portanto, é para a vida inteira.

De fato, penso que é preciso insistir sobretudo no que está implicado em todas essas elaborações de Lacan; o dizer oscila entre contingência e possível, não entre contingência e necessário. Caso contrário, a psicanálise não seria possível. A psicanálise supõe – Lacan formula dessa maneira em uma das lições – que isso pode ser enodado de outra forma. Claro, já havia ali um enodamento, mas é possível se desenodar e voltar a enodar de outra forma. Deixo isso em suspenso.

* * *

O terceiro exemplo que vem na série, para Lacan, é o cartel. Mais uma vez, isso também surpreende em uma primeira leitura. É preciso se esforçar para entender qual é o fio lógico da elaboração. O cartel não procede de uma nomeação, escolhe-se fazer um cartel. O que Lacan desenvolve nessa lição é que o cartel tem a estrutura de um nó borromeano e *deve* ter a estrutura do nó borromeano. E diz o mesmo sobre o par. Ao falar do par, ele diz: quando há um par, há, na verdade, três. Há sempre o mais-um da nomeação, a fala plena une os dois, mas supõe o mais-um do dizer. E ele coloca o mesmo para o cartel: mesmo que sejam três, há o quatro, que é o mais-um da nomeação. É por isso que ele precisa que estabeleceu um mínimo de quatro para um cartel. Obviamente, se temos dois, trata-se de um par, não constitui um cartel; para ser um cartel é preciso, então, três mais um.

É bastante interessante ver que Lacan usa aí o nó borromeano para dar conta do laço social. Ele fala do nó social e emprega a expressão "nó social"[24] para o cartel. O par amoroso é um nó, mas o cartel é um nó social, na medida em que se está além do "dois mais um".

E ele insiste em dizer por que se atém ao cartel. Estamos em 1975, o cartel foi introduzido em 1964, no "Ato de fundação", e ele quer relançar os cartéis em sua Escola, e expõe suas razões. Ele escreve: "o que desejo com o cartel é a identificação com o grupo".[25]

Quando ouvimos isso em 1975, evidentemente, foi uma grande surpresa, dado tudo o que Lacan havia dito para estigmatizar os danos do grupo, o conforto do grupo, o antitrabalho e a obscenidade do grupo que gosta tanto das fofocas e não tanto da

---

24 Lacan, J. (1974-1975). *O seminário, livro 22: RSI, op. cit.*, Lição de 15/04/1975 (inédito).
25 *Op. cit.*

psicanálise, por fim, para estigmatizar o domínio do narcisismo no grupo. Ele realmente disse muitas coisas muito negativas acerca dos grupos, as quais são repetidas sem parar, aliás, e, subitamente, ele produz a necessidade da "identificação com o grupo" e prossegue: "os seres humanos se identificam com um grupo. Quando não se identificam com um grupo, eles estão fodidos, devem ser trancados. Mas não digo com isso até que ponto eles têm que se identificar com o grupo".[26]

Em outras palavras, ele está colocando a necessidade de um nó social para os seres humanos. Em "eles estão fodidos, devem ser trancados" vê-se claramente que designa a psicose, a loucura. Lacan está retomando com os nós borromeanos a concepção do laço social que desenvolveu com a estrutura do discurso nos anos 1970. É preciso, então, dizer até que ponto do nó ele entende que a identificação é produzida em um cartel. Ele não responde de pronto, mas ao final da lição: "ao que está no cerne do nó",[27] a saber, o objeto *a*, que domina a identificação histérica, que é identificação com o desejo do Outro. Com essas poucas frases, tem-se, com efeito – a indicação sucinta, lacônica (mas a partir desses anos, Lacan é sempre lacônico, somos obrigados a desenvolver um pouco) – da possibilidade de um grupo que não obedeça à estrutura da *Massenpsychologie* de Freud.

É bastante surpreendente perceber que, com essa pequena coisa que é o cartel, Lacan pretende ir contra a estrutura da multidão freudiana. A estrutura da multidão, admiravelmente percebida por Freud, também se caracteriza por uma identificação, até mesmo por várias identificações, mas a identificação principal é aquela ao *leader*, ao *Führer*. Ela supõe a coalescência, por meio da confusão do significante mestre e do objeto.

---
26 *Op. cit.*
27 *Op. cit.*

Quando Lacan precisa que no cartel há "identificação ao ponto vazio do desejo do Outro", realmente designa uma estrutura diferente. Ele introduz a estrutura de um grupo, ao qual não sei é possível chamar de grupo histérico – dado que ele se refere aqui à histeria cuja principal característica – com relação a isso não há dúvida possível –, de fato, é se identificar com a falta de desejo, não com os objetos positivos do desejo. Um cartel não tem qualquer objetivo, trata-se de um objetivo de trabalho. É preciso ainda dizer qual trabalho, porque nem todos os trabalhos são equivalentes em um cartel. Trata-se do fato de que cada um tenta pensar a psicanálise a partir do ponto em que está de suas leituras, de seu percurso pessoal etc. (nem todo mundo pensa do mesmo modo, necessariamente), mas deveríamos pensá-la a partir do ponto em que se está, pensar a psicanálise a partir do desejo do Outro como falta, como vazio. É isso, ou é a identificação com um chefe, não vejo nenhuma alternativa que pudesse fundar um grupo.

Consequentemente, por um bom tempo, perguntei a mim mesma por que Lacan insistia na mesma época em dizer que o mais-um devia ser uma pessoa, não simplesmente um significante, não simplesmente um nome, mas uma pessoa encarnada. Haveria muitas respostas possíveis. Talvez uma pessoa que estivesse ali precisamente para presentificar o desejo de estudar, mas talvez também porque é preciso uma pessoa para dizer. Se lermos os diferentes textos que Lacan escreveu sobre a função do mais-um no cartel, a coisa iria nesse sentido. Vou deixá-los refletir sobre isso. Eis o cartel colocado na série da estrutura borromeana do laço social.

* * *

Gostaria agora de lhes falar sobre o pai – não do dizer em geral–, do pai que nomeia, da forma como um pai nomeia.

Partimos da distinção capital entre a função paterna – o que se pode continuar a chamar de função paterna, se quisermos – e um pai. Essa distinção da função e do "um pai" está presente desde o início do ensino de Lacan. Em particular, está presente na "De uma questão preliminar", em que ele diz categoricamente que o Nome-do-Pai, a presença do Nome-do-Pai, se adapta perfeitamente à ausência de um pai, do pai. Portanto, é categórico e isso quer dizer que, de forma recíproca, a presença de um pai de família, como se diz, não garante em nada a colocação em função do Nome-do-Pai.

Essa dissociação é capital. Em 1975, ele a mantém completamente. O que mudou é a concepção da função paterna, mas ele reafirma que é possível prescindir do pai e que a função paterna permaneça a salvo. Ela não passa necessariamente por um pai. A tal ponto que poderíamos pensar que não é mais preciso chamá-la de função paterna, que seria preciso chamá-la de função enodante, função nomeante. Seria um vocabulário de uso muito interno! "Função paterna" fala mais amplamente. Continuemos, então, a chamar a função de paterna, a função nomeante-enodante, que enoda o real ao simbólico e ao imaginário, de uma função sintoma. Lacan insiste nisso. Ela é uma função sintoma porque não depende da natureza, não é animal. A função sintoma é o resultado dos nós [nœuds] que o inconsciente torna possível.

No entanto, mesmo que se possa prescindir do pai, permanece a questão de saber com que condição um pai sustenta a função; com que condição e como se realiza a função nomeante de um pai.

Notem, inicialmente, que isso não tem nada a ver com a transmissão do patronímico. Um homem que dá seu nome a uma criança pode ter um valor simbólico com certeza, mas, não é possível supor que a função nomeante seja a transmissão do patronímico pelo simples motivo de que tal transmissão é perfeitamente cultural. Em primeiro lugar, é recente em nossas civilizações – já tive a oportunidade de enfatizar isso, creio eu –, ela nem sempre existiu e varia muito de acordo com os países e as culturas. Além disso, quanto à função paterna, não é correto supor que, quando se carrega o sobrenome da mãe, se está perdido.

Volto, então, ao seguinte: com que condição um pai sustenta a função nomeante-nomeadora, a função de *nou(e)mination* [(e) no(do)meação], como dizia anteriormente?

Volto a esta famosa lição de 21 de janeiro de 1975, que muitos de vocês conhecem, penso eu, pois já comentei extensamente há muito tempo e agora está até mesmo sendo muito comentada, sobretudo as duas ou três páginas em que Lacan define o que chama de pai que tem o direito ao respeito, o que quer dizer, creio eu, um pai que sustenta a função.

O que é impressionante nessa passagem é que é por meio de sua posição libidinal que o pai carrega a função pai, a função nomeante. Em outras palavras, é com a condição de que seja sintoma-pai que ele carrega a função.

Mas o que é o sintoma-pai? Trata-se de uma posição libidinal, é o que está implicado quando Lacan define assim a versão pai do sintoma: primeiramente, fazer de uma mulher a causa de seu desejo; em segundo lugar, que a tenha feito sua para ter filhos; e, por fim, que tenha cuidados paternos com eles, querendo ou não. Eis o que define estritamente uma posição libidinal.

Vemos em seguida que o sintoma-pai é o sintoma que opera um duplo enodamento, um duplo nó social: em princípio, o nó que está em jogo no par sexual, um homem e uma mulher causa de seu desejo e, em segundo lugar, o nó entre as gerações, os pais [*pères*], mais geralmente os pais [*parents*] e os filhos. Insisti, e insisto nisso: tal como está formulado, isso não implica, de forma alguma, um desejo de filho junto ao pai. A expressão "querendo ou não" está lá justamente para nos dizer que não há desejo do filho, de a evocar junto ao pai, para que ele seja o portador da função. E, ele acrescenta, pouco importa seus outros sintomas, ele pode tê-los, isso não tem nenhuma importância, desde que dentre esses sintomas, isto é, entre suas fixações libidinais, haja o sintoma-pai.

Notemos, ainda, que a função não passa exatamente pela mediação da mãe, salvo que ela *consente* em fazer filhos. Há uma pequena coisa aí, mas, enfim, é muito pouco.

Como esse sintoma-pai adquire uma função nomeante? Pergunto-lhes, e pergunto a mim mesma obviamente, e tento dizer-lhes como respondo, já que o nome que surge do furo do simbólico nunca é enunciado, nunca é pronunciado.

Este é o caso, aliás, do dizer em geral. O dizer não se confunde com os ditos. Os ditos se enunciam, sim. Pode-se dizer "tu és minha mulher", é um dito, pode-se dizer outras fórmulas. O dizer, por sua vez, se infere, diz Lacan. Ele se infere a partir de quê? A partir dos ditos e a partir dos atos. O sintoma-pai, então, sem dizer nada, apenas pela posição libidinal do pai, faz funcionar uma conjunção implícita entre um "tu és minha mulher" de um lado, e um "tu és meu filho ou tu és minha filha", do outro. Esse é o cuidado paterno, é a nomeação, o dizer de nomeação que pode ser inferido de seu sintoma. O sintoma se observa, se vê, se percebe. Então, vê-se bem que aí, mais uma vez, o que é nomeado não é a coisa paterna em si, mas, antes, seus parceiros. Isso não faz desaparecer o impredicável do recalque primordial, mas os parceiros do sujeito em posição de pai são, de certa forma, sintomaticamente designados.

Vou parar porque vejo que já está na hora, mas terminarei no próximo encontro. Termino dizendo o seguinte: isso não tem nada a ver com a confissão ou confidência sobre seu próprio gozo. Deixarei vocês com isso. Lacan insiste em dizer que o dizer do pai – ele diz o *dieur* [deuzer][28] do pai, não deve surpreendê-los haja vista o que desenvolvi até agora – o dizer do pai, que dá o nome de seus objetos, passa pelo o meio-dizer [*mi-dire*], o dizer pela metade. E o justo meio-dizer supõe o justo não dito.

Um não dito, deixo vocês com isso, talvez como um enigma. Retomaremos isso no próximo encontro.

---

28 Neologismo que amálgama e equivoca o verbo *dire* [dizer] e *dieu* [deus] em francês. [N. T.]

6. O dizer paterno

10 de março de 2004

Em primeiro lugar, continuarei hoje comentando o que iniciei, conforme Lacan, sob o termo "dizer paterno", isto é, o dizer que nomeia os parceiros sintomáticos de um sujeito em posição de pai. Subentende-se que não basta que haja um pai para que haja um dizer paterno, como já desenvolvi.

Hoje, gostaria inicialmente de me deter em algo que Lacan afirma categoricamente: o dizer paterno não tem nada a ver com a confissão de uma verdade paterna, ou seja, nada a ver com a confidência sobre o gozo do pai. Lacan insiste nisso de forma explícita, ao dizer que, pelo contrário, o dizer paterno supõe o que ele chama de "um justo meio-dizer", e, acrescenta, "isto é, o justo não dito".[1] Ele até mesmo precisa que o "justo não dito" é bastante raro. Gostaria de insistir porque acredito que esse é um ponto crucial na questão, e que, além disso, essa questão tem certa atualidade.

---

1 Lacan, J. (1974-1975). *O seminário, livro 22: RSI*, inédito. Aula de 21/01/1975.

Dizer e enunciação

Evidentemente, percebo que, para entender bem qual é o dizer paterno, é preciso já ter entendido o que é o dizer. Vi-me obrigada a constatar que, no fundo, não tinha comentado muito esse ponto, não posso dizer muito mais sobre isso hoje, mas gostaria ao menos de acrescentar algo.

É no texto de "O aturdito", em 1972, portanto, que Lacan elaborou seu conceito do dizer, e por isso, em 1975, quando fala do dizer no nível do nó borromeano, "O aturdito" está pressuposto.

Como sabem, em "O aturdito" ele introduz a oposição entre o dizer e os ditos. Às vezes, parece que se trata de uma simples reformulação de uma distinção mais antiga em Lacan e mais conhecida, que é a distinção entre o enunciado e a enunciação. Pois bem, isso é um erro.

É verdade que os ditos equivalem aos enunciados: é aquilo que se registra de um discurso. Para aqueles que conhecem o grafo de Lacan, isso corresponde aos enunciados da cadeia inferior. Mas o dizer não é a enunciação. A enunciação é uma noção antiga em Lacan, a qual ele introduziu na época dos *Escritos*, e está particularmente presente no nível de seu grafo do desejo. Se relerem atentamente o texto de "Subversão do sujeito...",[2] verão que ali não há dúvida possível. A enunciação é o que se decifra nos enunciados, o que se decifra como outra cadeia significante, a chamada "cadeia inconsciente", que está latente na cadeia dos enunciados *via* metáfora e metonímia. Vocês encontrarão diversas frases de Lacan dizendo a enunciação é buscada por meio da metáfora e da metoní-

---
2 Lacan, J. (1960). Subversão do sujeito e dialética do desejo no inconsciente freudiano. In *Escritos*. Rio de Janeiro: Zahar, 1998, pp. 807-842.

mia, ou seja, a enunciação, tanto quanto os enunciados, pertencem à estrutura da linguagem do inconsciente, só que na linguagem há a cadeia explícita, e, em seguida, há a cadeia que Freud chamava de latente ou recalcada e que, por sua vez, deve ser decifrada. A enunciação se encontra no nível de outra cadeia, que é diferente da dos ditos. A enunciação, então, é a cadeia da verdade articulada, mas latente, para retomar o termo de Freud, devido à metáfora. Até aqui não há problema, estamos na estrutura da linguagem.

O dizer é outra coisa, ele está mais próximo do ato do que da enunciação. "Que se diga", é com esta frase que Lacan começa "O aturdito". "Que se diga" não depende da verdade. De um enunciado, de uma série de ditos, pode-se perguntar se eles são verdadeiros ou falsos, mas do dizer não se pode, ele não se refere à verdade. Digamos que ele é ou não é. É por isso que Lacan afirma que o dizer *ex-siste*, escrevendo-o com um hífen entre o *ex* e o *siste*, que indica o lugar. Ele *ex-siste* à estrutura da linguagem e, de certa forma, poder-se-ia dizer que ele tem um lugar homólogo ao de um axioma em um sistema lógico em comparação com as regras de dedução.

Lembro a vocês a primeira frase de "O aturdito", que não comento completamente porque é muito complexa. Lacan declara: "Que se diga..." – subjuntivo que conota o ato e a contingência – "... fica esquecido por trás do que se diz no que ouve".[3] É mais fácil do que parece em alguns aspectos, mais complicado também.

O que se ouve é o significante, o que se diz no que se ouve é tudo o que colocamos no registro do significado, ou seja, o sentido da verdade, para resumir rapidamente. Então, "o que se diz no que se ouve" é uma forma de designar o inconsciente estruturado como

---

3 Lacan, J. (1972). O aturdito. In *Outros escritos*. Rio de Janeiro: Zahar, p. 448.

uma linguagem. E "que se diga fica esquecido" está, *ex-siste*, em todo caso, à estrutura da linguagem.

Evidentemente, o dizer é uma condição necessária dos ditos. Lacan também aponta isso, aliás, em uma frase muito simples: "para que haja ditos, ainda é preciso dizê-los".[4] Afirmar que o dizer *ex-siste* é situá-lo em um lugar. No nó borromeano encontra-se o lugar do dizer.

Como captar o dizer? Ele não se decifra, dado que não é cadeia significante, mas, antes, condição para postular a cadeia significante. Lacan precisa isso: o dizer infere-se, em outras palavras, não se capta pela via da escuta, tampouco apenas pela via da decifração, mas por uma via lógica (a inferência provém da lógica). Compreendem, então, que quando Lacan, em 1972-1975, propõe "o inconsciente é dizer", conforme já citei este ano, ele não está mais no nível da problemática do inconsciente estruturado como uma linguagem. O que não quer dizer que a tese do inconsciente estruturado como uma linguagem seja refutada. Ela permanece porque é solidária da técnica de decifração freudiana, não se pode retirá-la da psicanálise, não há como. Mas ela permanece, de certa forma, subordinada e completada pela condição necessária da estrutura de linguagem, que consiste em que haja dito, que haja "que se diga".

Dizer paterno e verdade

Volto ao dizer paterno. O que acabei de recordar deve lhes dar a entender que não se trata da ordem do significante do Nome-do-Pai. O dizer paterno não refuta os desenvolvimentos sobre o significante, mas introduz outra coisa. Gostaria de insistir agora:

---

[4] *Op. cit.*, p. 449. ". . . para que um dito seja verdadeiro, é preciso ainda que se o diga, que haja dele um dizer".

por que Lacan sublinha enfaticamente que o dizer paterno, que nomeia seus parceiros, na verdade, anda de mãos dadas com um "justo meio-dizer"?

Há uma ideia que circula na psicanálise – no próprio público, mas ela vem da psicanálise –, de que é preciso falar a verdade, especialmente para as crianças pequenas, e dizê-la sempre. A psicanálise consegue divulgar uma ideia das virtudes da verdade. De onde isso vem na psicanálise?

Não acredito que isso venha essencialmente de Freud. Pode-se pensar que vem um pouco dele, remeto aqui às elaborações de Freud, que esperava algo de uma fala verídica com relação à educação sexual das crianças, que havia depositado algumas esperanças na profilaxia das neuroses pela não dissimulação sexual. Sua esperança foi decepcionada, como vocês sabem. De fato, não acredito que a ideia de que é preciso dizer a verdade venha realmente de Freud por uma simples razão: é que quando Freud fala da verdade, a verdade recalcada, diz respeito às pulsões do sujeito, e isso não diz respeito, em absoluto, à verdade do Outro, e, em particular, à verdade do Outro educador, embora as proibições do Outro tenham seu peso.

Isso também não vem de Melanie Klein. Klein, pelo contrário, estabeleceu um corte drástico entre a verdade da criança analisante e a dos pais, a tal ponto que sua prática consiste em sempre deixar os pais do outro lado da porta. Não lhe interessa saber o que os pais dizem, ela não considera que isso tenha alguma incidência na prática com as crianças.

Acredito que isso venha dos psicanalistas infantis inspirados por Lacan, talvez mal inspirados, isto é, que retiveram apenas um aspecto parcial das teses dele. Há, com efeito, várias fórmulas no ensino de Lacan que poderiam induzir no sentido de que a verdade ou a mentira do Outro seriam transfundidas para a criança, se me permitirem usar esse termo. Como a expressão que diz, por exemplo, que "o inconsciente é o discurso do Outro",[5] a expressão que diz "o desejo é o desejo do Outro",[6] uma famosa fórmula de Lacan e que levaria a pensar, se se pensar rápido demais, que o Outro seria a nova figura do destino antigo. Essas fórmulas se prestam a mal-entendidos se identificarmos o que Lacan chama de "o Outro" com as figuras dos pais ou educadores. Para Lacan, o Outro não é isso – embora às vezes ele o ilustre com os pais –, mas o lugar da cadeia, e Lacan nunca disse que a cadeia inconsciente era a cadeia dos pais, mas o inconsciente do sujeito.

Constata-se, contudo, que aquilo que "tu" é para os pais ou o que é "recalcado" – e isso é muito diferente, o que "tu" é no sentido da dissimulação e o que é "recalcado" no sentido de uma verdade que eles mesmos ignoram –, se transmite. Nem sempre, ao contrário daquilo que se diz. E acontece com bastante frequência que isso tenha efeitos sintomáticos. Constata-se isso na psicanálise, donde as Notas de Lacan a Jenny Aubry,[7] em que ele situa eventualmente o sintoma da criança como uma mensagem cifrada da verdade dos pais. Por outro lado, para expressar os eventuais efeitos de devastação sobre o filho, Lacan evoca, nos *Escritos*, a mentira da conduta dos pais. Muitas coisas confirmam que amordaçar a verdade seria nocivo ao longo das gerações.

---

5 Lacan, J. (1955). Seminário sobre "A carta roubada". In *Escritos*. Rio de Janeiro: Zahar, 1998, p. 18. Optamos por uma das referências, mas advertimos que a mesma frase se encontra em vários textos dos *Escritos* dos Seminários.
6 Lacan, J. (1958). A direção do tratamento e os princípios do seu poder In *Escritos*. Rio de Janeiro: Zahar, 1998, p. 634. *Idem*, comentário anterior.
7 Lacan, J. (1969). Nota sobre a criança. In *Outros escritos*. Rio de Janeiro: Zahar, 2003, pp. 369-370.

Inicialmente, observemos que a mentira da conduta não é a mentira da fala. A mentira da conduta visa o estilo de vida, para dizer isso em sentido geral, e sabemos que, com efeito, o modo de vida pode ser contraditório às vezes (e até mesmo com frequência) com relação às declarações dos sujeitos, sobretudo dos sujeitos pais.

E, seguramente, uma verdade que é calada, quiçá contradita por todo o discurso edificante da educação, pode transpirar por todos os poros do discurso. Daí a se concluir que não se deve esconder a verdade das crianças, bastava apenas um passo.

Creio que se trata de uma ideia extremamente falsa, até mesmo nociva. Ela tem efeitos no público, em que se vê pais que tomam para si um dever, às vezes a despeito de seu próprio pudor, de fazer confidências a seus filhos sobre sua intimidade; tudo isso para não esconder a verdade. Às vezes, vemos pais que acreditam ser necessário acompanhar seus filhos na iniciação sexual, para lhes ensinar o que é um homem.

Esse imperativo de dizer toda a verdade é uma ideia louca, que desconhece a tese fundamental de Lacan, o que se poderia chamar de "os imbróglios da verdade", que supõe que todo dizer maltrata tanto a verdade quanto o silêncio. Essa é outra forma da mentira, simplesmente porque, não percamos de vista, não sabemos a verdade. O que se sabe está mais do lado da exatidão, que é algo bem diferente e, no fundo, quando se busca dizer tudo, tem-se a certeza de dizer tudo, salvo o inconsciente. Quando Lacan diz "eu, a verdade, eu falo",[8] ele já está bastante cansado de explicar aos analistas que parecem ter esquecido que "eu, a verdade, eu falo" equivale a "eu, a verdade, eu minto", e que "eu minto" é "eu minto sobre o gozo", é claro. Eu minto, em todo caso, por omissão: é o meio-dizer.

---

8 Lacan, J. (1955). A coisa freudiana. In *Escritos*. Rio de Janeiro: Zahar, 1998, p. 410.

Compreende-se que Lacan acredita ser correto, quando fala do dizer paterno, nos lembrar que isso vai de mãos dadas com o "justo não dito". O "justo não dito" é, ainda assim, que não há tudo a dizer. Creio que esta tese é constante em Lacan, mas ele se expressa com fórmulas tão condensadas que não as colocamos no conjunto. Ele havia dito, muito antes: "Não se analisa o pai". Isto é, que com relação ao pai, a questão não é a da verdade do pai – é isso que quer dizer "não se analisa o pai" – e, em seguida, acrescentou "e para o pai real", entendam aí o indivíduo pai, "o manto de Noé cai melhor".[9] O manto de Noé é precisamente, por referência à Bíblia, o véu colocado sobre o gozo próprio do indivíduo pai. Portanto, há de certa forma em Lacan uma espécie de oposição entre a eficiência do dizer paterno e o sigilo, ou o véu, ou o não dito com relação ao gozo do pai. Esse era o meu primeiro comentário.

Segundo comentário, mais breve: gostaria de sublinhar que a nova concepção do pai que Lacan introduz na lição de *RSI* à qual me refiro – em que ele postula que um pai é pai pelo sintoma-pai, como já desenvolvi, não volto a ela – não implica, não mais do que a metáfora paterna, que o pai seja o genitor. Lacan acentuou muito a disjunção entre o pai e o genitor, no momento em que se poderia dizer que ele promovia o Nome-do-Pai como significante, e no momento da construção de sua metáfora paterna. Hoje, aliás, a incerteza sobre o genitor, que atravessou os séculos, pode ser dirimida por meio de testes de DNA, mais uma das inovações da época; para a psicanálise, porém, nada muda, e tampouco para a função paterna porque, no fundo, a exatidão quanto à reprodução dos corpos (é disso que se trata o genitor) está separada da filiação. A tese proposta desde a metáfora paterna permanece em 1975, isto é, que se acompanharem esse desenvolvimento poderiam dizer que

---

9 Lacan, J. (1973). Televisão. In *Outros escritos*. Rio de Janeiro: Zahar, p. 521.

qualquer homem que tenha o que Lacan chama de sintoma-pai, que ilustra a *père-version* [pai-versão/perversão], a versão pai, pode carregar a função paterna para filhos de quem não é o genitor. Isso é o que a nova tese implica e, portanto, se concebe o quanto essa tese, a última de Lacan sobre esse ponto, é muito compatível e até muito ajustada, diria, às estruturas familiares pouco edipianas; alguns diriam, em todo caso atípicas, como vemos agora, ou "em desordem" como diz Elisabeth Roudinesco, ou em vias de mudança. Sobre este ponto, de certa forma, a tese está em dia com seu tempo. Não acredito, porém, que seja por isso que Lacan a construiu.

Foraclusão de fato?

Meu terceiro comentário diz respeito a uma expressão empregada por Lacan no Seminário do ano seguinte, o Seminário sobre Joyce, e em que, depois de ter proposto a tese do pai-sintoma, fala acerca do pai de Joyce de uma "foraclusão de fato". A expressão pode surpreender. Aliás, no Seminário de Sainte-Anne, na época em que havia ali um departamento de psicanálise, havíamos trabalhado sobre essa expressão. A expressão surpreende se mantivermos a tese da metáfora paterna, porque essa tese postulava o Nome-do-Pai como um significante que está no Outro e que produz, por meio da metáfora, uma nova significação que é a significação fálica.

Então, evidentemente, nessa primeira elaboração, a foraclusão não podia ser qualificada como "de fato", ela não era situável no nível dos fenômenos – os fatos são os fenômenos –, só o era por seus efeitos e, sem dúvida, muitos de vocês já ouviram repetir, eu mesma disse isso muitas vezes, que a foraclusão não é um fenômeno, mas uma hipótese que se verifica nos fenômenos por seus efeitos. Não se verificava a foraclusão do Nome-do-Pai diretamente, mas pelo fenômeno que ela supostamente produziria, a saber, fenômenos de linguagem específicos. Em seguida, Lacan acrescentou também, e correlativamente, fenômenos de gozo específicos. Se dizemos "foraclusão de fato", isso quer dizer que a foraclusão pode ser lida no nível dos fatos e dos fenômenos, e, portanto, procura-se na conduta.

E é isso que se pode fazer com o pai de James Joyce, John Joyce, de quem, obviamente, tudo o que se sabe indica que o que Lacan chama de "cuidado paterno" era para ele bem problemático. Decerto, ele tinha uma esposa, uma família, mas o abandono em que deixou seus filhos era patente. Além disso, sabe-se pelas cartas que ele próprio escreveu a seu filho e por aquelas que o filho lhe escreveu, cartas que o irmão de Joyce, Stanislaw, escreveu, sem muita dúvida, que esse pai havia considerado, e até mesmo calculado, se livrar de seus deveres paternos referentes a seu filho James.[10]

Quando Lacan diz que Joyce está em cargo de pai, isso tem um alcance mais amplo, é claro, mas remete, creio eu, de forma muito explícita, às demandas efetivas que ele recebeu de seu pai. Tudo acontece, na verdade, como se em seu dizer esse homem, John, longe de ter significado para seu filho um "tu és meu filho", lhe houvesse apontado ou ordenado um "tu serás o pai", o pai substitutivo obviamente. Digo, justamente, que é "como se". Mas a correspondência atesta suas demandas, suas exigências reiteradas e das quais James Joyce teve de se defender. Isso com relação ao pai dele.

Mas reflitamos um instante, de forma mais geral: a partir do momento em que se admite, se admitirmos como Lacan, que a função pai passa por aquilo que ele descreve como o sintoma-pai, não seria preciso afirmar que são em todos os casos que a foraclusão acontece de fato? Não é uma hipótese de um mecanismo

---

10 Cf. Joyce, J. (2003). *Selected Letters of James Joyce*. London: Richard Ellmann.

simbólico suposto, mas de fato, a saber, que o sintoma em questão está ali ou não, como o dizer está ali ou não.

Vocês sabem que Joyce utilizou para si mesmo o termo "filho necessário" e Lacan deu destaque a essa expressão. Poderíamos tomá-la de forma um pouco plana e simplesmente dizer que isso traduzia em Joyce o sentimento de que ele era muito necessário para John, seu pai.

Lacan não a toma assim, mas no nível das condições necessárias para que haja um dizer que enode e nomeie. A ideia de Lacan é que Joyce supriu o dizer do pai por outro dizer, por outra nomeação. Que ele se nomeie "filho necessário" é, para Lacan, um indício, cito, "de que o Nome-do-Pai é um elemento incondicionado".[11] Só que não devemos esquecer que o Nome-do-Pai, ali, designa um dizer que nomeia. Um elemento incondicionado de quê? Acredito que não há dúvida sobre isso: um incondicionado para que haja o nó, ou melhor, um nó. E aí não se deve esquecer que o nó das três dimensões do imaginário, do simbólico e do real é, para Lacan, o esquematismo do que Freud chamava de aparelho psíquico, mas também o nó do laço social. Trata-se, então, de um incondicionado, digamos, daquilo que constitui o indivíduo e daquilo que produz seus laços sociais.

Lembro-lhes de que falei no último encontro, seguindo Lacan no decorrer de suas elaborações, do cartel como um tipo de laço social, grupal. Clinicamente, com efeito, todas as suplências ao dizer do pai – que é ele próprio um suplemento, lembro a vocês, sempre na medida em que é um quarto círculo que enoda os

---

11 Lacan, J. (2005). *O seminário, livro 23: O sinthoma*. Rio de Janeiro: Zahar, p. 163. Publicado originalmente em 1975-1976. (Conferência: Joyce, o sintoma, 1).

outros três – fabricam "nós" [*nous*], que deve ser escrito com um "s",[12] para conotar o laço social, conforme comentei.

Discursos estabelecidos e discursos epifânicos

Isso me conduziu, então, a uma nova questão, que havia anunciado, mas vou chegando a ela passo a passo: os laços sociais que condicionam os enodamentos não paternos têm suas características próprias? Quais são elas em cada caso?

Antes de tudo, gostaria de incitá-los a não perderem de vista o que estou tentando enfatizar e destacar este ano, a saber, que a partir do nó borromeano, o binarismo do Lacan clássico, que opunha dois termos – Nome-do-Pai zero e Nome-do-Pai, em outras palavras, a foraclusão ao Édipo –, é posto em questão em prol de uma repartição ternária, a saber: sempre temos o Nome-do-Pai zero que implica – Lacan postulou isso – laço social zero; temos justamente o enodamento paterno, o enodamento pelo Nome-do-Pai (reescrevamos, então: Nome-do-Pai é o enodamento paterno); e, em seguida, ele acrescenta um terceiro caso-chave, do qual Joyce é o paradigma em seu ensino, que é outro enodamento, com a ideia de que, com efeito, há outros enodamentos possíveis, dizeres não paternos que tenham uma função de enodamento.

Faço algumas observações.

Isso não tem nada a ver com o núcleo psicótico que Melanie Klein supõe no cerne de todo sujeito. Seria interessante estudar o que é, aos nossos olhos, aos olhos de um lacaniano, o núcleo

---

12 *Noue* [enoda] e *nous* [nós] são homófonos em francês, donde a observação da autora. [N. T.]

psicótico promovido por Melanie Klein no cerne de todo sujeito. Já trabalhei sobre esse ponto há muito tempo.

Isso também não produz *borderlines*. É possível utilizar a noção de *borderline* para falar com colegas que a usam, para tentar conversar, mas é preciso dizer que se trata de uma noção confusa, muito descritiva e puramente negativa. Os *borderlines* são os "nem-nem": nem psicótico-padrão, nem neurótico-padrão; logo, se diz *borderline* na falta de outra coisa.

Esse ternário de não enodamento, do enodamento paterno e dos outros enodamentos, também coloca em questão outro binário lacaniano em que vivemos – em nossos discursos, quero dizer. É o binário entre o "fora do discurso" e o "no discurso". Nós nos acostumamos a usar esse binário desde que Lacan falou do fora do discurso da psicose, o que também quer dizer fora do laço social: existiriam sujeitos que estão no discurso e outros que estão fora do discurso. No entanto, vê-se em seguida que Joyce não está fora do laço social, e se quisermos utilizar o binário, teremos problemas com ele.

No fundo, gostaria ainda de insistir em um ponto, que consegui formular um pouco mais recentemente, que é o seguinte: antes de 1975, há muitas observações de Lacan que já colocavam em questão esse binário de "*in* discurso" ou "fora do discurso", e, notadamente, com relação ao esquizofrênico que, diz ele, deve enfrentar seus órgãos sem o auxílio de um discurso estabelecido. A partir do momento em que se diz "discurso estabelecido", postula-se que há discurso não estabelecido e, no fundo, sem essa distinção entre "discurso estabelecido" e "discurso não estabelecido" não se pode compreender toda uma série de afirmações de Lacan.

Primeiramente, não se pode compreender que ele mesmo, depois de ter introduzido que há quatro discursos porque há quatro lugares e quatro termos, acrescenta outros discursos além dos quatro: em princípio, propõe o discurso capitalista, sobre o qual ele escreve até mesmo o matema. É algo para um comentário extenso, mas é um fato.

E, em seguida, na página 451 de "O aturdito", nos *Outros escritos*, ele fala do discurso da matemática – é uma passagem muito interessante – para dizer: "[É fácil tornar isso sensível] no discurso da matemática, onde o dito se renova constantemente, por mais tomar como sujeito um dizer do que qualquer realidade",[13] e insistindo na sequência, coloca: "Eu disse discurso da matemática" (evocação de Cantor e da teoria dos conjuntos). "Não linguagem dela. Que se preste atenção a isso, para o momento em que eu voltar ao inconsciente estruturado como uma linguagem".[14]

Em outras palavras, ele situa a matemática como um discurso por causa do lugar e do papel que o dizer tem nessa ciência; e a matemática é realmente o discurso não estabelecido. Vê-se aí que *estabelecido* não quer dizer somente existente, é realmente um discurso em renovação permanente, é o que essa passagem afirma: o dizer se renova aí. O próprio dos "discursos estabelecidos" é que é muito difícil para os ditos se renovarem ali: seria já uma característica. Esse era o primeiro ponto: somos obrigados a postular que Lacan distingue discurso estabelecido e discurso não estabelecido.

A segunda tese de Lacan, que não pode ser compreendida sem essa distinção, é o que ele defende em vários lugares, mas especialmente em "Televisão", com relação aos assuntos do amor: que eles são cindidos de todo laço social. E ninguém protesta, se assim posso dizer, ninguém parece se surpreender com o fato de que o laço mais forte entre os humanos, é o amor no sentido sexuado, o mais

---

13 Lacan, J. (1972). O aturdito. In *Outros escritos*. Rio de Janeiro: Zahar, 2003, p. 451.
14 *Op. cit.*, p. 452.

forte, o mais apaixonante, o mais precioso e a que todo mundo aspira, e que todo mundo se queixa de não ter, pois bem, Lacan nos diz, "cindidos de todo laço social". Só se pode entender isso caso se acrescente "cindido dos laços sociais estabelecidos". O discurso do amor é um discurso, mas não estabelecido. Pode-se dizer que é um discurso de forma rigorosa e justa, porque se trata de um laço fundado em um dizer. Isso é um discurso: um laço fundado em um dizer, só que não é um dizer estabelecido.

Escolhi chamar esses discursos, não estabelecidos, de *discursos epifânicos*, para conotar sua emergência contingente. E, portanto, creio eu, insisto no fato de que, para o laço social, também é preciso restituir um ternário: há o eventual laço social foracluído, que é o fora do discurso da psicose-padrão; há os laços sociais estabelecidos; e depois, os outros, que chamo de laços sociais epifânicos. Podemos chamá-los de outra forma, mas gosto desse termo, uma questão de gosto, digamos, de gosto linguístico. Os laços sociais não estabelecidos são discursos que se autorizam por um dizer contingente para estabelecer, durante um tempo, e para alguns, um laço que não está no programa dos discursos estabelecidos, se for possível falar em programa dos discursos estabelecidos.

Logo, não sei se vocês percebem como eu a que ponto essas teses de Lacan, se as despojarmos da dificuldade de leitura dos textos, estão em consonância com o que está acontecendo na época atual, com o que caracteriza a evolução de nosso início de século. Não é apenas o que se chama de mudanças da clínica. Há mudanças na clínica, é claro, temos razão em falar sobre isso, mas também é outra coisa. Creio que os efeitos do discurso capitalista dão mais lugar ao discurso epifânico do que o discurso estabelecido do mestre clássico.

O que chamo de "efeitos do capitalismo"– os resumi muitas vezes, lembro-os simplesmente, todo mundo está de acordo com isso agora – são, antes de tudo, efeitos de fragmentação. Lacan os observou há tempos, desde 1967. Nesse sentido, o capitalismo gera algo fora do discurso, reduz cada indivíduo ao *status* de produtor/consumidor. Apenas isso interessa no discurso capitalista, e, por isso, como Lacan observava, todos nele são proletários, sendo que proletário quer dizer reduzido a seu corpo, reduzido às fontes e às necessidades de seu corpo.

O segundo efeito é aquele que todo mundo designa sob o termo "globalização", o qual, no fundo, é o efeito da homogeneização por meio dos produtos, homogeneização dos indivíduos e de seu modo de vida pelo viés dos produtos mais-de-gozar. Isso faz com que essa homogeneização permita afirmar que o capitalismo produz no real – na realidade, em todo caso e de forma globalizada – a própria estrutura da fantasia. A fantasia é sempre geradora de solidão; o que é gerado ali, porém, são solidões, entre outras, justapostas.

Esses efeitos, que causam o sofrimento dos sujeitos contemporâneos, evidentemente exigem compensações, reações, e creio que estamos em um tempo em que estão buscando respostas, elas não estão estabelecidas, são múltiplas. Por ora, na ausência de grandes respostas, estabelecidas e coletivas, os efeitos do capitalismo, o sofrimento que ele gera, dão lugar a discursos epifânicos que são discursos singulares, de exceção entregues à contingência da inventividade individual.

Nesse sentido, parece-me que o capitalismo produz, já produziu, uma mudança do lugar e da função dos discursos não estabelecidos. Lacan dizia, ainda em "O aturdito", trata-se do ponto de virada, "a dança é uma arte que floresce quando os discursos se mantêm firmes".[15] Observem que os discursos que se mantêm firmes são muito próximos, como conotação, de discurso estabelecido; em todo caso, isso evoca a estabilidade. Quando os discursos se mantêm firmes, especialmente o discurso comum e o discurso, digamos, do mestre clássico – não o do capitalista, que não é o mestre clássico, mas sim o discurso do mestre antigo que se tornou clássico –, todos os discursos da novação, que chamei de epifânicos, aparecem com um alcance político de contestação, até mesmo de subversão.

Isso é tão verdadeiro que nossa cultura não deixou de produzir, de montar as figuras míticas do artista, do político, do pensador solitário novo, na contracorrente das normas do mestre do momento: isso não é novo, mas de séculos passados.

A figura do poeta maldito, por exemplo, é o paradigma romântico disso: está acabado, está completamente acabado, não há mais um poeta maldito possível. E não há mais heresia possível, também está acabado, exceto, obviamente, ali onde o mestre religioso ou ideológico, como Lacan diz, "se mantém firme". Mas conosco já não é mais o caso. Conosco não há mais poeta maldito, nem mais heresia. Os poetas de hoje não são malditos, a singularidade poética é simplesmente ignorada: ignorada pela opinião pública, e até mesmo pela opinião pública que se considera esclarecida, quando ela se considera intelectual.

Este é apenas um exemplo, mas um exemplo para fazer entender que seria preciso repensar a subversão, a famosa subversão de que Lacan fez grande uso, porque a própria noção de subversão só se sustenta pelo significante mestre, quando o significante mestre regula os laços estabelecidos do lugar do agente. E a partir deste lugar, deve-se dizer, o capitalismo destituiu o significante mestre.

---

15 Lacan, J. (1972). O aturdito. In *Outros escritos, op. cit.*, p. 468.

Sempre há múltiplos significantes mestres que passeiam, mas não mais nesse lugar. Isso produz, então, aspirações de restauração, e é preciso vigiá-las com atenção porque, claro, são todas tentativas – e podemos constatar que são muitas – de recolocar o significante mestre no lugar do agente do discurso.

As seitas são o paradigma dessa tentativa, exceto pelo fato de que são múltiplas, e, nesse sentido, já fracassaram. Mas, por outro lado, ao lado das aspirações de restauração, acredito que existe, paradoxalmente, uma maior abertura ao discurso singular e singularizante, talvez em contraste com o tédio da homogeneização. Os discursos epifânicos atualmente já não aparecem mais como ameaçadores da ordem, mas, antes, e de bom grado, como eventuais portadores de esperança ou, ao menos, como exemplo.

Em outras palavras, a exceção divergente mudou de valor, creio eu, no capitalismo, com o declínio ou a fragmentação do significante mestre. Portanto, trata-se de uma questão, que é, ao mesmo tempo, social e clínica, política – no sentido mais amplo do termo, se preferirem –, do que de estudar ou saber o que caracteriza, em cada caso, os laços fundados em suplementos que não são o pai. E despejá-los todos na grande caixa das psicoses, realmente, não resolve o problema. O que caracteriza, por exemplo, o laço social singular que Joyce conseguiu estabelecer com suas únicas forças discursivas? Ele conseguiu promovê-lo, em todo caso. A questão se coloca para ele, mas também para todo discurso não estabelecido.

O enodamento pelo pai

Antes, gostaria ainda de repetir algumas palavras sobre o quadro geral da questão e, então, sobre aquilo que caracteriza o laço social promovido pelo pai: isso é tão importante? O que nele há de tão precioso? Certo é que ele tem uma característica bem visível: é que se trata de um laço que liga, ao mesmo tempo, as gerações e os sexos, as gerações entre si e os sexos, homem e mulher, tal como Lacan o situa.

Em outros termos, sua função é enodar a filiação com a reprodução sexuada. Não lhes ensinarei nada novo lembrando que a filiação é um fato da cultura. Não há filiação na natureza. A filiação depende do humano, na medida em que o humano tem uma realidade discursiva e não natural, ao menos se chamarmos de natureza a própria vida, a vida *bio-*, na medida em que ela está fora do simbólico. A reprodução sexuada supõe a "*sex-ratio*", como diz Lacan, a saber: esse fato de natureza, ou que se acredita ser de natureza, que a repartição macho/fêmea dos mamíferos superiores, dos quais o homem faz parte, se concretiza mais ou menos meio a meio. Não se sabe por que, mas é assim. E é bem natural, se assim posso dizer, para um ser de discurso como o homem, pensar que se trata de um dado biológico. Com Lacan, a psicanálise acentuou muito a heterogeneidade entre a filiação paterna, que é discursiva, e a geração dos corpos, que procede dos mistérios da vida.

Que papel o Édipo freudiano desempenha nesse assunto? É enfadonho falar do Édipo de forma rápida, porque é uma questão vasta, muito vasta, mas com o Édipo, Freud tentou dar conta da intersecção – não estou falando da disjunção, mas da intersecção – entre os dados da filiação cultural e da reprodução biológica. Digo "dar conta", mas, na verdade, é mais do que isso, porque Freud tentou torná-la uma norma inscrita no inconsciente.

Ele percebeu, no entanto, que a heterossexualidade não era tão natural assim, como insisti muitas vezes. E tomou como um problema a questão de saber como a heterossexualidade se instaurava na subjetividade, a heterossexualidade que leva à reprodução sexuada, e toda a questão, como sabem, foi entender como se passava do autoerotismo ao narcisismo, do narcisismo à escolha do objeto homossexual e à heterossexualidade. E, com o Édipo, ele tenta responder ao mesmo tempo pelas proibições e pelos ideais paternos.

Com relação a isso, em que pé estamos hoje? Tudo está em questão: a lei paterna e a lei biológica. Estamos em momentos de ruptura irreversíveis sem dúvida, não em razão do declínio do pai que se anuncia há tempos, mas também, certamente, por causa dos questionamentos da biologia. Não se sabe, por ora, onde isso tudo vai parar. Pessoalmente, parece-me certo que não se deve esquecer o que Lacan disse há muito tempo, em "Subversão do sujeito...", pois ele estava mais que em dia, estava à frente de certos psicanalistas de hoje. Cito: "O Édipo, todavia, não pode se manter indefinidamente em cartaz".[16] O pai já saiu, mas o Édipo ainda está em cartaz em uma parte da comunidade analítica, e isso ainda é um pequeno problema. É certo, contudo, que Lacan abriu o programa, não digo do "além do Édipo", mas de "*um* além do Édipo". Que alguns analistas ainda não tenham se dado conta disso e que outros se agarrem ao Édipo como a uma boia na desordem da época, não diz nada em favor dos analistas.

* * *

Quais são os fatos? Não vou enumerar todos, mas gostaria de listar alguns que põem em perspectiva o laço social fundado pelo pai, aquele que enoda as gerações à reprodução sexuada.

Antes de tudo, há fatos relacionados a coisas novas na sociedade. Um fato de que já falamos muito, que parece não ser nada, mas que, com relação à questão que tocamos, é crucial, é que a

---

16 Lacan, J. (1960). Subversão do sujeito e dialética do desejo. In *Escritos*. Rio de Janeiro: Zahar, 1998, p. 827.

homossexualidade tem direito à cidadania hoje. A validade da tese de Freud de que a heterossexualidade do falasser [*parlêtre*] não tinha nada de natural e, portanto, era preciso dar conta dela – vejam as notas de seus *Três ensaios* – passou agora para a realidade social. Não é um fato totalmente consumado, ainda há brigas, mas está feito, consideremos isso feito. A disjunção da paternidade e do personagem do genitor heterossexual faz-se valer hoje de forma massiva, límpida, nas adoções de casais homossexuais. Há lutas em torno dessa questão: será que eles podem ou não podem adotar? Há aqueles que são a favor, aqueles que são contra, mas está valendo, começou e continuará, está feito. Sobre este ponto, aliás, o livro *A família em desordem*,[17] de Élisabeth Roudinesco, é muito valioso por todas as informações precisas que traz sobre essas questões dos casamentos homossexuais, e adoções homossexuais, as quais chegam à Europa com um atraso regulamentar, mas que começaram na costa da Califórnia há quase 50 anos. Já há, pois, certo distanciamento, já existem filhos desses casais. Esses fatos, juntamente com o fato de que agora é possível diagnosticar o pai biológico com o exame de DNA, em caso de necessidade, permite, de certa forma, que seja mais fácil perceber atualmente do que há cinquenta anos o fato de que a paternidade é sempre uma paternidade de adoção. Isso procede de um dizer que não tem nada a ver com a reprodução dos corpos. A linha de fratura entre o genitor e o pai me parece agora realmente muito legível nos fenômenos atuais, mesmo que algumas pessoas queiram rebaixar o pai ao genitor, mas esse é outro problema.

Deixo de lado esses fatos de sociedade; creio, porém, que há uma ruptura importante, que está em outro lugar, do lado do tema biológico. Não se pode fazer ficção científica, mas é possível ver

---

17 Roudinesco, E. (2003). *A família em desordem*. Rio de Janeiro: Zahar.

o que está acontecendo. Os dados biológicos que podiam parecer basais, intocáveis, ou seja, a reprodução pelas vias do sexo, começaram a vacilar–todos sabem disso, pois não é algo muito complexo–, com os métodos de procriação medicamente assistidos, a inseminação artificial e tudo o que veio depois, um modo de procriação que fez passar ao real a disjunção entre a reprodução e o laço sexual, a disjunção entre o pai e o genitor – isso é evidente.

Agora um passo a mais se anuncia, sobre o qual gostaria de lhes dizer algumas palavras. As técnicas de reprodução por clonagem introduzem, como todos sabem, outra coisa: uma linha de fratura entre a reprodução e a colocação em jogo do *germen*, dos gametas sexuais. Em *Além do princípio de prazer*,[18] vocês sabem a importância que Freud deu para as teses de Weismann, distinguindo o *soma* e o *germen*, e se lembrem dessa ideia de que as células, os gametas sexuais, *germen*, então, as células reprodutoras da vida, praticamente podem ser pensadas como representando a imortalidade da vida, sendo elas mesmas imortais, ao passo que as células diferenciadas a partir dos gametas e que constituem o animal seriam, por sua vez, as células mortais, assim como o indivíduo é mortal. Freud deu ênfase a essa distinção. A clonagem já é uma pequena objeção, porque se trata de um modo de reprodução que não necessita do *gérmen* por completo.

Mas há mais. Desde o início da biologia, vivemos com a tese, quase inquestionável, aliás, de que a diferenciação celular, que gera o *soma* durante o desenvolvimento do embrião e do indivíduo a partir dos gametas, segue algo como um programa irreversível. Ora, parece que essa hipótese está sendo questionada hoje.

Tive a oportunidade de ouvir um biólogo chamado Jean-Paul Renard, especialista em biologia animal, campeão de clonagem de

---

18 Freud, S. (1920). Além do princípio de prazer. In *Obras psicológicas completas: Edição Standard Brasileira*, v. XVIII. Rio de Janeiro: Imago, 1977.

animais – digo campeão porque ele tem toda uma série de animais clonados dos quais cuida – que dizia, algo que deverá ser verificado evidentemente, que, na atualidade, os pesquisadores conseguiram, partir de quaisquer células do *soma* colocadas em certas condições ambientais, obter a inversão do programa, isto é, a reconstituição de gametas a partir do *soma*. Ele se pergunta como nomear isso: reprogramação? Isso atordoa um pouco às convicções estabelecidas até então: a ideia de que era um erro pensar que havia um caminho obrigatório dos gametas imperecíveis para o *soma* perecível, mas com o *soma* perecível é possível fazer o caminho inverso. O que coloca no horizonte, ele formula assim, a fantasmagoria que a ciência permite, a ideia de uma reprodução no modelo da estaquia.[19] Vocês sabem o que é estaquia? Pega-se a extremidade da planta, coloca-se na terra e retira-se novamente a planta. Ainda não chegamos nesse ponto, mas com relação às ideias fixas estabelecidas nas ciências, seria uma verdadeira ruptura.

O que se diz, então, do ponto de vista analítico, uma vez que os analistas se metem em tudo e, inevitavelmente, se metem nisso? Primeiro, além dos analistas, aliás, de forma geral, é certo que a incerteza é total com relação aos possíveis usos e efeitos dessa técnica. A incerteza é total, e com a incerteza vem a ansiedade. E, além disso, vocês sabem que assim que se falou da clonagem humana, Bush e Chirac se mobilizaram[20] – o que é um sinal!

---

19 Trata-se de um dos métodos de reprodução de plantas mais utilizados. O processo de estaquia pode ocorrer de três formas diferentes: pelos caules, ramos ou pelas folhas. Gera-se uma cópia da planta-mãe, com o mesmo DNA a qual, em seguida, passará a produzir os mesmos frutos e flores. [N. T.]
20 Em 2002, o então presidente da França, Jacques Chirac – depois de uma empresa americana (Clonaid) ter anunciado o nascimento de uma criança que seria o clone de sua mãe –, pedira para que todos os países aderissem a uma proposta da França de que a clonagem humana fosse proibida. [N. T.]

A angústia é evidentemente um efeito de uma mudança, é certo, não de uma mudança no real, não se tem certeza de que o real mude, mas nas manifestações do real. Porém, a angústia não é uma bússola para o pensamento, ela indica apenas o que se pensa, não diz o que se deve pensar. A primeira reação inspirada pela angústia é a tentativa de proibir as pesquisas ou ao menos regular os usos por meio dos Comitês de Ética. Todos podem ter uma opinião a respeito, isso consiste, sobretudo, em buscar um consenso da angústia. Por que não?

Mas, ainda assim, acredito que nada detém a ciência e que quando uma descoberta está no horizonte, sempre se chega até ela. Chegaremos. Penso que é impossível deter o desejo que habita a ciência – essa era uma tese de Lacan em *A ética*. Não sabemos o que ele produzirá; então, em nome de que tanto escândalo? Gritar sua angústia é uma coisa, mas em nome do que proibir esse movimento, deter a biologia? Após a arma atômica e a arma biológica, a biologia tornou-se a principal ameaça, mas em nome de quê? Alguns dizem: transgressão das leis da natureza. De forma alguma. Se a estaquia dos corpos fosse possível, é porque ela estaria inscrita nas possibilidades da natureza. Só se pode falar de uma transgressão das leis da natureza a partir de uma sacralização da natureza, de uma sacralização religiosa da natureza. Ademais, a transgressão não existe, a menos que se faça da natureza uma mãe intocável. Mas, então, por que não? Devemos recusar toda a medicina, como fazem as testemunhas de Jeová? –os quais têm, ao menos, um pouco de lógica. "Não toquemos na natureza" não é nem um pouco pensável.

E do lado dos psicanalistas? Acredito que, nesse ponto, concordo com as teses de Elisabeth Roudinesco, que ela expôs recentemente: os psicanalistas aventuram-se além do que a psicanálise permite sustentar. Vemos efetivamente certo número de analistas, na atual conjuntura de ansiedade em que vivemos, retomar o argumento da transgressão da lei do pai, não da natureza, mas da lei do pai. Digo retomar porque os analistas já o mobilizaram em 1968, para estigmatizar a revolta de 1968, eles tiraram o argumento do bolso para as famílias homossexuais e os casamentos homossexuais e o mobilizam novamente para as adoções por parte dos homossexuais.

Esse argumento é puro preconceito; não há lei do pai, é o que o ensino de Lacan diz, especialmente no período que estou comentando. Há a necessidade de um dizer que nomeia, mas não há junção necessária, há apenas uma junção possível, entre o dizer que nomeia e a reprodução dos corpos.

No próximo encontro, vou falar do laço que Joyce conseguiu estabelecer graças ao seu dizer *sinthoma*, o qual, justamente, não passa pela reprodução dos corpos.

7. Joyce no laço social

24 de março de 2004

Hoje, tal como havia anunciado, vou estudar um pouco detalhadamente os laços sociais nos quais Joyce se envolveu já que, para ele, o *sinthoma* que supriu a não relação sexual é diferente do sintoma-pai. É, portanto, uma oportunidade para estudar de forma diferenciada os efeitos de um sintoma diferente sobre o laço social.

Talvez eu lembre, para aqueles de vocês que não estejam completamente familiarizados com o Seminário de Lacan sobre Joyce e os diferentes estudos sobre esse autor, a tese principal de Lacan (que abordarei um pouco mais adiante) a respeito do que caracteriza o *sinthoma* Joyce. Ele chama "*sinthoma*" (escrevendo como vocês já sabem) aquilo que mantém unido, para um dado sujeito, o imaginário, o simbólico e o real.

Sua hipótese a respeito de Joyce é que o que mantém unidas as três consistências não é o dizer paterno, mas aquilo que ele chama de seu *ego*. Diria até mesmo seu *ego* de artista, com a diferença de que se trata de um *ego* muito particular, ou melhor, singular. Essa é a tese geral.

Que laços esse *sinthoma* comanda para ele? Há vários. Começo por um deles, que é essencial, aquele que se estabelece entre ele e seus leitores e comentadores. Continuarei, em seguida, com os laços que ele mantém com sua mulher e seus filhos.

O dizer magistral

Está claro que o laço entre Joyce e seus comentadores, a quem ele dá seus textos como alimento, não envolve nem o outro sexo, nem a descendência. E quando digo o laço entre ele e seus leitores, inclusive, é preciso se perguntar quem é esse "ele": vemos imediatamente que o seu corpo não está em jogo nesse laço. O único corpo envolvido nesse laço é, podemos dizer assim se quisermos, o corpo do texto, não o seu.

Joyce está disposto a lutar pelo corpo do texto, e ele mostrou isso de todas as formas, como a extraordinária tenacidade que sempre se viu em seus debates e discussões com seus tradutores e seus editores.

É uma das singularidades de Joyce que Lacan contribuiu ao destacar; Lacan não a inventou, ele ressaltou essa singularidade no nível imaginário, essa relação particular, especial, com a imagem do corpo. Digamos que Joyce não idolatra a sua própria imagem, ele não adora a sua própria imagem, ao contrário da maioria. O núcleo, o osso daquilo que classicamente se chama de amor próprio, e, no fundo, daquilo que Freud redesignou como narcisismo, é a adoração do corpo enquanto imagem, o primeiro objeto destacado por Lacan em seu "estádio de espelho".

Se voltarem ao Seminário *O sinthoma*, sem dúvida ficarão surpresos, como eu, ao ver que Lacan ressalta com muita ênfase esse tema da adoração do corpo próprio – é o termo que ele emprega, "adoração". Ele diz que cada um, cito, "crê nisso, ter um corpo para adorar".[1] Evidentemente, pelas palavras de Lacan, nessa data, quando lemos "crer" – é o peso que Lacan dá ao termo –, crer em seu corpo, crer no corpo que se tem e que se adora, isso é crer que ele diz algo sobre si; é a fórmula que Lacan emprega para o sintoma: crê-se no sintoma, pois se supõe que ele possa nos dizer algo sobre si. Quando se trata do corpo, não se espera que ele fale, que ele diga algo, mas se acredita que, de alguma forma, seu corpo lhe represente.

Parece que, sem nos perdermos (e eu não quero entrar muito nisso, pois me desviaria de meu objeto), poderíamos mencionar traços da atualidade. Certamente desde sempre se adora o corpo, sempre cuidamos dele, o adornamos, o embelezamos. As práticas, digamos, de "acomodamento", de acomodação do corpo, são tão antigas quanto a humanidade, isto é sabido. Definitivamente, nossa época é caracterizada por esforços gigantescos nesse nível, esforços em direção à cultura da imagem do corpo, mais do que da imagem em geral, hoje mimamos o corpo de todas as formas possíveis. Isso se deve, de forma indireta, à ciência, a qual, graças às novas técnicas que produz, permite multiplicar os recursos de acomodamento do corpo. Emprego esse termo... Pensem na cirurgia plástica, que está em seu ponto mais alto, ou no alisamento dos cabelos, nos *piercings* etc. etc., todas essas técnicas que acomodam a imagem no desejo do Outro.

Isso implica, é necessário precisar, que à imagem de origem – entenda-se aí, a imagem do estádio do espelho – se agregam outras

---

[1] Lacan, J. (1973). *O seminário, livro 23: O sinthoma*. Rio de Janeiro: Zahar, 2007, p. 64.

imagens. Digo isso da seguinte forma: nós a moldamos por meio das modas, desde sempre as modas de vestiário entre outras, mas não apenas, também a moldamos por meio de formas animadas em tudo aquilo que é desenvolvimento dos modos, do gestual, das condutas etc.

Como dizia Pierre Bourdieu, que não era psicanalista, os corpos estão socializados, os corpos absorveram as relações sociais. Colocamos a imagem do corpo no singular. Porém, não esqueçam que Lacan produziu uma metáfora muito interessante que mantém sua validade: trata-se da imagem em forma de cebola, na qual há um núcleo com sobreposições. Deixo por aqui o tema dos cuidados com a imagem em nossa época.

No entanto, penso que é preciso insistir para que se entenda bem o alcance da tese de Lacan: todo mundo adora sua imagem. Poderíamos dizer que é uma tese curiosa, e seria possível objetar que se constata, especialmente na psicanálise, que a maioria dos sujeitos, e principalmente os neuróticos, se queixam de sua imagem justamente porque eles não a acham suficiente, alguns a acham feia, insuficiente, e até mesmo repugnante. Outros testemunham que acreditam que detestam seus corpos, alguns têm abertamente vergonha dele. Mas não esqueçamos que a vergonha é justamente o afeto de aderir a uma realidade que é indissociável de si mesmo, não digo que ela seja nós mesmos, mas que ela é indissociável de nós mesmos.

Como responder a essa objeção que parece ter um ponto de evidência clínica? Não me parece tão difícil. Apesar de o sujeito falar negativamente a respeito de sua imagem, se cuspirmos em sua cara, ele não pode agir como se fosse o móvel ao lado que tivesse recebido o cuspe. Isso indica que se tocamos seu corpo – falei "cuspe", Lacan diz "quando se caminha sobre seus pés", poderíamos trazer muitos outros exemplos – o sujeito crê, apesar de todas as queixas que acabo de mencionar, em seu corpo como em si mesmo.

No entanto, não era o caso de Joyce. Aqui está o que Lacan soube capturar nos textosdo romancista– e é uma singularidade. Joyce atesta que, tendo apanhado de seus colegas (trata-se do episódio da surra), sua raiva, então, desapareceu instantaneamente e restou para ele apenas certo tipo de indiferença ou até de desgosto em relação ao episódio.

Lacan deu muita importância a esse ponto, a esse traço de desapego em relação ao próprio corpo. Vocês sabem o que ele diz, "deixar cair" [*laisser tomber*][2] a relação com o corpo próprio é totalmente suspeita para um psicanalista".[3] Ressalto que ele não diz que esse seria um signo de psicose, ao contrário do que frequentemente se diz.

Por que Lacan empregou essa expressão, "deixar cair"? Justamente para ressaltar a indiferença de Joyce. "Deixar cair", não é "deixar plantado" [*laisser en plan*], expressão próxima que encontramos em Schreber, que fala de ser deixado plantado por Deus. O próprio Lacan volta a usar a expressão "deixar plantado" para o pequeno Hans, que não é um psicótico, mas de quem ele diz que foi deixado plantado (não sei a frase exata) pelas carências simbólicas e imaginárias de seus pais.

"Deixar cair" designa a relação de desapego, e a tese de Lacan que eu gostaria de desenvolver, a tese fundamental da adoração

---

2 "*Laisser tomber*", expressão que pode ser traduzida por "deixar cair" ou por "abandonar" ou "desistir", assim como referido no *Seminário, livro 23: O sinthoma*. Ver nota do tradutor nesse seminário, p. 139. [N. T.]
3 Lacan, J. (1975-1976). *O seminário, livro 23: O sinthoma*, op. cit., p. 146.

da imagem tal como Lacan a leva ao ápice em suas duas *Conferências sobre Joyce*: é que o homem, ele se crê belo [*y s'croit beau*], e é por essa razão que se faz o que Lacan chama de um escabelo [*escabeau*]. A maioria de vocês sabe como ele escreve isto: *hescabelo* [*hessecabeau*], *helessecrêbelo* [*hissecroibeau*],[4] senão verifiquem como ele escreve nas *Conferências sobre Joyce*.[5]

Contrariamente ao que poderiam pensar os mais desconfiados, não é tão complicado quanto parece. Parece bem complicado, não dá para negar! Mas assim que se entende, já não é nem um pouco complicado. O H é o H de homem. De fato, o que está em questão no ensino de Lacan nesses anos, e precisamente desde o texto "O aturdito",[6] é exatamente: O que é que faz o homem? A questão é explícita em "O aturdito" e a resposta também explícita, sempre no estilo de Lacan, um pedacinho de expressão que é preciso colocar na questão, é claro. O que faz o homem, para além do mamífero superior que ele é na escala animal?

Primo Levi, como vocês sabem, escreveu um livro que se chama *É isto um homem?*[7] A e a temática de Primo Levi nesse texto é uma questão sobre os campos de extermínio: como e quando se sai do humano? A questão de Lacan é exatamente inversa: em que condições se entra no humano? O que é constitutivo e quais são as condições constituintes? No momento do nó borromeano, as condições constituintes, como ele as formaliza, as teoriza, são a

---

4 Lacan, J. (1975). Joyce, o Sintoma. In *Outros escritos*. Rio de Janeiro: Zahar, 2003, p. 560 e nota de rodapé 4, pp. 560-561.

5 A autora se refere às duas conferências de Jacques Lacan. "Joyce, o Sintoma" (I) publicada em *O seminário, livro 23: O sinthoma, op. cit.*, pp. 157-165 e "Joyce, o Sintoma" (II) publicada em *Outros escritos, op. cit.*, pp. 560-566. Ambas conferências tiveram lugar no grande anfiteatro da Sorbonne por ocasião do V Simpósio Internacional James Joyce, no dia 16 de junho de 1975.

6 Lacan, J. (1972). O aturdito. In *Outros escritos*. Rio de Janeiro: Zahar, 2003, pp. 448-497.

7 Levi, P. (1988). *É isto um homem?* Rio de Janeiro: Rocco.

condição mínima de enodamento do imaginário, do simbólico e do real. Aí está o H da escrita.

O escabelo [*escabeau*], como indica o termo, faz referência a um objeto banal, no qual, como por acaso, há a palavra belo [*beau*] que evoca a forma, e é claro o escabelo serve para se elevar. Em outras palavras, o escabelo designa as condições de ereção do homem como indivíduo ligado a outros. Na resposta de Lacan, como acabo de evocar, é preciso as três dimensões, seu enodamento por um quarto. Em todo caso, o problema é a ereção do indivíduo homem. Vocês entendem porque em *hescabelo* [*hessecabeau*] ele escreve o "*esse*" que evoca o verbo "ser" em latim, trata-se do ser do homem, o que permite erigir o ser do humano.

"*Helessecrêbelo*" ["*Hissecroibeau*"][8]– sempre explico essa grafia: temos o H de homem; temos o "*helese*" ["*hisse*"] que, ao dizer "*helessecrêbelo*" ["*hissecroibeau*"], soa como se fosse "ele se..." ["*il se...*"], mas que não deixa de lado o "ó, iça!" ["*oh hisse*"] da elevação–e é preciso se esforçar para se içar–; e ainda temos o "crê" [*croi*] de "crer" ["*croire*"] em sua imagem bela na medida em que merece subir em cena, "obscena" ele diz. Então estão vendo, não é tão complicada essa escrita de Lacan.

Bom, poderíamos dizer que Joyce "não se crê belo" ["*y s'croit pas beau*"]! Talvez ele se crê [*se croit*], ele pode se crer [*il peut se croire*], vocês conhecem o equívoco do "se crer" [*se croire*] em francês.[9] Se ele se crê [*se croit*], não é pelo *hissecroibeau*, e é por isso que seu *ego* é especial. É preciso uma definição do *ego*, já que Lacan toma o termo inglês, que não designa exatamente o *moi* [eu]

---

8 Lacan, J. (1975). Joyce, o Sintoma. In *Outros escritos*. Rio de Janeiro: Zahar, 2003, p. 560.

9 "*Se croire*", em português se mantêm esse equívoco que refere a "se achar" e "achar que se é... alguma coisa". [N. T.]

francês. Lacan a explicita precisamente, ao dizer "a ideia de si como um corpo tem um peso. É precisamente o que chamamos de ego".[10]

Em Joyce, eis sua particularidade, parece que o corpo próprio não conta na ideia de si mesmo. Normalmente dizemos o *ego* narcísico, mas é justamente porque a imagem do corpo aí conta. Joyce não crê em seu corpo, ao menos é o que se pode deduzir do episódio da surra, e há outros episódios nos quais ele evoca essa indiferença por seu próprio corpo. Ele não crê em seu corpo, ele não acha que esse corpo é ele, que o representa.

Idólatra do texto

E Lacan considera que esta singularidade permite responder à questão de como a escrita advém para Joyce. Afinal, o fato de escrever não é nada natural e não basta que seja cultural para que se faça um Joyce. A resposta de Lacan é: a escrita lhe adveio como uma necessidade de seu *ego*.

Poderíamos dizer, eu digo, que a escrita para Joyce é como um tipo de cirurgia escritural que arruma seu *ego*, do mesmo modo que uma cirurgia plástica pode arrumar a imagem do corpo. Em seu caso, trata-se de uma cirurgia escritural, no sentido de uma cirurgia reparadora, reconstituinte.

Daí a questão, que inclusive Lacan formula: se Joyce não crê em sua imagem, em que ele acredita? Poderíamos dizer que ele não se crê belo por sua imagem, mas ele se crê belo pela letra, ele se crê artista. Ou seja, ele não crê em seu corpo, mas sim em seu texto, o que quer dizer que ele crê em seu texto como em si mesmo. E Joyce não apenas oferece seu texto como pasto, mas

---

10 Lacan, J. (1975-1976). *O seminário, livro 23: O sinthoma, op. cit.*, p. 146.

ele mesmo fala daquilo que chama de *book of himself*, o livro de si mesmo. Poderíamos até mesmo dizer, seria mais preciso, ele mesmo como livro. Essa é a singularidade de Joyce no plano imaginário. Por um lado, algo que poderíamos considerar como uma singularidade anômala, a indiferença acerca de seu próprio corpo, mas, por outro, uma singularidade fora do comum, que é "ele mesmo enquanto livro".

Apenas indicarei isso de passagem aqui, seria preciso mensurar as consequências dessa singularidade. Há muitas consequências que Lacan menciona e, inicialmente, na medida em que a imagem do corpo funda não apenas o amor-próprio, mas está implicada no próprio cerne de tudo o que se chama história – a história simplesmente no sentido banal, com o sentido que lhe conferimos ou não, mas também a história edipiana.

Assim que se está na história, a imagem está em jogo. Uma das primeiras consequências da singularidade de Joyce que Lacan formula, então, é que Joyce não é um Hamlet, ou seja, ele não acredita nem um pouco na historieta edipiana e também não acredita na História, aquela que muitas vezes escrevemos com "H" maiúsculo para mostrar que ela interessa a todos nós, e que talvez tenha um sentido que buscamos em vão.

Uma consequência dessa incredulidade na historieta edipiana, assim como na História, é, sem dúvida, a capacidade de acesso que há em Joyce a uma escrita ilegível – preciso isso (já que se pode ler de todo modo) a título de tudo o que é historieta, ou seja, uma escrita que rompe com todo relato que contaria uma história. É a ferida de todo comentador, mas, ao mesmo tempo, é o que lhes deixa o campo livre para contar as suas próprias histórias e, portanto, é um benefício para todos!

Volto ao laço social de Joyce, dele mesmo enquanto livro, com seu público, seus comentadores e seus leitores. Poderíamos dizer a nós mesmos, já ouvi bastante isso, que se trata de um laço ordenado como um delírio de referência. No delírio chamado "de referência", como sabem, tudo se refere ao sujeito. O sujeito é aí o alvo e o centro de gravitação de todos os signos, ele é o único objeto mirado pelo curso do mundo, ou de seu mundo. Poderíamos dizer que o laço que Joyce quis é ordenado como esse delírio: ser lido, ser comentado, ser comentado até se fartar etc. Mas não se trata de um delírio.

Ele é sintomatologia

Gostaria de desenvolver algo que não desenvolvi até agora, apesar de já ter escrito bastante sobre Joyce. Faço isso a partir do que considero ser o ponto de estofo das teses de Lacan sobre Joyce, que se encontra nas duas Conferências de que falei.

Nelas, Lacan responde a três questões que ele mesmo se coloca. Ele responde à interrogação de saber se poderíamos dizer que Joyce era um santo. É algo que nos interessa, já que Lacan não recuou ao comparar o analista ao santo. Seria ele um santo? Um histérico? Uma mulher? Três questões. Ele responde: Joyce era *sinthoma*, o que é uma forma de responder negativamente às três primeiras questões.

A princípio, o que quero dizer é que não se trata de um delírio, porque Joyce não está fora do discurso – a tese, acredito que em suas Conferências, embora Lacan a formule de outra maneira, eu a deduzo –, na medida em que ele conseguiu se inserir em um dos discursos estabelecidos, que é o da Universidade. Vejam o que

Lacan afirma, após ter dito que Joyce não é um santo, cito: "Joyce, por sua vez, nada queria ter, exceto o escabelo do dizer magistral".[11] Já comentei o escabelo, não preciso me estender muito: o escabelo é aquilo, mediante o que um falasser [*parlêtre*], se iça – *oh hisse!* – enquanto homem, na comunidade dos homens, e não há forma de chegar a isso sem o enodamento das três dimensões.

Joyce, então, faz um escabelo para si com uma única coisa, segundo Lacan, e acho que ele está certo: "o dizer magistral", que é o dizer que fundamenta o discurso universitário (todos os discursos são fundados em um dizer, é esse também um ponto estabelecido desde "O aturdito" por Lacan). O dizer magistral não é o dizer do mestre, embora o dizer magistral da Universidade dissimule o significante mestre como sua verdade. Há, portanto, uma relação, mas não é o dizer do mestre.

"Joyce nada queria ter", diz Lacan.[12] O que quer dizer essa afirmação? Não significa simplesmente, vejam bem, que Joyce não queria saber nada. Não querer ter é uma coisa, querer nada ter é outra – designa uma vontade, ele queria nada ter. Essa afirmação, se refletirem bem, é uma tese clínica que diz implicitamente que Joyce não era histérico. Aliás, na página seguinte do mesmo texto, "Conferência II" – uma página conhecida, a qual muitos de nós comentaram, eu mesma inclusive, página célebre de clínica diferencial –, Lacan especifica o que é a posição mulher e o que é a posição histérica, e diz que apenas as lembra para dizer qual é a posição de Joyce, que não é nem uma, nem outra – nem mulher, nem histérico.

Lacan está certo de se colocar essas questões. O que essas duas questões impõem? Seria Joyce um histérico? Seria Joyce uma mulher? Parece-me que, certamente, poderíamos nos perguntar isso.

---

11 Lacan, J. (1975). Joyce, o Sintoma. In *Outros escritos*. Rio de Janeiro: Zahar, 2003, p. 563.
12 *Op. cit.*, p. 563.

No fundo, oferecer seu texto como pasto aos comentadores, como Joyce quis fazer, oferecê-lo no lugar de seu corpo, não *poderia* –trata-se de um condicional – ser uma mistura de desafio e de embuste histérico interpelando o Outro? Primeira pergunta que Lacan se colocou claramente.

Segunda questão: Lacan diz "Joyce, o *sinthoma*" bem no momento em que ele acabara de afirmar, nas lições anteriores, "uma mulher é sintoma"[13] e surge então a questão de saber se Joyce, o *sinthoma*, não seria uma versão do empuxo-à-mulher [*pousse-à--la-femme*].

A resposta de Lacan às duas questões é negativa.

Joyce não é histérico, ele quer nada saber. Não que o histérico queira saber, cuidado, mas o discurso histérico faz produzir um saber. Joyce não, tudo o que ele produziu, tudo aquilo que ele continua a produzir, é glosa sobre seu texto, o que não é a mesma coisa. Em outras palavras, o que ele faz é se remeter ao dizer magistral, para se fazer escabelo, para fazer atribuir a si mesmo seu nome de artista, ou melhor, para sancionar seu nome de artista, nome do qual Lacan diz que "ele faz todo o possível para que se pareça com o significante mestre",[14] o que quase poderíamos escrever no discurso universitário.

Joyce também não é uma mulher, pois ele não empresta o seu corpo. Uma mulher empresta seu corpo – ela é sintoma ao emprestar o seu corpo –, como um sintoma. É pela escrita, e não por seu corpo, que Joyce consegue constituir um *ego* para si mesmo, compor a si mesmo, em certo sentido, como um nó borromeano,

---

13 Lacan, J. (1975-1976). *O seminário, livro 23: O sinthoma, op. cit.*, p. 98.
14 Lacan, J. (1975). Joyce, o Sintoma. In *Outros escritos, op. cit.*, p. 566. "...a ironia do ininteligível é o escabelo de que alguém se mostra mestre".

em que se mantêm juntos o imaginário, o simbólico e o real. Isso o distingue radicalmente, em primeiro lugar, do empuxo-à-mulher [*pousse-à-la-femme*]; e, em segundo, aquilo a que ele se liga, evidentemente, não é qualquer coisa, é ao dizer magistral, com o qual ele se integra nesse discurso. Aí está mais ou menos o que queria dizer a respeito do laço social constituído por Joyce com, digamos... seu público.

Deixo em suspenso algo que tenho em mente, mas que pouco importa. Lacan diz "sintoma", ao final desse desenvolvimento, diz que Joyce "... é sintoma, e até mais: sintomatologia".[15] Isso agrega algo mais, que certamente seria preciso desenvolver, mas ficará para outra ocasião.

Apegos [Attachements] *não paternos*

Vejamos agora, um pouco, que lugar esse laço social, constituinte para Joyce, dá para os outros parceiros e, em particular, para aqueles que são geralmente os parceiros do sintoma pai, ou seja, a mulher e os filhos. Já lembrei extensamente a definição de sintoma pai naqueles anos para Lacan, não voltarei a isto.

É claro que sua mulher Nora, seu filho Giorgio, sua filha Lucia, não se situam no laço social constituinte do qual acabo de falar, e, não obstante, diria que Joyce estava agarrado a isto. Enfim, ocorre-me uma expressão, que talvez não seja apropriada na verdade, mas já que ela me ocorreu, lhes digo: ele se agarrava como o carrapato ao cão. Não se trata de uma boa expressão, mas ela mostra que isso era muito sólido.

---

15 *Op. cit.*, p. 566. "*Joyce não se toma por mulher, vez por outra, senão por se consumar como sintoma ... Eu diria que ele é sintomatologia*".

Lacan perguntou-se, e perguntou a Jacques Aubert, se Joyce se achava um redentor. É sempre a mesma dúvida: Joyce era louco? E as respostas são sempre negativas, em todos os textos. Ele se achava um redentor? Ele não conclui de forma positiva. O que fazia pensar no redentor, para esse artista que estava inserido no laço universitário? Bem, o que o fez pensar nisso, creio eu, é especialmente a frase de Joyce que indica que ele acredita naquilo que chama de "espírito incriado de sua raça". Lacan diz: "Mas crer que haja uma consciência [*esprit*] incriada de qualquer raça é uma grande ilusão".[16] Contudo, essa expressão introduz a questão do redentor. De fato, ela a apresenta e a responde ao mesmo tempo. Assim que falamos de espírito da raça, é claro que evocamos implicitamente a transmissão genealógica, a árvore genealógica e a transmissão paterna.

Mas Joyce renega seu pai e, quando diz "consciência incriada", nega a transmissão da consciência da raça. É uma expressão muito estranha, "consciência incriada da raça", pois ela convoca a transmissão paterna, por "consciência da raça", e a nega pelo termo "incriado". E então surge a questão: poderíamos facilmente dizer que um sujeito que apresenta a si mesmo como alguém que toma a seu encargo a consciência incriada da raça se acha um redentor, ou seja, que ele vai fazer ou reparar aquilo que o pai não fez: é isso, o redentor. Mas não, Joyce também não é um Cristo. Entre todas as coisas que ele não é, coloquemos também na lista que ele não é um Cristo, nem mesmo um santo. Se ele escapa, é sozinho.

Se ele se salva[17] sozinho por seu *ego* de artista, como situar a força indubitável de sua relação com Nora e com seus filhos? É preciso situar a especificidade.

---

16 Lacan, J. (1975-1976). *O seminário, livro 23: O sinthoma, op. cit.*, p. 68. No original: "Mais qui croit *qu'il y a une conscience incréée d'une race quelconque*. En quoi c'est une grande illusion".
17 "*Se sauver*" também pode ser traduzido por escapar, fugir. [N. T.]

Sozinho, mas não sem bagagens: Nora e as crianças tinham mais ou menos esse *status*, creio eu, de "bagagens". É uma imagem, é claro. Sabemos que um parceiro que nos importa pode ser tratado de formas bem diferentes: não vou tomar os exemplos clássicos que correm na teoria analítica, mas um parceiro pode equivaler a uma mala de dinheiro, quando é a mulher rica ou o homem afortunado, pode equivaler a um baú de dinheiro (vemos casais assim); um parceiro pode até mesmo equivaler a um animal doméstico ou a um móvel. Lacan menciona um caso desses em um de seus Seminários.

As bagagens, então, são outra coisa, uma pequena variação. As bagagens o acompanham em suas peregrinações, e Deus sabe que Joyce, exilado sem abrigo, conheceu muitas peregrinações mais ou menos necessárias, mais ou menos caprichosas. As bagagens o acompanham, podem ser despachadas em algum momento, às vezes incomodam, muitas vezes, inclusive, são pesadas, mas não as abandonamos, e é preferível que não as roubem.

Há uma anedota, que me impactou na primeira leitura, na biografia que Richard Ellman fez de Joyce.[18] Impactou-me por diversas razões, mas volto a ela por outras. (Ela havia me impactado por aquilo que indicava certa singularidade subjetiva de Nora. Mas não é o que me interessa hoje.)

Ela me parece hoje quase paradigmática do estilo da relação que eles tiveram por toda a vida. Richard Ellman aponta que, no momento da partida ao exílio, primeiro da Irlanda, chegando em Londres, e depois em Paris, acontece a mesma coisa nas duas cidades: a cada vez, ele deixa Nora com as malas em um parque e vai buscar seus conhecidos. E isso, por uma razão bem pragmática: é que a cada vez que Joyce parte, o faz apenas com o dinheiro para

---

18 Ellmann, R. (1982). *James Joyce*. New York, Oxford/Toronto: Oxford University Press (Versão brasileira: *James Joyce*. Rio de Janeiro: Globo, 1989).

pagar o bilhete, mas nada para a chegada. Quando chega, então, ele precisa colocar em prática todos os seus recursos para encontrar alguém que lhe empreste algum dinheiro. E assim, vai até a casa de conhecidos, sem avisar, e se não encontra um, procura outro e, a cada vez, acaba encontrando alguém, enquanto Nora espera com as bagagens. Temos a prova disso por uma confidência que ela fez em certo momento: da primeira vez achou que ele não voltaria. Ele tinha partido e ela estava no parque; esperando o homem que não voltaria. Haja paciência! E era a Irlanda do começo do século, para enquadrar a coisa subjetiva. Não nos esqueçamos que, de acordo com os números que li, havia, naquele mesmo ano, 17.500 irlandeses que haviam partido. O exílio, então, era quase uma tradição.

Ainda assim, lá estava ela no parque com as bagagens. E a cada ameaça de ruptura, pois Nora também pensou algumas vezes em partir, é a mesma história: ele retorna e a traz de volta.

Quanto às crianças, tudo indica que seus nascimentos sempre foram um problema e que ele não suportou a mudança que o parto produziu em Nora. Há uma carta escrita para a sua tia a esse respeito, depois do nascimento de Giorgio, o filho primogênito, na qual ele fala dessa mudança na relação e diz (isso nos indica como ele viveu o fato de Nora ter colocado uma parte da libido nessa criança): "Afinal, não sou um animal muito doméstico, e suponho que seja um artista".[19] Em todo caso, ele se queixa amargamente do nascimento de seus filhos. No entanto, ao mesmo tempo, cuidou bem deles. Voltarei a isso.

Digo, ainda assim, "bagagens" para o conjunto, pois é para caracterizar um laço com os parceiros que qualificarei de laço de

---

19 *Op. cit.*, p. 214. No original: "... I am not a very domestic animal—after all, I suppose I am an artist...".

adjacência,[20] um tipo de extensão do próprio sujeito. Percebemos claramente, quando estudamos as relações de Joyce com seus três parceiros, que a noção de amor é completamente insuficiente para dar conta do laço objetal. Seja ele qual for, aliás... o amor, como sentimento, não dá conta daquilo que cimenta um par. Pois é claro que Joyce amou aos três, seguramente. Nora era, para ele, uma mulher eleita, única. Lacan diz: "Para Joyce, só há uma mulher",[21] isso é mais raro, apesar de duas ou três veleidades sem importância.

Com relação a seus filhos, ele sempre se preocupou muito com eles. Joyce tentou promovê-los e os defendeu, fez de tudo para que Giorgio se tornasse tenor, pois havia uma tradição de canto e de tenor na família. Quanto à Lucia, ele a defendeu de forma incrível contra os psiquiatras, até o final, tanto o quanto ele pode.

Uso o termo "adjacência" para caracterizar esse laço um pouco singular. "Adjacência" poderia fazer pensar em um laço narcísico com os objetos, mas não é de forma nenhuma o que quero dizer.

Conhecemos, desde Freud, a relação narcísica com o parceiro. Freud definiu a escolha de uma maneira bem precisa e definitiva, é preciso dizer: a escolha do parceiro é narcísica quando o laço é fundado sobre o fato de que ele é escolhido com o modelo daquilo que se é, de si mesmo, ou seja, do que gostaríamos de ser, ou ainda, do que fomos. A escolha narcísica é sempre calcada no modelo próprio.

Para a relação com Nora, não há estritamente nada de semelhante, ao contrário, apenas disparidades. E inclusive, é bem claro que as pessoas próximas a Joyce estavam muito surpresas com a

---

20 *Attenance* no original. Trata-se de contiguidade, adjacência, dependência, sujeitamento etc. [N. T.]
21 Lacan, J. (1975-1976). *O seminário, livro 23: O sinthoma, op. cit.*, p. 81.

escolha por Nora, uma mulher inculta, para um homem que estava situado na cultura, de uma maneira bastante essencial.

Uma mulher "que não serve para nada"

Então, o que distingue o laço com Nora do laço com uma mulher no sintoma-pai? É isso o que eu queria explicitar. Vocês sabem qual é a definição de uma mulher no sintoma-pai? Lacan diz: "que a causa seja uma mulher que seja conquistada para lhe fazer filhos".[22] Sem dúvida, Nora é conquistada por ele, está claro, e é até mesmo uma conquista que não pode ser colocada em causa, ao que tudo indica. Mas em nome de que ela é conquistada?

Podemos dizer em que nome ela não é conquistada: ela não é conquistada em nome das afinidades intelectuais ou culturais. É o que acabo de mencionar. Ela é bonita – não disse que ela é bonita e burra, ela não era burra –, mas inculta. Não há afinidade sobre esse ponto. Não é, a esse respeito, uma escolha narcísica. Também não é uma mãe segundo o esquema freudiano. Forte, não é mesmo? Essa mulher nunca foi uma mãe para ele, ela nunca tomou conta de seu corpo, de seu conforto corporal. Eles eram paupérrimos e comiam todos os dias no restaurante! Não sei se Nora sabia fritar um ovo, em todo caso, ela nunca fazia isso. Então, desse lado, não, não vemos nenhum desacordo.

E então, mais delicado para perceber a partir dos textos e das correspondências, também não parece que ela tenha sido conquistada por ele em nome dos benefícios eróticos. Essa é até mesmo uma hipótese muito afirmada por Lacan, que diz que "ele só a enluva com a maior das repugnâncias".[23] Repugnância é um ter-

---

22 Lacan, J. (1974-1975). *O Seminário, livro 22: RSI*, inédito. Lição de 21/01/1975.
23 Lacan, J. (1975-1976). *O seminário, livro 23: O sinthoma*, op. cit., p. 81.

mo forte. Seria possível dizer que há cartas eróticas de Joyce para Nora? Sim, mas, justamente, as cartas eróticas não implicam o corpo a corpo. As cartas são escritas na separação, e a separação é, justamente, aquilo que deixa o terreno livre para a fantasia. Nas cartas eróticas de Joyce, lemos, deforma extremamente clara, um erotismo escatológico e masturbatório, mas o lugar de Nora não é particularmente legível.

Parece também, segundo as suposições que podemos fazer a partir dos textos, das cartase das confidências de uns e de outros, que depois dessas cartas quentes, quando Joyce voltava para casa, tudo mudava. Era muito menos quente e parece que não acontecia grande coisa. Então, não parece ser em nome do benefício erótico.

E também não é para fazer filhos que ela é conquistada por ele. Lacan assinalou que os filhos "não estavam previstos no programa".[24] É interessante que ele diga isso assim: "não estavam previstos no programa". Acho que Lacan fala assim, pois no sintoma-pai, tal qual o definimos, precisamente, os filhos estão no programa. É o que indica a expressão de Lacan "que ele adquiriu para lhe fazer filhos", o *para* apontando o objetivo, a finalidade.

Para Joyce, não apenas não estava no programa, mas era até mesmo um contraprograma, na medida em que, a cada vez, era um grande drama. Sabemos que Giorgio só foi registrado um ano após seu nascimento. Era James Joyce que tinha de ir registrá-lo, e ele não ia. Tinham lhe dado o nome de Giorgio, um irmão morto. Não seria tudo isso devido ao fato de que esses dois filhos não estavam no programa, no programa do sintoma escriturário [*scripturaire*] e nem do sintoma que o liga a Nora? Talvez isso não deixe de ter relação com o destino futuro de ambos – com a esquizofrenia de Lucia e o gravíssimo alcoolismo de Giorgio.

---

24 *Op. cit.*, p. 82.

Duas perguntas: qual é a função de Nora para Joyce, o que é essa mulher para esse homem? Como caracterizar a relação entre eles? As duas questões estão evidentemente intrincadas. Lacan se coloca essas questões e dá respostas, que se desdobram. Há uma expressão que vocês conhecem, que diz: "(entre eles) há uma relação sexual, ainda que eu diga que não há relação sexual".[25]

A resposta de Lacan está em duas afirmações, que vou desobstruir, porque no próprio texto está um pouco misturado.

Ele diz, primeira afirmação: "Ela não serve absolutamente para nada".[26] "É visível que apenas com a maior das depreciações é que ele fez de Nora uma mulher eleita."[27] "Ela não serve absolutamente para nada": frase que é preciso compreender, não é mesmo? E a segunda afirmação: "é preciso que ela lhe caia como uma luva".[28]

O termo de depreciação merece uma explicação, pois ele parece estar em contradição com todas as provas que temos da estima que Joyce tinha por Nora: ele a estimava. Da mesma forma, poderíamos dizer a nós mesmos que "ela não serve absolutamente para nada" está em contradição com o que parece patente, ou seja, que ele a usou a vida toda. E, inclusive, observem que uma luva, serve/cerra [*ça sert/serre*][29] (escrevam como quiserem).

"Depreciação" não designa uma depreciação narcísica das qualidades próprias à Nora. Designa uma depreciação acerca do que ela é como mulher. Ele a deprecia na medida em que não faz dela uma mulher-sintoma, o sintoma sendo o que serve e o que mais

---
25 *Op. cit.*, p. 81.
26 *Op. cit.*, p. 82.
27 *Op. cit.*, p. 81.
28 *Op. cit.*, p. 82.
29 *Sert* em francês significa "serve" e *serre* significa "cerra", "aperta", ambos são homofônicos. [N. T.]

apreciamos, o que há de mais real para apreciar, ainda que, às vezes, seja às suas custas. Nem sempre é cômodo! Podemos dizer isso de outra forma, se quiserem, de forma mais fácil de entender intuitivamente: Nora não serve a seu traje fálico – Lacan fala do traje fálico de Joyce – não é ela que o garante, é a sua escrita.

Se entrarmos nessas explicações, entendemos a ideia que Lacan tinha daquilo que é apreciar uma mulher, ao contrário de depreciá-la. Apreciar uma mulher, o postulado da afirmação de Lacan, o implícito de sua afirmação, é elevá-la ao nível de sintoma. Ou seja, fazê-la servir para o gozo. É completamente diferente de valorizá-la narcisicamente. Hoje, aspiramos a sermos reconhecidos por todo mundo e, especialmente, pelos parceiros. Na ideia de Lacan, em todo caso, valorizar uma mulher como sintoma é valorizá-la em um nível no qual a paridade não faz nenhum sentido; a paridade que é hoje o objeto de uma reivindicação, socialmente legítima em todos os níveis. No nível erótico, não faz nenhum sentido, já que, no fundo, esse nível – o de uma mulher sintoma de um homem – está fundamentado na incomensurabilidade dos sexos e não sobre a sua paridade. Eles podem ser pares em muitos aspectos, mas nesse nível específico, não.

Não é contraditório: ele podia estimar a Nora, sua simplicidade, suas boas qualidades, sua retidão, sua fantasia, sua maleabilidade na vida. Essa Nora tinha muitas qualidades! Sua biografia é muito interessante. Mas ele não a usou como sintoma, e é por isso que Lacan diz: "Ela não serve absolutamente para nada".

Por não ser sintoma, ela pode lhe cair bem, como uma luva. O sintoma é aquilo que nunca cai bem como uma luva. Gostaria de explicar um pouco mais isso.

Quando usamos a expressão: "me cai bem como uma luva" ou "lhe cai bem como uma luva", o que significa "cair como uma luva"? É uma expressão que conota a ausência de toda e qualquer aspereza na relação. E a relação com o sintoma é feita de asperezas: há Outro no sintoma.

Detenho-me agora um pouco nessa questão. Lacan diz: "ela lhe cai como uma luva virada ao avesso".[30] Já comentei muitas vezes essa questão, outrora. Lacan fala bastante da luva ao avesso, revirada.

Usar a construção de uma luva ao avesso tem seu interesse e seu sentido, em função do fato de que na relação especular há uma assimetria, isto é, que a imagem no espelho que parece idêntica à imagem por ele refletida é, no entanto, assimétrica: o que está à direita na imagem fica à esquerda no espelho. E no plano de simetria do corpo, a mão direita, equivalente à mão esquerda – equivalente para não dizer idêntica à mão esquerda – no entanto, não pode se sobrepor à mão esquerda, é por isso que a luva da mão direita não serve na mão esquerda, a não ser que a viremos do avesso. Se virarmos do avesso a luva, a da mão direita serve perfeitamente à mão esquerda com, no entanto, um probleminha, que Lacan não deixa de apontar ironicamente: é que se a luva tiver um botão – há luvas que têm botões –, o botão que estava no exterior do lado direito, uma vez virada do avesso, fica no interior do lado esquerdo e reintroduzimos uma disparidade. Lacan evidentemente aproxima esse botão do clitóris e, portanto, da problemática fálica.

Entendemos, assim, o sentido dessa referência à luva virada ao avesso: é que, na relação especular, a simetria entre a imagem e seu reflexo assinala a manutenção de uma heterogeneidade entre o sujeito e o objeto – a imagem sendo o primeiro objeto – uma

---
30 *Op. cit.*, p. 81. Na tradução, em português, diz "A luva virada ao avesso é Nora. É o jeito de considerar que ela lhe cai como uma luva". [N. R.]

heterogeneidade irredutível, até mesmo no objeto mais idêntico, mais especular. A luva virada ao avesso anula a simetria em questão e anula, portanto, o heterogêneo e a diferença que havia entre a imagem e seu reflexo. O que restava de disparidade no nível especular é anulado pela luva ao avesso: é uma operação de anulação da diferença.

Dizer que "ela lhe cai bem como uma luva ao avesso" designa, então, uma relação na qual, não apenas o *héteros*, o que nós chamamos agora de o "não todo" [*pas-tout*] está ausente, mas na qual até mesmo a diferença especular é superada. E é disso que tratava ao falar de uma relação na adjacência. É um tipo de transitivismo objetal não recíproco, o qual, evidentemente, gerou grandes obrigações para Nora, assim que ela consentiu com essa relação, não apenas a obrigação de suportar a vida depravada que ele lhe deu, a obrigação de suportar a sua pessoa, de se dobrar aos seus caprichos, suas decisões de se mudar, por exemplo, mas, ainda mais, a obrigação de olhar para ele de maneira exclusiva e de olhá-lo com o olho que ele mesmo se olhava.

Formulo isso assim, em termos escópicos, para designar justamente uma relação na qual a *esquize* do olho e do olhar, em outras palavras, do sujeito e do objeto, é, de alguma forma, anulada. Percebemos isso na carta que mencionei há pouco, que ele escreveu à sua tia e na qual se queixa, na ocasião do nascimento de Giorgio, de não ser mais considerado pelo olhar do artista. É por isso, creio eu, que Lacan fala de uma relação, em seguida vou mostrar que não se trata de uma relação sexual, para designar essa relação de adjacência que, no fundo, reduz a objeção que introduziria o botão da luva, a saber a objeção que viria de uma disparidade fálica.

Digo "adjacência" [*attenance*] para marcar a diferença também com "pertencimento" [*appartenance*]. Não é, em absoluto, uma relação de possessão e, ao mesmo tempo, não se trata de uma relação mestre-escravo. Ele não a larga, mas não está em uma posição de mestre em relação a ela.

Sobre esse ponto, aliás, seria preciso estudar o ciúme de Joyce: ele é bem especial. Digo "adjacência" no fundo e quase poderia ter dito dependência, no sentido em que falamos das dependências de uma residência: como sabem, existe a casa principal e existem as dependências ao redor, e sem essas dependências a casa já não seria casa. Pouco importa a expressão que a gente use.

Agora, um passo adiante. Poderíamos dizer: esse Joyce foi realmente bem esquisito. É verdade, ele foi, sem dúvida alguma! Mas se dissermos isso, temos então a surpresa de ver que Lacan, tendo desenvolvido essa relação de luva ao avesso, que vem no lugar do sintoma tal qual ele é na *père-version* paterna, tendo então elaborado esse ponto a respeito de Joyce, o generaliza para todos, para todos. Para todos! Encontrarão isso na lição de 10 de fevereiro de 1976 – e, como sabem, sou daquelas que acham que é preciso dar importância ao que Lacan diz e é preciso dar importância a tudo o que ele diz – e, então, nesta lição, depois de ter falado sobre tudo o que acabo de falar, ele passa, pois, a falar de toda a espécie humana em geral, poderíamos dizer.

Ele falou do objeto *a*, do botão, e disse: "Nesse giro, o que aparece é que, no final, tudo o que subsiste da relação sexual é essa geometria que aludimos a propósito da luva. É tudo o que resta à espécie humana como suporte a relação".[31] É muito preciso, não é apenas para Joyce, sim para todos, que há uma função dessa geometria (trata-se de geometria) da luva ao avesso. Insistirei nisso, pois acho que se trata de um desenvolvimento que ressaltamos

---

31 *Op. cit.*, p. 83.

pouco, do qual extraímos pouco, mas que tem importância, pois é um desenvolvimento que completa a tese do parceiro-sintoma.

A tese do parceiro-sintoma é uma tese que se desenvolve no nível simbólico e real e que deixa o imaginário de lado. E aí, Lacan reintroduz a consideração do imaginário na tese do parceiro-sintoma. Explico um pouco isto. Só um pouco, não vou dar conta antes do fim deste encontro. Relembro apenas um ponto.

Lembro a vocês as fórmulas da tese do parceiro-sintoma. Há duas afirmações sucessivas para conseguir dizer "o parceiro é sintoma". Primeiro, o que é colocado em *RSI*, que mencionei muitas vezes, é a definição do sintoma como uma função da letra, o que se desdobra assim: o sintoma é gozo, a função é o gozo de um elemento do inconsciente, a letra é o elemento do inconsciente. Podemos escrever a letra S_1, se quisermos. É a primeira afirmação: gozo de um elemento do inconsciente.

Lacan acrescenta: uma mulher é um sintoma, o que quer dizer que ela empresta o seu corpo ao gozo para o parceiro desse elemento do inconsciente. Ou, em outras palavras, é a letra, esse significante S_1, que confere ao corpo do homem seu parceiro pelo viés do corpo de uma mulher. Sendo assim, quando falamos de corpo, é o corpo do gozo. Daí a afirmação de Lacan "fazemos amor com nosso inconsciente",[32] no duplo sentido da palavra "com": quer dizer que o inconsciente é o instrumento da copulação e que é, ao mesmo tempo, o parceiro.

Retomarei isso no próximo encontro. Isso nos dá uma definição do sintoma que está entre simbólico e real, e o corpo, como imagem, não está localizado nessa definição.

---

32 *Op. cit.*, p. 123. Na versão em português, consta a seguinte frase: "No final das contas ele [o homem] faz amor com seu inconsciente, e mais nada". [N. R.]

8. Exilado da relação sexual

28 de abril de 2004

Lembro a vocês o ponto de perspectiva de minha explanação sobre Joyce. Minha questão geral, relendo esses seminários de 1975, *RSI*, *O Sinthoma* e as "Conferências"[1] que vão com eles, é tentar retomar, atualizar e esclarecer o que esses textos trazem de novo à questão do Nome-do-Pai, principalmente, e partindo da questão da nosografia clássica.

Estava avançando no estudo dos laços sociais do próprio Joyce, e, em particular, na questão de sua relação com Nora, "a mulher eleita que não serve para nada",[2] a partir da própria expressão de Lacan. Voltarei a isso, pois não é simples.

---

1 "Joyce, o Sintoma" (I), publicado em Lacan, J. (1975-1976). *O seminário, livro 23: O sinthoma*. Rio de Janeiro: Zahar, 2007, pp. 157-165; e "Joyce, o Sintoma" (II) publicada em Lacan, J. *Outros escritos*. Rio de Janeiro: Zahar, 2003, pp. 560-566.
2 Lacan, J. (1975-1976). *O seminário, livro 23: O sinthoma*. Rio de Janeiro: Zahar, 2007, pp. 81-82.

Lembrava, então, que Lacan definia a relação entre eles, sua conexão, pela geometria da luva ao avesso, com a ideia de que ela lhe caía como uma luva. É preciso situar a singularidade desse "cair como uma luva", pois, como já disse e insisto a respeito disso, não se trata de algo que seja geralmente comentado. Lacan, após ter dito isso, faz todo um desenvolvimento a respeito da geometria da luva ao avesso, que vale para todos os *falasseres* [*parlêtres*]. Lembro a frase:

> *tudo o que subsiste da relação sexual é esta geometria à que aludimos a propósito da luva ao avesso. É tudo o que resta à espécie humana – não é Joyce – como suporte para a relação. E é nisso, aliás, que essa espécie está desde o início engajada dessas questões da bola de ar no vidro*[3]*..., da esfera, do concêntrico....*[4]

Em outras palavras, a ideia de Lacan, é simples: é que a copulação, sexual, dos corpos passa pelo imaginário da luva ao avesso.

Tudo serve ao gozo

O que ressalto, é que essa tese completa, borromeanamente, a definição do sintoma que Lacan usa nesta época e que ele introduziu no ano seguinte em *RSI* e até mesmo antes, em "A terceira".

Esta definição do sintoma, se prestarmos atenção, retrospectivamente, após ter lido esse trecho, não envolvia o corpo, ou os corpos, já que ele definia o sintoma como função de gozo da letra. Dito de outro modo, é uma definição do sintoma como um misto,

---
3 "*Des affaires de soufflure*" pode ser traduzido por "temas de cavidades". [N. T.]
4 *Op. cit.*, pp. 83-84.

um misto de simbólico – se colocarmos a letra como um S_1 na conta do simbólico, um elemento do inconsciente – e de real – se colocarmos o gozo na conta do real. Para gozar de uma letra do inconsciente não é preciso necessariamente do corpo de um parceiro. A copulação da letra e o gozo têm modos bem diversos. Uma das mais simples é a conversão histérica, na qual o significante goza no próprio corpo, não necessariamente em casal. Mas há também outros modos e, por fim, a escrita de Joyce é um deles.

A escrita de Joyce ilustra perfeitamente essa possibilidade de gozar da letra sem passar, nesse caso, nem pelo próprio corpo, nem pelo corpo do outro. Inclusive, entendemos por que, no nó borromeano, desde "A terceira", e em *RSI* também, Lacan inscreve o sintoma como um transbordamento do simbólico sobre o real, mas fora do imaginário, como mostram seus desenhos – não os coloco na lousa porque vou me atrapalhar, é melhor olhá-los com calma nos textos. É um sintoma que é situado fora do imaginário. O real como gozo do significante, no sintoma, não implica necessariamente a relação de dois corpos do par sexuado. Acredito que é por isso, nesse texto, que Lacan convoca o imaginário da geometria para dar conta não de todo sintoma, mas da copulação com o parceiro sexuado, para dar conta, portanto, dos casos nos quais o gozo da letra do inconsciente se conjuga, ou melhor, se enoda, ao gozo de um outro corpo. E é certo que as representações geométricas do espaço são veículo de muitas imagens que convocamos nas representações eróticas. Imagens de saco, imagens de furo, de esfera, de bola, de bolhas, furadas ou não furadas, furos como imaginamos, diz Lacan, a partir dos orifícios, oral e analmente – "até chorando" ele diz. Podem ainda pensar nessa representação, ou melhor, imaginação, que encontramos na clínica, do órgão feminino como um pênis invaginado. Vemos bem isso, quando Lacan convoca esse imaginário geométrico, que ele não está muito longe de um certo número de fatos.

Há várias outras representações. Recentemente, me falaram de um caso, um pequeno detalhe clínico que me pareceu bem interessante acerca disso. Trata-se de uma jovem que poderíamos dizer – não é um diagnóstico, é apenas descritivo – que é obcecada pelo órgão masculino. Não que ela o use. Ela não faz nenhum uso dele, mas pensa nele o tempo todo. E essa pessoa produzia a seguinte pequena ficção: digamos que ela sonhava com uma aproximação dos corpos que poderia ser idêntica ao enlace perfeito de duas superfícies planas. E ela se enfurecia em pensar que havia uma aspereza sobre as duas superfícies planas: a aspereza peniana, é claro, do outro sexo. Era, portanto, uma pequena "imaginarização", poderíamos dizer, da própria redução da luva e daquilo que penetra na luva. Trago esse exemplo simplesmente para dizer que Lacan, ao evocar o imaginário da geometria da luva, não está em uma fantasmagoria tão longínqua de tantos dados.

Precisamos, então, entender a especificidade do casal Joyce-Nora em relação a isso. Que o imaginário da luva do avesso esteja em tudo, para todos os falasseres [*parlêtres*], e desde os primeiros anos do primário, nas brincadeiras das crianças, isso não implica, em absoluto, que o parceiro caia como uma luva. Pois – é o que mostra o caso da jovem de quem falei há pouco – até mesmo no imaginário da geometria da luva há o que chamarei de "objeção fálica". Há um ponto negro sobre a superfície. Lacan menciona não apenas o botão da luva que introduz, mas também uma pequena aspereza ao virar a luva do avesso, mas ele traz em seguida, as pintas [*points noirs*]. Esse botão de luva ou essa pinta é uma metáfora para designar a objeção fálica. Será que, entre Joyce e Nora, "ela lhe cai como uma luva" quer dizer que há um levantamento da objeção fálica, que no fundo a objeção fálica não atua? É isso que quer dizer "ela lhe cai como uma luva". Mas por que dizer que ela não serve para nada? Porque uma luva serve, ao menos, para envolver. E isso me leva a examinar a questão seguinte: para que serve o parceiro no par sexuado?

A questão "para que serve?" é algo que escutamos muitas vezes, a respeito de duas coisas precisas: a respeito da filosofia e, com mais frequência, a respeito da arte e da estética em geral. "Para que serve" é o que Lacan chama de "a mania do útil". A mania do útil não atua no discurso analítico, e vou lhes dizer por quê. Ela vem dos outros discursos. É o que Lacan percebe em sua "Introdução à edição alemã dos Escritos",[5] um texto muito, muito importante: tendo evocado a mania do útil, justamente, ele diz o seguinte: "à parte aquilo que serve, existe o gozar".[6]

Aí está então, uma grande e simples oposição, o que poderíamos inclusive converter, para responder à questão "para que serve". Serve para gozar. Mas não estaria completamente certo. Essa oposição binária, se refletirmos um pouco, não se sustenta muito, é preciso torná-la complexa. E, aliás, lembro a vocês que Marx, o inventor do sintoma segundo Lacan, já havia tentado tornar complexa essa oposição. Falo da distinção que Marx faz entre o que chama de valores de uso e os valores de troca. Não vou entrar em muitos detalhes, evoco isso meio de memória.

Um valor de uso é sempre um valor de gozo, seja qual for a forma como se define este gozo, e ele pode ser diverso. Em Marx todos os objetos que são necessários têm valor de uso, primeiro para a sobrevivência, para continuar gozando da vida, de acordo com a expressão comum. Necessários, portanto, para a sobrevivência ou

---

5 Lacan, J. (1973). Introdução à edição alemã de um primeiro volume dos *Escritos*. In *Outros escritos*. Rio de Janeiro: Zahar, 2003, pp. 550-556.
6 *Op. cit.*, p. 553.

necessários para ornamentar a vida, é claro, não é apenas no nível da estrita necessidade de sobrevivência.

Ao passo que os valores de troca, dos quais o dinheiro é o protótipo, são aqueles que servem para adquirir os valores de uso.

Daí coordenada com essas distinções, a definição que ele dá do proletário. Como já disse muitas vezes – voltando à definição antiga do proletário, já que o termo vem da Antiguidade –, o proletário é aquele que não tem nada para trocar a não ser seu corpo, sua força de trabalho. Na Antiguidade isso era sua força de reprodução. Ele não tem nada para trocar a não ser sua força de trabalho para assegurar o mínimo de valor de uso necessário para a sua sobrevivência e a de seus próximos.

Vemos que há aí uma tentativa de introduzir distinções. No entanto, essa bela oposição também não se sustenta muito. Há um certo número de fatos que mostram que isso tem uma certa validade, mas limitada.

Pensem primeiro no que é a troca. É uma prática que não é mais muito habitual em nossas sociedades; nas sociedades em que era muito desenvolvida, porém, ela mostra que os valores de uso podem ser trocados diretamente, sem passar pelos valores de troca.

Também há o *potlatch*, fenômeno muito interessante descrito pelos etnólogos, que é um desperdício, ou mais, uma destruição organizada e coletiva dos bens de uso em momentos de encontro e em prol de práticas de hospitalidade. Em momentos de encontro, os valores de uso são destruídos. Aqui, percebemos a necessidade de trazer uma pequena nuance.

E depois, sobretudo, o terceiro traço que evocarei, mais perto de nós e mais conhecido por nós: o sintoma, bem conhecido, da avareza. A avareza existe, como sabem, e consiste em gozar do puro valor de troca do dinheiro. Quer seja em dinheiro vivo, em efetivo, no passado, quer seja por meio das contas bancarias hoje. A avareza eleva o objeto de troca por excelência ao *status* de um objeto de gozo. É o contrário da troca de certa forma. Tudo isso para dizer que não se deve parar na oposição do útil e do gozar como se fosse uma última palavra sobre o assunto.

Talvez isto nos leve a outra definição do útil, distinta daquela que opõe o útil ao gozar. É, preciso, sem dúvida, se perguntar aquilo que serve ao gozo, aquilo que é útil ao gozo. Daí se compreende o que eu estava dizendo há pouco, que na psicanálise não há a mania do útil. Pois, o postulado primário, de base, da psicanálise, da interpretação analítica é que nada é inútil, tudo serve ao gozo. Quando interpretamos, é isso que postulamos. Talvez, então, isso não salte aos olhos, pois poderíamos dizer: "mas não, quando interpretamos um discurso, uma conduta, atos, buscamos o sentido". Está certo. E Lacan, no mesmo texto no qual ele opõe o útil ao gozar, diz isso outra vez. A psicanálise entrega ao analisante o sentido de seus sintomas. Só que o sentido é o sentido do gozo. Há um laço estreito entre sentido e gozo, e é por isso, aliás, que não há senso comum ou obstáculos no sentido comum. Lacan formula isso de maneira explícita ao dizer "sentido este que denuncia a função de gozo...".[7] Dizer o sentido de algo é denunciar a sua função de gozo. Denunciar – este termo é forte – não deve ser tomado, me parece, no sentido de uma condenação, mas no sentido de revelação, de fazer aparecer, senão não entenderíamos mais nada.

O laço do sentido e do gozo, não sei se ele parece evidente para vocês, merece ser bem pensado, bem trabalhado. Ele aparece

---

7 *Op. cit.*, p. 551.

de forma muito simples nos próprios fenômenos da vida cotidiana. Esse grande fenômeno, que se multiplica em nossos dias, da sensação de falta de sentido [*non-sens*], há cada vez mais sujeitos que se queixam da falta de sentido da existência, falta de sentido da vida, que às vezes chegam à análise com isso, na entrada. A sensação de falta de sentido da vida é estritamente correlativa à insuficiência do gozo. Freud percebeu isso e formulou, em outros termos, os seus termos, dizendo – como já evoquei várias vezes – que quando alguém entra na sensação de falta de sentido, é porque sua libido está doente. Freud não dá voltas com suas expressões. Isso quer dizer falência ou momento de falência da libido. Posso reformular isso precisamente em termos de gozo insuficiente e, consequentemente, deflação do lado do desejo. O que serve ao gozo? Mais ou menos tudo: a língua, a linguagem, o significante, o objeto, o sintoma. Quando se chega ao término da elaboração de Lacan, percebe-se que, com efeito, tudo serve ao gozo, estando entendido que há modos de gozo. Digo "gozo", no singular, mas ele não é no singular. Contudo, é assim. Esse utilitarismo não combina com a exigência do amor. E é um drama. Na demanda de amor, o sujeito não quer ser útil ao gozo do outro, seja ele qual for. Ele não quer satisfazer nem ao narcisismo do outro, nem a seu gozo sexual. Não é o mesmo gozo, o narcisismo e o gozo sexual, mas são dois tipos de gozo. O sujeito não quer ser útil, ele quer ser amado, como se diz, gratuitamente, ele não quer servir, não quer que se tire proveito dele. E ele se queixa e protesta a cada vez que se dá conta de que serviu para algo. Em linhas gerais, ele não quer servir à satisfação do outro. Isso é a demanda de amor incondicional. É muito sensível na vida a dois, é claro, mas é muito sensível, de forma mais originária, na relação entre pais e filhos, e é aí que isso se manifesta em primeiro lugar.

Remeto vocês a uma pequena passagem para refletirem, presente no texto "Observações sobre o relatório de Daniel Lagache",[8] no qual Lacan tenta precisar novamente, contra as definições de Lagache, suas próprias definições do ideal do eu e do eu ideal.

O ideal do eu, sem problemas, é formado por significantes que definem os objetivos aos quais o sujeito quer se igualar, ou pensa que deve se igualar. O ideal do eu define, como dizemos de modo mais banal, o nível de exigência.

Ao passo que, no que diz respeito ao eu ideal, Lacan dá uma definição interessante. O eu ideal é aquele que quer ser amado a despeito do comando, ou seja, incondicionalmente. É aquele que testa o amor pela desobediência.

Conhecemos esse caso, crianças insuportáveis que põem a prova o amor dos pais, não pela obediência, ou seja, pela conformidade daquilo que lhes é pedido, pela tentativa de serem boas crianças, mas que o fazem justamente ao contrário. Isso permite entender o quanto o sujeito, na exigência de amor, recusa servir, neste caso preciso, ao narcisismo do outro, ao narcisismo dos pais. Poderíamos, inclusive, retomar a história do filho pródigo. Isso funciona. Conquistar o amor pela não conformidade. E conhecemos também, nas famílias, essas queixas de algumas crianças que protestam, pois elas fizeram tudo certo – a melhor filha, o melhor filho, tudo o que os pais esperavam, tudo o que eles exigiam –, e então percebem que tal irmão ou que tal irmã, que fez todo o contrário, tem um lugar completamente privilegiado no sentimento dos pais. Não é justo, mas é assim. Isso nos faz entender até que ponto há aí uma tensão entre a exigência de amor e a posição sintomática de um sujeito, ou melhor, o que ele é sintomaticamente para o outro,

---

8 Lacan, J. (1960). Observações sobre o relatório de Daniel Lagache. In *Escritos*. Rio de Janeiro: Zahar, 1998, pp. 653-691.

aquilo para que ele serve e aquilo para o que ele não quer servir. Essa é a fronteira.

O valor erótico

No casal sexual – e ainda tenho Nora e Joyce como pano de fundo –, para que serve uma mulher? Está muito claro, não há necessidade da psicanálise para nos darmos conta disso: ela tem um valor de uso erótico. Mas ainda é preciso ver qual,como. Sobre esse ponto, é surpreendente – não sei se é surpreendente, mas me surpreende – ver a diferença entre Freud e Lacan.

Em Freud, e ele é bem claro sobre isso, o valor erótico de uma mulher deriva da mãe. Há em Freud uma confusão entre a mulher e a mãe que vai muito longe, até o valor erótico. E na ideia de Freud, o valor erótico de uma mulher na relação sexual se sobrepõe, ou, deveria dizer como termo de Freud, se apoia no valor nutritivo e protetor da mãe. E no fundo, Freud insiste para dizer que é a primeira relação com a mãe que é essencial. Contrariamente ao que temos tendência a fazer hoje na psicanálise, Freud não a denuncia em absoluto, ao contrário, ele diz que é esta primeira relação de corpo com a mãe que condiciona todas as suas capacidades futuras, capacidades de amor e capacidades eróticas futuras para um sujeito. Quando digo relação de corpo com a mãe, trata-se de uma relação dupla, já que há a função nutritiva, de proteção, e já que há a função erótica da criança também. Na relação sexual, tudo o que Freud diz nos faz pensar que, para ele, aquilo que deriva da satisfação das primeiras necessidades do lactente e o que é propriamente gozo sexual se conjugam, se apoiam, se conservam de alguma forma.

Isso o conduz a uma afirmação que considero exagerada, como já comentei, que um casal só resiste se a mulher consegue tratar o homem como a sua criança. É exagerada em vários níveis, do ponto de vista do homem, assim como do ponto de vista de uma mulher e, principalmente, pois sabemos pela experiência, que não há nada como isso para produzir o desmoronamento de uma vida amorosa no homem. E o próprio Freud diagnosticou o desmoronamento da vida amorosa. Então, há um probleminha aí. Em todo caso, a mulher tratar o homem como seu filho, para Freud, quer dizer, no fundo, se fazer de mãe. Que ela se faça de mãe para o seu homem, com essa condição a relação será durável e as capacidades eróticas se conjugariam a isso magicamente.

Em Lacan, o foco é bem diferente, como sabem, já que, desde o começo, ele distinguiu a função materna e a função de uma mulher. Não vou seguir seus desenvolvimentos, são muito extensos, mas isto o conduz a uma tese do parceiro-sintoma – que já mencionei no começo do ano: uma mulher é um sintoma para um homem – após ter primeiramente dito, durante muito tempo, que ela era objeto. Não é contraditório. Ele produz a fórmula "uma mulher é um sintoma para o homem",[9] na lição na qual ele redefine o "Um pai" [*Un père*]. Mas, mais essencialmente, é preciso ver o que quer dizer essa frase. Ela é solidária da definição do sintoma que recordei há pouco a vocês, e que Lacan detalha, de uma forma que já expus, em *RSI*. Lembrei a definição do sintoma-letra, misto de simbólico e de real, em que ele diz, na lição de 18 de fevereiro de 1975 precisamente: "o sintoma não é definível senão pelo modo como cada um goza do seu inconsciente".[10] "Modo com que cada um goza do seu inconsciente", é claro, já que gozamos de uma letra do inconsciente, eventualmente passando por um outro corpo. Há muitas maneiras de gozar do inconsciente, como disse há pouco. Para isto,

---

9   Lacan, J. (1974-1975). *O Seminário, livro 22: RSI*, inédito, Lição de 21/01/1975.
10 *Op. cit.*, p. 37.

podemos usar a literatura – como Joyce –, podemos também usar uma mulher, podemos usar uma criança, voltarei a isso. Na versão que direi, para encurtar, edipiana, trata-se de uma mulher, e, mais exatamente, de seu corpo, o qual, graças ao imaginário da luva ao avesso, permite ao sujeito homem gozar, não apenas com seu órgão, mas gozar com o seu inconsciente. É realmente preciso extrair as consequências dessa tese. Há seguramente, nesse caso particular, uma relação com a mãe, mas a mãe que essa "uma mulher" é, não para o seu homem – Lacan nunca teria proferido uma coisa destas –, mas para os filhos que ela lhe dá, o que não é a mesma coisa. Eis para que serve uma mulher na versão edipiana: para gozar de seu inconsciente e para ter filhos. É apenas uma versão do parceiro-sintoma, é preciso ter em conta isso. Não há sequer razão para considerar que é a normal.

Nora, eleita indispensável para Joyce, não é sintoma para ele. Seu sintoma é sua escrita – essa é a tese de Lacan, é preciso ter isso bem em mente. Joyce, para gozar da letra e para fazer dela uma nomeação – são duas operações diferentes: gozar da letra e fazer dela uma nomeação – não passa pelo corpo de Nora. Basta que Nora o acompanhe, só isso. Dizer que ela é uma luva ao avesso é dizer que ela não é sintoma, é por isso que Lacan diz que ela não serve para nada. Ela não serve para aquilo a que serve uma mulher-sintoma. Ela, de certa forma, é simplesmente um envelope. Nesse sentido, poder-se-ia, sem exagero, dizer que ela tem uma função de apoio do sintoma Joyce, a saber, apoio de seu *ego*, esse *ego* singular do qual parte a tese de Lacan é que ele se confunde com seu nome de artista, e que é graças a ele que o nó do imaginário, do simbólico e do real se sustenta para Joyce. Seu *ego* se confunde com seu nome de artista; o corpo não está concernido, nem o de Joyce nem o de Nora, mas o que interessa aí é a manutenção do nó borromeano. No máximo, poder-se-ia, então, dizer que ela é um apoio ao sintoma Joyce.

Isso produz uma relação sexual? Deter-me-ei nessa questão, a qual acredito que, em geral, é mal lida. Lacan diz, lembro a vocês, na lição do dia 13 de janeiro de 1976, que entre Nora e Joyce há uma "relação esquisita". Ele diz até, mais precisamente, que "há uma relação sexual, ainda que eu diga que não há relação sexual. Mas é uma relação sexual bem esquisita".[11] Quer isso dizer que há, como em Schreber, uma relação sexual com Nora? Porque, para Schreber, Lacan afirma muitas vezes, há uma relação sexual com Deus. Ele reforça essa afirmação naquele momento, dizendo que há relação sexual somente com Deus. É muito complicado, enfim, considero complicado; dei a mim mesma uma resposta, que apresentarei a vocês, do que Lacan quer dizer quando ele afirma "há relação sexual". A relação de Schreber com Deus não tem comparação com a relação de Joyce com Nora, isso salta aos olhos. A relação de Schreber com Deus implica certa dimensão sacrifical. No entanto, se olhamos para Joyce, buscaríamos em vão o menor traço de posição sacrifical em sua vida em geral, e com Nora ainda menos.

A não relação sexual revelada a Joyce

O que faz obstáculo, em geral, à relação sexual, a que se faça relação, como disse há pouco, é a objeção fálica. E entre Nora e Joyce não há a objeção fálica, ela lhe cai como uma luva. Não há objeção fálica, pois é a sua arte que lhe assegura o seu traje fálico, como diz Lacan. Não é no nível do sexo que isso se assegura para ele. Não há a objeção fálica, mas há uma objeção à relação sob outra forma, que chamarei de objeção egótica [*égotique*], para criar equívoco com *ego*, é claro, e conservando o sentido da palavra *égotique* em

---

11 Lacan, J. (1975-1976). *O seminário, livro 23: O sinthoma*, op. cit., p. 81.

francês.[12] Para criar equívoco com o seu *ego*-sintoma que permite que ele mantenha juntos o imaginário, o simbólico e o real. A objeção egótica em Joyce é aquilo que inicialmente faz obstáculo a que ele se tome como redentor – já desenvolvi esse ponto. Lacan se pergunta, mas não conclui de forma positiva. Faz objeção também a que ele institua Nora em uma posição sintoma, ou em uma posição que poderia dizer divinizada. Nora não é o Deus de Joyce. Em outras palavras, é o que tentarei lhes mostrar, não há relação sexual, no sentido forte do termo, entre Nora e Joyce, apesar da relação esquisita que Lacan evoca. Lacan é muito categórico a respeito disso, só que o problema está em como se lê Lacan.

Digo que Lacan é categórico e explícito sobre esse ponto na lição do dia 13 de janeiro de 1976, o Seminário que precede aquele em que ele fala da relação esquisita (entre os dois há um outro, mas não é Lacan que fala disso, mas Jacques Aubert; então, é a lição anterior de Lacan). Ele fala do texto *Exilados*,[13] que deveriam traduzir por "Exílios" (em inglês *Exiles*), para dizer que esse texto foi escrito "durante o reino de Nora". O reino de Nora designa, na verdade, o primeiro momento da relação deles, momento no qual se pudesse ter havido relação sexual, teria ocorrido. No entanto, o que Lacan diz é denso: "*Exiles* é verdadeiramente a aproximação de alguma coisa que é para ele o sintoma. O sintoma central. É claro, o sintoma feito da carência própria da relação sexual".[14] Ele não está afirmando "há relação sexual", mas diz que seu sintoma central é, para ele, a carência da relação sexual, no próprio momento do reino de Nora, ou seja, do enamoramento com relação à Nora.

---

12 Em francês, a palavra *égotique* deriva do vocábulo *égotisme*, isto é, uma "disposição a falar de si, a fazer análises detalhadas de sua própria personalidade física e moral", ou ainda "culto ao eu, mania particular de falar de si". [N. T.]
13 Joyce, J. (1914). *Exilados*. São Paulo: Iluminuras, 2003.
14 Lacan, J. (1975-1976). *O seminário, livro 23: O sinthoma*. Rio de Janeiro: Zahar, 2007, p. 68.

É preciso colocar essas páginas do dia 13 de janeiro, um parágrafo inteiro que comentarei com mais detalhes, em relação com o que vem depois, quando ele diz "relação esquisita". Como é que ele explica, ou melhor, como é que desdobra essa ideia do sintoma central da carência da relação em Joyce nessa página? Com relação a *Exílios*, ele afirma que não há termo melhor para expressar a não relação. Carência da relação sexual quer dizer não relação. Lacan fala de Joyce e de Nora nessa página, é preciso ler o que ele escreve. E ele comenta: "é que não há verdadeiramente razão alguma para que ele (Joyce) considere uma-mulher-entre-outras, como *sua* mulher".[15] E ele desdobra: "Uma-mulher-entre-outras é igualmente aquela que tem relação com outro homem qualquer [pouco importa que homem] e que [essa mulher] não é outra, senão Nora".[16] E ele nos diz que *Exílios* nos conta isso. E, de fato, Joyce, desde o começo, disse de imediato a Nora que ela nunca seria sua mulher, no sentido em que ele nunca casaria com ela. "Casar" quer dizer "você é minha mulher", até se não durar. Será que podemos confundir isso com uma relação sexual como a de Schreber? Acredito que não.

Afirmo que não há relação sexual entre Joyce e Nora, no sentido que tentarei explicar em seguida. Desenvolvo isso, pois me esforço em fazer de Lacan uma leitura exaustiva, metódica. Disse isso em Bordeaux, se – eu estou dizendo "se", não somos obrigados a isso – quisermos nos orientar bem no ensino de Lacan, temos que nos impor uma disciplina de leitura, e principalmente para os últimos textos de Lacan, pois nesses últimos textos ele já não faz nenhum esforço didático. No começo, ele fazia muitos esforços didáticos; no final, já não faz nenhum, e deixa todo o trabalho para o

---

15 *Op. cit.*, p. 68.
16 *Op. cit.*, p. 68. Colchetes nossos. [N. T.]

leitor, e o trabalho, é claro, se quisermos nos orientar, é de pegar o conjunto das asserções e tentar entender a lógica. Caso contrário, usamos as asserções de Lacan um pouco como o consumidor usa as prateleiras do supermercado, ou seja, *à la carte*. Pegamos a frase que nos agrada, aquela que vai no sentido que queremos no momento em que falamos.

Percebo que nos comentários desse texto – e, aliás, a crítica se dirige a mim mesma, pois comecei assim – se dá muita importância ao "há uma relação sexual esquisita", e nunca se comenta a lição anterior, que diz exatamente o contrário. Vejamos com mais detalhes a página 68, esse exílio da relação sexual. Quer isso dizer que Joyce é como todo mundo, para quem não há relação sexual? Creio que não. Há uma particularidade de Joyce: ela não se situa nem na relação sexual como a de Schreber, nem na posição indistinta. Sua particularidade, e é o que Lacan diz nesse parágrafo, é que seu exílio da relação – a não relação que, de certa forma, é para todos – se revela para ele enquanto que, em regra geral, não se revela para todos. É exatamente por isso que foi preciso toda uma elaboração freudiana e toda a elaboração de Lacan para tirar daí a tese. Se se revelasse a qualquer um, saberíamos de antemão. Isso não se revela, portanto. Como é que podemos desconhecer a não relação sexual? – aliás, mesmo quando ficamos sabendo dela nos livros, nem sempre ficamos convencidos. É bem simples: conseguimos ignorá-la, pois cada um espera encontrar o seu par, para retomar os termos usados por Lacan em outros textos. Algumas vezes até se encontra, encontra-se alguém, que é o seu par, e quando se dá conta de que não era ele, então diz a si mesmo, "não era a pessoa certa". E, ou continua a esperar, ou renuncia. É assim que acontece normalmente. Quem vai concluir "não há relação sexual?" É preciso ser Joyce. Ele encontra Nora e escreve *Exílios*. Acontece ao mesmo tempo. Em outros termos, ele escreve que Nora, essa mulher entre outras, com a qual ele se ligou de maneira tão definitiva, bem poderia também ter relação com qualquer outro homem, mas que ele não tem razões para vê-la como sua. É o que Lacan escreve explicitamente. Vemos que o que falta à Joyce aí é a possibilidade de fazer de Nora o seu sintoma.

Entendamos bem, vou resumir, a lógica do que Lacan introduz em suas páginas. A primeira tese é a da lição de janeiro: o encontro com Nora, o reino de Nora, confrontou-o com o exílio da relação. Em vez de cobrir a não relação, como acontece normalmente, isso desvelou a não relação para ele, não relação da qual ele dá testemunho no texto *Exílios*.

Segundo passo lógico: a questão que se coloca em saber, então, é qual é a função de Nora, se ela é ou não o sintoma que encobre a não relação. O que é essa mulher eleita, única, que ele não pode considerar como sua? Ela não é a sua, pois ele mesmo não se considera como um homem entre outros. Em segundo lugar, então: o que é ela então, ela que o confronta com o exílio? Resposta: uma esquisita relação de luva ao avesso, o que traduzo como "um envelope imaginário", que anula a disparidade do outro sexo. Isso, de fato, produz uma relação bem esquisita, mas ela não é sexual. Não é uma relação de gozo, nem sintomática, nem uma relação sexual no sentido forte do termo. Para esclarecer um pouco a coisa, retomarei a questão do que se trata quando há relação sexual.

Mas, inicialmente, o "não há relação sexual": Lacan o introduz mais para o final de seu ensinamento. É em "O aturdito" que ele fala mais disso. Ele situa esse enunciado como o dizer de Freud. A frase é de Lacan, mas ele a coloca como sendo uma frase que formula o dizer de Freud. Dito de outro modo, uma frase que situaria o que é o diagnóstico implícito de Freud sobre o casal. Faz referência, em Freud, parece-me, ao fato de que tudo o que Freud diz sobre a sexualidade volta sempre à sua teoria do falo, por um lado, e das pulsões parciais, por outro. É claro que esse "não há relação sexual" é uma foraclusão que não caracteriza uma patologia, mas a sexualidade vinda tal qual a psicanálise pode esclarecê-la. Não é uma patologia, especialmente não se trata da psicose, e não é uma patologia de todo mundo.

Podemos comentar esse "não há relação sexual" de duas maneiras, para ir bem rápido nesse ponto.

É que, como diz Lacan, no inconsciente, isto é, na linguagem, o sexo, o outro sexo, não se inscreve mediante nenhum sinal. E Lacan pode reler o seu matema S($\cancel{A}$), como notando, entre outras coisas, essa ausência do signo que inscreveria o outro sexo. Um único signo, então – isto é Freud –, esse falo, com relação ao qual os dois sexos se situam, diferencialmente.

O segundo ponto é que os gozos não fazem laço. Usarei uma fórmula que me parece boa, como dizemos hoje. É que o gozo de um é incomensurável com o do Outro, grande O, maiúscula. O gozo do Um, o homem, fálico, é incomensurável com o do Outro sexo, suplementar. Isto é a não relação.

O que é a relação sexual na psicose?

É certo que se trata de uma expressão tardia de Lacan, como a afirmação de que não há relação sexual. Muito cedo, Lacan ressaltou que há uma economia do gozo, se é que posso usar esse termo, diferente na psicose e na neurose. Aliás, não é preciso Lacan para constatar isso, que é da ordem das constatações clínicas: há fenômenos de gozo anômalos da psicose.

Em 1966, na tradução das *Memórias de um doente dos nervos*, no prefácio que ele fez nos *Cahiers pour l'analyse nº 5*, Lacan já tentava extrair uma fórmula que caracteriza a psicose, entenda-se a paranoia, dizendo "o que nos permitirá uma definição mais precisa da paranoia como identificando o gozo no lugar do Outro".[17]

Para dizer a verdade, o sentido dessa frase em si mesma causa problema. Já a desenvolvi em outra ocasião, ela não designa simplesmente a fantasia do perseguido que consiste em apresentar a si mesmo e a viver como a vítima de um Outro que goza e quer lhe prejudicar e que goza por lhe prejudicar. A fantasia de um Outro que goza não é o próprio da paranoia, e, inclusive, não há nenhuma fantasia que seja própria de uma estrutura clínica. É uma tese de Freud, que Lacan retoma e que é incontestável. As fantasias, no sentido de representações imaginárias da relação com o Outro, são transestruturais. Se a frase de Lacan quisesse dizer apenas isso, ele não diria nada. Identificar o gozo no lugar do outro diz outra coisa, e só entendemos isso se ressaltarmos o termo "lugar do Outro".

O Outro, enquanto lugar, não é um Outro real, não é um ser vivo – ele não existe. O lugar do Outro é um lugar repleto de linguagem, de significantes, mas vazio de vida, vazio de gozo, deserto de gozo. Essa é a definição do Outro em Lacan. Quando ele diz "lugar do Outro" é isso o que quer dizer. É por isto que, quando ele fala do corpo, do qual falei no ano passado, ele fala do corpo que incorpora o lugar do Outro, e se torna um corpo deserto de gozo. A frase "identificar o gozo no lugar do Outro" designa, na paranoia, a não separação, ou melhor, a separação incompleta do significante e do gozo. É o essencial dessa frase.

Essa separação incompleta do significante e do gozo, é preciso dizer, é patente na fenomenologia da psicose de Schreber.

---

17 Lacan, J. (1966). Apresentação das *Memórias de um doente dos nervos*. In *Outros escritos*. Rio de Janeiro: Zahar, 2003, p. 221.

Trabalhamos nesse texto (é um texto vasto) ao longo de um ano inteiro com alguns colegas em Sainte-Anne. O Deus de Schreber, é explícito no texto de Schreber, é a soma de todos os pensamentos que foram pensados desde a origem dos tempos. Deus é um texto em expansão, que absorve todo o texto dos pensamentos que foram pensados, e Schreber faz parte disso com seus próprios pensamentos, é claro. Mas, ao mesmo tempo, esses pensamentos são não apenas condição de gozo, mas pensamentos de gozo, pensamentos de volúpia, pensamentos gozados. E Schreber, de certo modo, nos descreve uma experiência na qual há muito mais do que um par entre Schreber e Deus. Há esse par Schreber e Deus, mas de certa forma duplicado, sustentado por outra fusão – a fusão dos pensamentos e do gozo. No lugar de pensamentos, coloquemos significantes. Schreber fala, em particular, de seus pensamentos. É nesse sentido que podemos dizer que a paranoia faz existir o Outro, isto é, que ela reintroduz o gozo no lugar em que ele não está normalmente.

Nesse texto de 1966, não se trata de uma questão sobre uma relação sexual, já que Lacan não havia formulado ainda o "não há relação sexual". É apenas mais tarde, depois de ter situado o "não há relação sexual", que ele chega a dizer: exceto a relação sexual com Deus, sobretudo a de Schreber.

Retomo. Isso supõe entender bem que, quando Lacan introduz que não há relação sexual, mas que há o sintoma, ele dá um passo considerável, no Seminário 20, *Mais Ainda*, como poderia dizer... não para reduzir, mas para modular a oposição do significante e do gozo. E acabou percebendo que o significante está no nível da substância gozante. Simplificando, é como dizer que o significante é sempre – é claro, ele não volta em relação à tese – alguma coisa que detém [*fait halte*] o gozo, como ele mesmo diz, ele é também vetor, até mesmo objeto de gozo.

Trata-se de dizer que ele tem um sentido duplo. Lacan ressaltou a princípio a primeira função: o significante, a linguagem, causa da falta de gozo, causa da limitação de gozo. Grande tese bem estabelecida, que foi assimilada, admitida.

Mas ele introduz, em seguida, que ele é também causa do que resta de gozo. É a tese do parceiro-sintoma, a saber, que onde há S($\cancel{A}$), o significante da falta no Outro, os significantes do inconsciente o suprem. Não há relação sexual, mas há uma relação sintomática. Na maioria dos casos, a relação sexual homem/mulher é uma relação sintomática. Não há no inconsciente o signo do Outro; pois bem, há significantes que fazem suplência a ele. Isso implica que a relação sintomática não é uma relação de um ao Outro, mas uma relação de Um com Um. Explico, tomando emprestada uma fórmula de Lacan que afirma isso. Ele diz: o homem – o Um, portanto – faz amor com seu inconsciente. Não apenas no sentido instrumental do *com*, mas no sentido do parceiro. O que quer dizer que não há acesso ao Outro, ao Outro sexo, no ato sexual.

Falei de uma objeção fálica à relação. Posso dizer aqui, uma objeção sintomática. Posso escrever isto de diferentes formas, são formas de escrever para tentar tornar a coisa compreensível.

Isso pode ser escrito, por exemplo, retomando o matema da fantasia. Posso dizer: a relação sintomática é uma relação do um com o parceiro-sintoma.

$$UM \lozenge \Sigma \to UM \lozenge UM$$
$$\Sigma = J(UM)$$

Mas, como Lacan definiu o próprio sintoma como um gozo do Um, um gozo de um elemento do inconsciente, a relação sintomática é uma relação de Um a Um. Essa relação sintomática, consequentemente, implica uma exclusão do Outro (grande A) do Outro sexo ou do Outro gozo. Não há acesso ao Outro no ato, isso é bem sensível.

Seria possível escrever a mesma coisa com outra escrita, partindo-se do S($\bar{A}$) como escrita de foraclusão estrutural e dizer que o Um do sintoma vem substituí-lo.

$$\frac{\Sigma}{S(\bar{A})}$$

É nesse sentido que a não relação sexual, mais do que a relação sintomática como uma não relação sexual, implica aquilo que chamo de "incomensurabilidade dos gozos em jogo". Uma forma de dizer isso seria afirmar que o próprio Um se encontra no lugar em que o parceiro está, esse "próprio" sendo o "próprio" de seu inconsciente.

O que pode ser isso quando há relação sexual? Há dois casos, há duas exceções à não relação sexual mencionadas por Lacan. Não coloco Joyce aí, como entenderam.

Há, primeiramente, a relação com Deus na psicose, da qual Schreber continua sendo o paradigma.

E essa coisa estranha, a relação entre gerações; isso é mais difícil de entender. Lacan disse isso uma vez, mas não explicou, portanto, todo o trabalho está aí para nós. Seria preciso tentar. Tentarei no próximo encontro, então, explicar, a mim mesma e, consequentemente, a vocês, como entendo os casos em que se pode dizer que há relação sexual, e nos quais estamos nessa estrutura da relação sintomática. A particularidade de Joyce sendo, então, de que não há nem relação sexual, nem relação sintomática com Nora. Espero que isso esteja claro.

9. O parceiro do psicótico

12 de maio de 2004

Estava estudando as teses de Lacan sobre a relação sexual que existiria ou não de acordo com as estruturas, para, então, chegar a situar, de forma mais completa, essa noção. Recebi muitos retornos que davam notícias das dificuldades encontradas, e talvez não tenha sido clara o bastante. Voltarei um pouco, então.

Há duas questões.

Por que Lacan pode afirmar "não há relação sexual"? É preciso, obviamente, responder primeiro a essa pergunta se quisermos entender o que significam os casos nos quais ele afirma que há relação sexual. Dou a resposta de pronto, mas vou esmiuçá-la em seguida. Não há relação sexual porque há o inconsciente.

Segunda questão: o que acontece com o parceiro sexuado quando a objeção à relação sexual, por causa de inconsciente, é levantada?

Em princípio, retomarei os passos que levam à fórmula "não há relação sexual". Acredito que tudo já estava ali antes da fórmula. Deixo Freud de lado por enquanto, tomo a questão em Lacan. Antes de chegar a dizer "não há relação sexual", como Lacan situou o casal sexual? Entendo por isso aquele que emparelha não apenas os significantes (homem-mulher), mas os corpos sexuados, que também envolvem a reprodução dos corpos. Poderíamos formular a questão de outro modo, em termos que seriam mais próximos, talvez, dos de Freud: em que condição a imagem de um semelhante sexuado pode ser investida pelo desejo inconsciente?

Há no ensino de Lacan duas respostas sucessivas.

A primeira diz que esse objeto de desejo é investido como objeto da fantasia. Essa resposta é produzida muito cedo por Lacan, e ela é, de certa forma, mantida até o final. Em outras palavras, a fórmula seria: o parceiro é fantasmático; e poder-se-ia escrever o par sexuado com o matema da fantasia:

$$\$ \lozenge a$$

A segunda resposta de Lacan – que não invalida a primeira, mas a completa e a torna mais complexa também – é que o parceiro é investido em termos de sintoma. Já mencionei isso muitas vezes. É mais tardio esse conceito, são as teses de 1974-1975, especialmente nos Seminários *RSI* e *O sinthoma* que comentei. Diríamos, antes, que a escolha aí é sintomática. Da mesma forma que seria possível escrever a primeira elaboração com o matema da fantasia, poderíamos, forçando um pouco, retorcendo um pouco a escrita, escrever o par:

$$\$ \lozenge \Sigma$$

Nos dois casos, percebem que o parceiro é determinado pelo inconsciente. Freud, aliás, não desconhecia isso, isso vem dele de certa forma. Em Freud, essa tese seria dita de outra maneira, mas ela está presente de forma latente já que ele afirma que a escolha do parceiro, a escolha do objeto, é repetitiva, em outras palavras, programada pelo inconsciente.

O parceiro fantasmático

Volto, então, a uma etapa mais conhecida do ensino de Lacan, segundo a qual o parceiro é fantasmático. Há muitos textos, mas encontrarão o essencial, se quiserem voltar a eles para estudá-los novamente, em "Subversão do sujeito e dialética do desejo",[1] mais particularmente na página 838 dos *Escritos*, em que a tese é totalmente explícita.

Lacan, ao falar do desejo do homem, diz que ele institui "o predomínio, no lugar privilegiado do gozo, do objeto *a* da fantasia que ele coloca no lugar do *A*".[2]

O objeto *a* da fantasia, nesse estrato da elaboração, é ainda qualificado como imaginário, e o lugar de *A* é o lugar do gozo. Ora, o Outro barrado não existe sem a instauração da cadeia inconsciente, que Lacan escreve em seu grafo no andar superior, a cadeia do inconsciente sendo, na construção que ele faz dela, solidária da dimensão da castração. Inclusive, no mesmo texto de "Subversão...", nas páginas subsequentes a isso que li para vocês, Lacan acrescenta uma precisão muito explícita, a saber, que a fantasia, tal como ele a escreve, contém o (-φ) da castração, função imaginária da castração. A fantasia contém o (-φ), que pode estar tanto do lado do *$*, quanto do lado do objeto: castração imaginária do sujeito, mas

---

[1] Lacan, J. (1960). Subversão do sujeito e dialética do desejo no inconsciente freudiano. In *Escritos*. Rio de Janeiro: Zahar, 1998, pp. 807-842.
[2] *Op. cit.*, p. 838.

também castração imaginária do objeto. Poder-se-ia escrever essa tese, $\cancel{S}$ punção de *a*, adicionando sob a barra o (-φ) da castração.

$$\frac{\cancel{S} \lozenge a}{-\varphi}$$

É a ausência de pênis do lado do objeto feminino, e é, do lado sujeito, a castração imaginária do neurótico. Lacan desenvolve isso nas páginas seguintes.

O que há de notável nesse texto, e que merece realmente que nos detenhamos nele hoje, é que Lacan aplica essa tese à própria homossexualidade, já que ele ilustra essa concepção do par estruturado como a fantasia e incluindo a castração, pelo exemplo da dupla Alcibíades e Sócrates, que ele estudou, desdobrou, nesse seminário extraordinário que é o Seminário 8, *A transferência*.[3]

A tese a respeito de Sócrates é a mesma que para o objeto feminino. Sócrates está no lugar do objeto precisamente em razão do fato de que, na pequena história entre Alcibíades e Sócrates, como Lacan diz cruamente, Alcibíades não viu o pau [*la queue*] de Sócrates:[4] elisão do órgão e talvez elisão do objeto do desejo em Sócrates.

* * *

Faço aqui um parêntese para tentar presentificar as teses mais difíceis de Lacan por meio daquelas que parecem mais assimiladas. Sobre essas questões referentes à escrita da fantasia no grafo e à sua articulação na cadeia inconsciente, é muito interessante reler

---

3 Lacan, J. (1960-1961). *O seminário, livro 8: A transferência*. Rio de Janeiro: Zahar, 2010.
4 *Op. cit.*, p. 840.

o Seminário 5, *As formações do inconsciente*,[5] já que é nele que Lacan constrói seu grafo, e que, inclusive, podemos constatar que ele ainda não tem todas as fórmulas definitivas que vai apresentar em "Subversões do sujeito...". Mas Lacan tenta se fazer entender, explicar o que é precioso para o leitor. Esse Seminário, então, é muito rico em observações que não foram mantidas no escrito, mas que esclarecem, me parece, o texto dos *Escritos*, ou ao menos as vias que o conduziram até ali, sobretudo os três últimos capítulos a respeito da questão do falo e da construção da cadeia do inconsciente.

Lacan tenta explicar nesse Seminário como se constitui o inconsciente a partir do Outro que nos fala na origem, mostrando, assim, que essa constituição é solidária do efeito castração. Há toda uma elaboração muito interessante de ser relido – acontece que tive de relê-lo para um seminário que precisei dar na Espanha, e fiquei impressionada de ver como se tratava a problemática.

Quando fala da questão do falo, Lacan não dispõe ainda, nesse Seminário 5, das escritas que ele vai usar em "Subversão do sujeito...". Vocês se lembram, sem dúvida, que ele tenta desdobrar o problema do falo a respeito do caso de neurose obsessiva que Bouvet comentou, caso muito interessante e que merece ser relido. Isso nos lembra oportunamente o que é uma neurose obsessiva, pois creio que esquecemos um pouco dela!

Evidentemente, como em toda neurose, a referência ao falo está por todo lado. E Bouvet conhece apenas uma expressão para todas as referências ao falo: inveja do pênis. Todas as interpretações vão nesse sentido único: ela gostaria de ser um homem. É a partir daí que Lacan tenta insistir de outra forma.

---

5 Lacan, J. (1957-1958). *O seminário, livro 5: As formações do inconsciente*. Rio de Janeiro: Zahar, 1999.

Ele ainda não havia escrito a distinção entre pequeno phi (-φ) e grande phi Φ, que ele introduz em "Subversão do sujeito...", (-φ) que é o significante da falta e que ele chama de significante da castração imaginária, e Φ que ele qualifica, então, como significante do gozo.

Em *As formações do inconsciente*, não tendo essa distinção, ele formula todas as diferenças em termos de lugar. E quando a referência fálica aparece, a primeira pergunta a se fazer, segundo ele, é: a que lugar isto é convocado? E ele distingue três lugares, que podemos inscrever no grafo. Em primeiro lugar, temos a linha da relação especular – estou partindo do andar inferior do grafo. Temos, em segundo lugar, a linha da fantasia e depois, em terceiro lugar, temos a linha da cadeia superior, que é a cadeia inconsciente, em que ele escreve a falta do Outro simbolizado.

Talvez não seja inútil reescrever o grafo. Transcrevo-o sem seguir as etapas da construção:

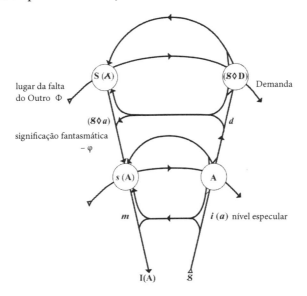

Há, então, a linha da constituição do sujeito que passa pelas duas cadeias significantes: a cadeia da fala comum e a cadeia do inconsciente, que Freud teria chamado "recalcada". Escrevemos na figura embaixo à direita, o lugar do grande Outro, e do lado esquerdo temos o significado do Outro; tomada nessa cadeia primeira temos a imagem do Outro e a relação especular. Em cima na figura, para além do Outro primordial, o enigma do desejo ao qual responde a significação fantasmática, e em cima, à esquerda, a significação $S(\bar{A})$.

Evidentemente, a direção das flechas é determinante.

Lacan convoca a referência fálica em três níveis: o nível especular, o nível da determinação do desejo pela fantasia – é o que eu escrevi há pouco ($-\varphi$) – e o nível da cadeia inconsciente, no lugar da falta do Outro.

No nível especular, abaixo de tudo, $a\text{-}a'$, ele situa o falo, colocado em jogo na luta rivalitária com o semelhante, sempre presente em toda neurose, embora seja diferente na neurose obsessiva e na neurose histérica.

Na neurose obsessiva, Lacan sempre ressalta, quer seja um homem ou uma mulher, vocês encontrarão o rival (ou a rival) mais potente. Nesse nível, embaixo, quase seria possível escrever ($+\varphi$).

Na histeria, isso se apresenta de forma um pouco diferente, como ocorrência de uma identificação com o portador do órgão (Dora e o Sr. K.). Estamos no nível do que poderíamos chamar de o "falo-narcisismo" – em francês, *phallo* pode se confundir, me dou conta ao dizer, mas é certo que ao falar do narcisismo, não é sempre fácil distinguir falicismo e narcisismo. Tudo isso se situa no nível da relação com o semelhante.

No nível do (-φ) da castração imaginária, a referência fálica tem outra função. A função é representada eminentemente pela ausência do pênis ou de seu equivalente do lado do objeto. Em Sócrates, dizia há pouco: o que constitui Sócrates como objeto de Alcibíades é justamente seu recuo sexual – "ele não viu seu pau".

Quanto ao Φ maiúsculo, Lacan o evoca com clareza, apesar de ainda não o escrever. Ele tem fórmulas muito eloquentes: é o significante que representa a operação do significante sobre o Outro, entendam aí o Outro primordial, que geralmente a mãe encarna. Ele também dá uma definição preciosa da castração: é a marca do significante sobre o Outro, mas não a marca de qualquer coisa, e sim, a marca da falta de inscrição do gozo. É o paradoxo dessa escrita: é o significante do gozo, mas na medida em que ele falta em ser inscrito no Outro.

Termino aqui meu parêntese sobre a referência fálica ligada à incidência do inconsciente.

* * *

Volto ao parceiro. O parceiro, escrito como objeto *a*, é um parceiro determinado pelo inconsciente. O desejo se agarra a um objeto "programado" pelo inconsciente... É exagerado dizer "programado", pois os encontros não são programados, mas o objeto da fantasia está perfeitamente inscrito e, então, nesse sentido, programado.

Essa incidência do inconsciente na escolha de objeto fantasmático está claramente inscrita no grafo por três flechas que convergem sobre a fantasia, dentre as quais uma vem da demanda e outra vem do significante da falta do Outro. A tese é freudiana, a escolha é sempre sobredeterminada pelo inconsciente, e nos capítulos do Seminário *As formações do inconsciente* que cito para vocês, Lacan explicita isso: estar sobredeterminado pelo inconsciente é sempre estar sobredeterminado pelo complexo da castração.

Afinal, a incidência do inconsciente na escolha do objeto que a psicanálise contribui em esclarecer é perceptível fora da psicanálise. No fim das contas, em cada um, em sua relação com seus objetos e especialmente com seu objeto privilegiado, o desejo – ao que responde a significação fantasmática – é sempre o que afasta o sujeito da conformidade e das evidências do bom senso. O que faz com que cada um pareça sempre, por algum lado, um pouco doido é a fantasia, fora do bom senso. Isso, inclusive, se percebe ainda mais nos psicanalistas do que nos outros, precisamos admitir! Há uma razão para isto... Enfim, deixo de lado as razões, vão buscá-las vocês mesmos.

Por fim, essa incidência do inconsciente sobre a escolha do objeto é o que faz com que não seja qualquer mulher que convenha a qualquer homem e vice-versa; e é surpreendente perceber que aquilo que nos mamíferos se chama época do cio, na qual o macho busca uma fêmea – períodos nos quais, *grosso modo*, todo macho pode ir até uma fêmea qualquer –, pois bem, essa dimensão, instintiva, é completamente apagada na espécie falante.

O parceiro-sintoma

"Parceiro-sintoma" agrega a consideração do gozo ao parceiro fantasmático que é o parceiro do desejo. Certamente, é apenas em 1974 que Lacan começou a se interessar pela questão do gozo do parceiro, mas antes de chegar à fórmula do parceiro-sintoma, ele a tinha integrado complexificando sua concepção do objeto *a* e indicando que esse objeto *a* não era apenas causa do desejo, mas também condensador de um mais-de-gozar.

Quando Lacan introduz o parceiro-sintoma, isso não renega o que vem na sequência, pois na relação de par, o parceiro do desejo e o parceiro do gozo são, ao mesmo tempo, disjuntos e articulados. Isso se vê bem claramente: um homem pode desejar uma mulher e não gozar dela, mas sem desejo, ele sequer se aproxima dela, da tal mulher; logo, nem pensar em gozar dela!

A tese de *RSI* sobre o sintoma, que evoquei muitas vezes, dá uma nova definição do sintoma: o sintoma gozo da letra. Ela não conecta apenas o gozo ao inconsciente por meio do objeto mais-de-gozar, mas por meio da letra. Lacan diz: "o sintoma opera (isto) selvagemente".[6] Para mim, o exemplo mais claro, conhecido por todos, na clínica freudiana de um sintoma-letra, é o sintoma do rato no Homem dos Ratos. Nesse caso, o rato é mesmo um elemento vindo do inconsciente, e, ao mesmo tempo, uma representação, um significante, que muito antes de seu sintoma o Homem dos Ratos alucinou sobre o túmulo de seu pai e que, no roteiro do suplício, é claramente um elemento gozado. Percebe-se que Lacan, com sua nova definição, não fez uma elucubração distanciada da clínica.

Portanto, entre um sujeito e o parceiro de seu par, o parceiro na medida em que é outro humano, digamos uma mulher ou um homem, há sempre a tela de outro parceiro, quase parasita, o parceiro inconsciente. Pode-se escrevê-lo assim:

$$\text{Sujeito} \lozenge \underset{\Sigma}{\overset{\text{Ics} \downarrow}{a}} \bigg| \text{parceiro}$$

Se escrevo o sujeito, e ao lado o seu parceiro, no sentido do outro do par, as elaborações de Lacan que acabo de lembrar nos mostram que, entre esses dois, nessa relação inter-humana, há um

---
6 Lacan, J. (1974-1975). *O seminário, livro 22: RSI*, inédito. Lição de 21/01/1975.

outro parceiro que se inscreve: seja na primeira etapa, o objeto *a*, seja na segunda etapa, o sintoma, mas em todo caso, é um parceiro determinado; e até mesmo dizer programado pelo inconsciente. O que dizer, então, do parceiro do par? Será um representante [*tenant-lieu*], um suporte do parceiro inconsciente? Por que não dizer um semblante? Voltarei ao semblante. E compreendem por que Lacan diz: no sintoma, e em particular no sintoma par, se goza de seu inconsciente. O sintoma é modo de gozar não do parceiro efetivo, mas de seu inconsciente. É de onde vem a brincadeira que Lacan gostava: no fim das contas, no fim do baile de máscaras, percebe-se que não era ele, não era ela![7] Essa é a referência, bem conhecida, ao jogo das mascaradas entre os sexos.

Poderíamos encontrar outras metáforas para dizer isso. Acontece que, recentemente, uma analisante me trouxe uma que acho bem sugestiva. É uma metáfora de tauromaquia. Essa senhora, falando de suas dificuldades com os homens – a série: o chefe no trabalho, o marido, talvez até um antigo analista – os comparava a touros. Não era de forma alguma a ideia de imputar-lhes brutalidade, era por causa da cegueira do touro. Ela comentava que, para o touro, o toureiro não existe, ele vê apenas o pano vermelho. É a base de toda tourada, a obtusão do touro. Poder-se-ia dizer, seria uma boa metáfora, que o inconsciente dá para cada um o seu pano vermelho! Mas acontece que, com o inconsciente, todo mundo ignora a cor de seu pano! Às vezes é preciso longas repetições na vida, e também muita análise, para começar a suspeitar da cor do pano de cada um ou, talvez, o desenho que está inscrito no pano. Mas é isso o pano vermelho: o que desencadeia o impulso para o touro, o que vale para ele como equivalente da pulsão humana e do desejo humano.

---

7   Lacan, J. (1971). *O seminário, livro 18: De um discurso que não fosse semblante*. Rio de Janeiro: Zahar, 2009, p. 148.

Cada um com seu pano vermelho, quer dizer que o ser real do outro permanece foracluído na relação de par, o que muitos fatos atestam. Isso constitui o drama de muitos casais.

Digamos isso de forma diferente, de um modo mais conhecido na psicanálise – volto à metáfora primordial: cada um só vê e só reage à máscara e à marca que seu inconsciente coloca sobre o rosto e sobre o corpo do outro. É uma metáfora que Lacan emprega no Seminário *A angústia*[8] para dizer: imaginem que vocês se encontrem frente a uma louva-deus gigante e que vocês têm uma máscara, mas não sabem qual! Vocês podem ter razões para se preocupar caso tenham sobre o rosto a máscara do macho da louva-deus gigante.

Se retomarmos essas elaborações, o casal homossexual é exatamente idêntico ao casal hétero, origem da referência a Alcibíades e Sócrates em "Subversão do sujeito...". Poder-se-ia dizer que se trata de algo um pouco exagerado o fato de que, para evocar o objeto masculino, ele evoque um casal homossexual. O casal hétero e o casal homo são idênticos, não em tudo, mas no fato de que, nos dois casos, há o parceiro inconsciente interposto; e há o pano vermelho ou a máscara, que não existem sem a castração. O que faz com que seja mais "auto" do que "homo" ou "hétero" – "auto" no sentido de que é com o seu inconsciente, na verdade, que o sujeito, no fim das contas, copula.

No Seminário *A transferência*, de uma forma que desarma por sua simplicidade, Lacan tratava da separação que sempre existe entre o objeto do desejo e o objeto da realidade. Isto é, em outros termos, aquilo que ressalto. Por fim, poderíamos dizer, a respeito do parceiro efetivo, que ele se mantém Outro, e é por isso que coloquei os traços de separação. E a respeito dele, poder-se-ia dizer

---

8 Lacan, J. (1962-1963). *O seminário, livro 10: A angústia*. Rio de Janeiro: Zahar, 2005.

o que Lacan afirma sobre o analista: ele faz semblante de objeto, o que não designa, em absoluto, uma simulação, mas o fato de emprestar sua presença, de se fazer suporte do objeto do outro ou do sintoma do outro. A interposição do inconsciente é isso: que o parceiro da realidade seja apenas semblante de objeto.

Nesse sentido, "não há relação sexual".

Todos os textos, todos os desenvolvimentos preparavam a fórmula "não há relação sexual", a qual reformula teses elaboradas desde 1955. Só que Lacan tem a habilidade de encontrar as fórmulas que, de certa forma, dizem a mesma coisa, mas que são tão enigmáticas, que não percebemos isso.

* * *

Faço aqui um pequeno parêntese.

Na "Nota italiana"[9] que trata do futuro da psicanálise e dos próprios analistas, Lacan diz que o porvir da psicanálise depende do fato de que existam analistas que queiram demonstrar a não relação sexual, frase enigmática da qual pude dizer o que eu entendo. É uma frase que parece estranha porque, na psicanálise, não pode se tratar de demonstrações que se faz em um papel ou em uma lousa, nos laboratórios científicos, demonstrações que se fazem na matemática, na lógica, nas ciências da natureza. Não se faz demonstrações desse tipo na psicanálise!

Como, então, podemos demonstrar que não há relação sexual? Isso se deduz de toda a construção. O "não há relação", o "não cessa de não se escrever, a relação" – que toda a fenomenologia da vida amorosa atesta –, só podemos demonstrar esse impossível

---

[9] Lacan, J. (1973). Nota italiana. In *Outros escritos*. Rio de Janeiro: Zahar, 2003, pp. 311-315.

trazendo à luz, justamente, os determinantes inconscientes do "há [relação]". Trazendo à tona o que não cessa de se escrever do sintoma e da fantasia. No fundo, conseguindo tirar o pano vermelho da gaveta.

Se conseguirmos, em uma análise, determinar um pouco, captar um pouco as suas condições de desejo e de gozo, nos damos conta que elas vêm diretamente do discurso inconsciente, então demonstramos a não relação sexual. Evidentemente, trata-se de uma demonstração de um por um, e para que tenha valor na civilização, é preciso que muita gente se analise verdadeiramente.

Espero ter tornado mais acessível para vocês essa fórmula "não há relação sexual".

O grafo do (sujeito) psicótico

O que acontece com o parceiro do sujeito psicótico para que Lacan chegue a dizer que ele tem uma relação sexual na psicose e que, mais precisamente, só há relação sexual com Deus?

Vemos imediatamente em direção da resposta: o parceiro na psicose não é condicionado pela cadeia do inconsciente recalcado. Se o que objeta a relação é o inconsciente, retirem a objeção e é possível se possa ter uma relação. Quer dizer que o objeto na psicose não pode ser chamado objeto *a* da fantasia ou não pode ser chamado de sintoma? Ou teríamos que dizer isso, mas em outro sentido?

Partamos de algo bem conhecido, que Lacan situou como "o efeito empuxo-à-mulher" na psicose. Inicialmente, isso quer dizer que o sujeito, o psicótico do qual falamos não está no lugar do sujeito, mas do objeto, assim como a mulher é objeto do homem ou sintoma do homem; mas também quer dizer que ele não pode esperar – como Lacan diz a respeito de Schreber – a atribuição de um pénis para a sua pessoa. Isto é ilustrado de forma clara por Schreber que é a mulher de Deus depois de ter sido o perseguido, o evirado [*éviré*][10] de Deus.

Mas não acredito que registrar esse efeito seja suficiente para realmente entender o "há relação sexual", porque não basta estar no lugar do objeto ou do sintoma para que haja relação sexual, é preciso mais.

Vocês sabem que a questão foi colocada para Lacan em um encontro de abertura da Seção Clínica, de saber se S_1, S_2, $\cancel{S}$, pequeno a, valiam na psicose. Lacan respondeu imediata e categoricamente: "Sim". E então, Miller, que estava fazendo a pergunta, disse: "Pois bem, seria preciso demonstrar isso!". Penso que isso já estava feito há muito tempo. Se quiserem verificar, estava feito desde o momento em que Lacan construiu seu grafo: ele o retoma em "Subversão do sujeito", mas desdobram isso no Seminário *As formações do inconsciente*: situa precisamente o andar no qual o sujeito psicótico se localiza no grafo. É explícito. Um dos interesses do grafo de Lacan é que ele inscreve uma sincronia. O grafo completo inscreve a constituição de um sujeito com o seu inconsciente, é, portanto, uma inscrição sincrônica, como um nó borromeano. Mas o interesse na construção do grafo é que Lacan nos mostra que esse enodamento dos circuitos se constitui diacronicamente: ele se constitui na história da relação com o Outro primordial, e se constitui progressivamente. Há uma temporalidade da construção desse grafo na relação com o Outro primordial, a mãe, que não é apenas um corpo real, que não é apenas um semelhante na linha a-a', mas que é, principalmente no começo, um grande Outro falante, escrito no andar inferior do grafo.

---

10 Em francês, *éviré*, termo que se aplica a algo sem sexo definido.

Seria preciso reescrever todas as etapas de construção. Vocês mesmos podem consultá-las no Seminário e em "Subversão do sujeito" se não o têm na memória. Lacan insiste sobre essa construção que culmina na constituição do inconsciente na cadeia superior.

Essa constituição da cadeia inconsciente tem uma condição que podemos qualificar como encontro, submetida, como ele diz, a muitos acidentes possíveis (o acidente e o encontro, isso é muito parecido), que é o que ele vai chamar um pouco mais tarde de encontro com o desejo do Outro. Encontrar o desejo do Outro, por fim, é encontrar, sempre nessas circunstâncias precisas e para cada sujeito, a distância perceptível que há entre o que o Outro – digamos, a mãe primordial, se quiserem – diz que ele quer e aquilo que ele mostra que quer. Todo o discurso do outro se estofa [*capitonne*] sobre significações, mais além desse discurso simultaneamente assertivo e prescritivo do Outro, há o encontro com o enigma do Outro.

Lacan nos situa de forma precisa o grafo da psicose nos *Escritos*.[11]

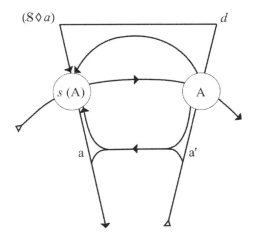

---

11 Lacan, J. (1960). Subversão do sujeito e dialética do desejo no inconsciente freudiano. In *Escritos*. Rio de Janeiro: Zahar, 1998, p. 822.

É o grafo descompletado da cadeia superior do inconsciente. É, portanto, a célula inferior na qual temos a cadeia do discurso do Outro que se entrecruza com a cadeia que escrevi *a-a'*, para ir mais rápido. Mas o importante é o que Lacan ressalta explicitamente na página 492[12] de *As formações do inconsciente*: para o sujeito psicótico, o paranoico, o desejo do Outro, o desejo da mãe não está ausente. Temos, então, que incluir a linha que fecha o circuito imaginário, isto é, esse desejo do Outro diante do qual vamos escrever $\mathcal{S} <> a$.

O seminário é muito explícito sobre isso. O desejo do Outro não é ausente, mas não está simbolizado.

É bem diferente encontrar um desejo simbolizado ou não. O desejo não simbolizado se encontra como um puro enigma, x; já o desejo simbolizado também é um enigma, mas determinado pela significação do falo. É aí, nesse Seminário, que Lacan propõe aquilo que acredito que é preciso relembrar: a diferença radical, sem passagem possível, entre a psicose e a neurose obsessiva. Como sabem, Bouvet falava da neurose obsessiva como estando sempre a ponto de cair na psicose. Lacan, muito freudiano a respeito disso, ri um pouco dele dizendo que não há nenhum risco para que um obsessivo caia na psicose... Quando se trata de um obsessivo, é claro! Isso não nos salva dos problemas de diagnóstico correto.

De qualquer forma, sobre a questão que nos ocupa agora, Lacan detalha, é bem diferente encontrar um desejo não simbolizado, e o desejo anulado próprio à neurose obsessiva. É a sua tese: o neurótico obsessivo, homem ou mulher, se dedica a anular o desejo do Outro, tanto do lado do parceiro quanto do lado do Outro que ele mesmo é enquanto inconsciente. No entanto, anular o desejo é uma maneira singular de sustentá-lo. Aí está uma diferença muito

---

[12] Lacan, J. (1957-1958). O seminário, livro 5: *As formações do inconsciente*. Rio de Janeiro: Zahar, 1999, p. 492.

importante: não é a mesma coisa, não é a mesma estratégia e, principalmente, é um desejo que tem o seu significante fálico.

Lacan nos dá, então, um grafo da psicose quando ele constrói a célula inferior do grafo. Ele o retoma explicitamente na página 821 dos *Escritos*, ele escreve sobre o grande Outro, sítio prévio do puro sujeito do significante, fazendo alguns comentários e colocando que o "o sujeito da psicose (é) aquele que se contenta com esse Outro prévio".[13] Isso é categórico. Se lembrarem ainda do que disse há pouco sobre o desejo não simbolizado, presente eventualmente, mas não simbolizado, verão que esse grafo é mesmo o grafo da psicose.

Os mesmos termos, mas desdobrados

Todos os termos estão aí: S_1, S_2, $, a$. Resta saber qual torção de definição eles recebem quando o A se constitui na linha superior, seja do lado do Outro ou do lado do sujeito. Esta torção dos termos, esta mudança de definição, é muito mais legível no Seminário *As formações do inconsciente* do que em "Subversão do sujeito" que é mais condensado. Ao longo de todo o Seminário *As formações do inconsciente* é explícito: não há um Outro, há dois. Há o Outro, grande Outro (A), não barrado, escrito em baixo, que todo ser falante encontra, sem exceção. É o lugar do discurso, o que Lacan chama de Outro primordial que, só por falar, só por emitir frases, é imperativo. É o Outro que legisla, todo-poderoso para a criança na dependência, todo-poderoso porque ele fala. No fundo, é o Outro que as psicoterapias do tipo reeducativo, do tipo condicionamento

---

13 Lacan, J. (1960). Subversão do sujeito e dialética do desejo no inconsciente freudiano. In *Escritos*. Rio de Janeiro: Zahar, 1998, p. 821.

e todas aquelas que jogam com a influência para readaptar convocam. É o Outro da sugestão sem falha.

E depois, há o Outro barrado. É algo muito distinto. Esse Outro, um desconhecido, um Outro passado no inconsciente, é um Outro, digamos, que é passado para a alteridade subjetiva. É por isso que no Seminário Lacan pode ainda dizer que se trata de um outro sujeito, passado para a alteridade subjetiva, que seja a do próprio sujeito ou a de um Outro que lhe fala. Encontrar o desejo simbolizado, pela graça da metáfora paterna é claro, quer dizer encontrar, precisamente, uma significação de falta. Uma significação de falta que Lacan vai escrever S(A̸), significante da falta no Outro que é, inclusive, a condição do que ele vai em seguida situar – no Seminário *Os quatro conceitos fundamentais da psicanálise*[14] – como a separação do sujeito.

A linha de baixo [do grafo], ao contrário, representa as condições de sua alienação em cadeia. No andar de baixo, ao significado do outro não falta nada, todas as significações estão ali. Como se apresenta, então, o enigma encontrado quando ele não está simbolizado? É bastante lógico que ele se apresente como uma vontade, mais do que como um desejo. É a esse Outro que o sujeito psicótico é confrontado.

Qual é o seu recurso? Creio que há toda uma gama de respostas possíveis, entre dois polos: o polo dos sujeitos completamente identificados com os significados do Outro e o polo do negativismo puro, mas que deixa o sujeito na dependência da cadeia. Todos os desenvolvimentos de Lacan sobre a holófrase, a referência às personalidades "como se" e as referências aos sujeitos hiper-normais, descrevem sujeitos que, se os situarmos no esquematismo do

---

14 Lacan, J. (1964). *O seminário, livro 11: Os quatro conceitos fundamentais da psicanálise*. Rio de Janeiro: Zahar, 1985.

grafo, se situam em relação aos significados do Outro, e, portanto, são sujeitos que não são separados da regência do Outro.

É por isto que havia desenvolvido em algum momento em Sainte-Anne a tese, que julgo correta, de que essa regência do Outro, que é diferente do automatismo mental clássico, é equivalente ao automatismo mental; é um equivalente normal do automatismo mental, ou seja, é o Outro quem continua a falar e que, falando, rege o sujeito, diz a ele o que ele é.

* * *

Há, portanto, dois Outros: A e $\cancel{A}$. É por esta razão que não se pode confundir a psicose e a mística. Elas não têm o mesmo Outro e seria possível, inclusive, questionar os diferentes deuses do monoteísmo a partir desses esquemas.

Há também duas leis: a lei inconsciente e a legalidade que está na cadeia de baixo – não é um acaso o fato de haver tantos psicóticos que gostam da lei, as leis do Estado, os textos legislativos.

E há também dois superegos. A psicanálise se deu conta disso. Freud, em princípio, acreditou que o superego era um resto do Édipo, a marca do pai sobre o sujeito; e, em seguida, vem Melanie Klein que advoga pelo superego arcaico que chamamos de materno. Vemos claramente onde isso se situa nas duas linhas do grafo. O superego materno não é nada mais do que a voz obscena e feroz do comando oracular do Outro não barrado, e na linha superior [do grafo], o superego dito paterno se refere ao Outro barrado que supõe a operação do Nome-do-Pai. Esse superego está ligado às obrigações que o desejo cria – já que o desejo cria obrigações, como, aliás, a culpa mostra. Sobre a culpa existem desenvolvimentos fascinantes no Seminário *As formações do inconsciente*.

E ainda duas formas do Ideal do eu. Lacan, inclusive, escreve "Ideal do Outro", comentei muitas vezes essa mudança de formulação. No grafo da psicose está o ideal do Outro, que é um ideal que vem diretamente do Outro não barrado, e há também o ideal do Outro que é sobredeterminado pela cadeia inconsciente quando o grafo vem se completar com a cadeia inconsciente. Pode-se, com efeito, falar aí de ideal do eu paterno – encontra-se a expressão em Lacan –, e é possível referir o ideal do eu ao pai. Mas há um ideal do eu que não se refere ao pai. É, inclusive, o que ele escreve em "De uma questão preliminar...", no esquema I[15] da psicose: trata-se de um ideal do eu que não passa nem pelo inconsciente nem pelo Outro barrado.

Enfim, para continuar com o desdobramento, há também duas falas. A fala, a fala... agora a fala virou piada! É culpa da vulgarização da psicanálise. Há a fala que abriga o inconsciente ou que é habitada pelo inconsciente, e há também a fala das sugestões do Outro. Não se trata da mesma: esta última é a fala que se pretende sem equívoco.

Há um grande mal-entendido na civilização atual que vem da *talking cure* de Anna O. Esse mal-entendido, que causa raiva, consiste em acreditar que a fala de confidência, que consiste apenas em se contar com os significados que são os nossos, é curativa em si mesma. Não é o caso.

Algumas vezes, decerto, a fala de confidência faz bem, constata-se isso. Por quê? Eis como respondo a essa questão. Porque ela solda a dupla imaginária *a-a'*, aquele com quem falo (minha amiga, meu amigo; não estou bem, pego o telefone e ligo). Isso não muda

---

15 Lacan, J. (1958). De uma questão preliminar a todo tratamento possível da psicose. In *Escritos*. Rio de Janeiro: Zahar, 1998, p. 578.

nada, mas faz bem. Sem objeções no que diz respeito à vida cotidiana, mas no que concerne à terapia, sim, porque não se trata, em absoluto, de uma fala curativa. Tão pouco curativa, aliás, que acontece, de tanto apostar nessa fala, que ocorram desencadeamentos quando não se vê como o sujeito estava situado na estrutura.

Falamos dos poderes da fala, mas creio que é mais do que nunca necessário acrescentar que há falas e falas, e que antes de convocar em um sujeito os poderes da fala, e para poder convocá-los do jeito certo, em todo caso, é preciso primeiro se perguntar: como o sujeito que nos fala ou que fala com vocês está inserido na função da fala? Voltarei a isso. O que faz com que o diagnóstico seja também o diagnóstico da fala. E que na ausência de fenômenos, seja possível, algumas vezes, diagnosticar somente pela modalidade da fala.

Seria preciso acrescentar a própria fantasia. A fantasia não é a mesma quando está sobredeterminada pelo inconsciente e quando não o está.

* * *

Tudo isso para responder à questão do que se torna o parceiro quando ele não é sintoma do inconsciente. Sempre a tomo no nível do grafo, porque acredito que ele é mais conhecido e, talvez, mais assimilado.

É claro que é um parceiro – lê-se isto no grafo – inteiramente construído a partir do entrecruzamento da cadeia do Outro absoluto com o circuito imaginário que vai da relação com o semelhante à elaboração fantasmática.

Nesse sentido, é possível se divertir procurando na psicose os índices do eixo *a-a'* do parceiro. O eixo *a-a'* do parceiro foi diagnosticado por Lacan em Schreber, quando ele disse que o caso

Schreber convenceu ele mesmo, Lacan, de que a relação imaginária especular *a-a'* estava intacta na psicose. Ele convoca como prova disso o amor por sua mulher, sempre mantido, ao longo de toda a perturbação psicótica.

Pensava também, a esse respeito, sobre Jean-Jacques Rousseau e sua Thérèse. Rousseau descreveu seu encontro com Thérèse, e isso não quer dizer que saibamos tudo sobre essa relação, mas ele descreveu algo do encontro. Ele disse muito, muito bem o que o prendeu a essa mulher, que não tinha com ele nenhuma afinidade, é o mínimo que se pode dizer: o seu olhar. Ele nos descreve um olhar castanho, malicioso, afetuoso, quente. Isso é bem estranho, porque é exatamente o olhar do retrato de Rousseau jovem – não o Rousseau atormentado pelo delírio. Há um traço que se acrescenta ao olhar, é que no momento em que ele a encontrou, em um albergue, ela era alvo de piadas de homens que lá estavam. Existe esse traço narcísico, se é que ele existe para Rousseau, que tinha pavor de ser alvo de piadas. Vê-se muito bem, nessa pequena descrição em Rousseau, uma escolha narcísica, reduzida, porém, ao especular.

Agora, qual é o efeito sobre o parceiro fantasmático quando a fantasia responde a um desejo não simbolizado, como Lacan diz? Ele toma a significação do Outro primordial e não do Outro barrado do inconsciente. Poderíamos marcar a flecha, pois é a flecha que é determinante.

Daí uma inversão que se observa na psicose, é que o parceiro do sujeito psicótico, na medida em que ele não se reduz ao parceiro imaginário *a-a'*, acaba se confundindo com o Outro primordial, o parceiro Deus que ilustra isso de maneira magistral. É o que Lacan escreve com muita clareza no esquema I em "De uma questão preliminar".

Então, quando o parceiro se reduz a esse Outro não barrado, o que acontece como próprio sujeito nesse par?

Pensemos em Schreber e creio que isso nos ilustrará o que é a relação sexual. Com Schreber – já falei sobre isso, mas vou completar hoje – primeiro perseguido, depois mulher de Deus, vemos que por mágica, pela graça do delírio, ele vem a ser o que responde ao desejo não simbolizado do Outro. Constitui-se, então, o par fantasmático de Deus e de seu perseguido, de Deus e de sua mulher (nas duas etapas do delírio).

É possível qualificar como imaginária a versão delirante da fantasia. No entanto, como vocês sabem, ela está bem longe de ser apenas imaginária, e aí está o ponto crucial. É que esse objeto do Outro – perseguido ou mulher –passa no real; Schreber o encarna no gozo de seu corpo. Em outras palavras, ele realiza – uso esse termo sobre o qual quero insistir – realmente o objeto do Outro. Ele não é apenas objeto imaginário do delírio, ele é objeto real do Outro, não semblante de objeto (como disse há pouco: o parceiro é semblante de objeto). É isso que Lacan chama de relação sexual.

Em outros termos ainda: o gozo do Outro não barrado aparece no imaginário do delírio, mas aparece principalmente no real do corpo de Schreber. Isso é uma relação sexual.

No entanto, gostaria de precisar. Evoquei no último encontro que identificar o gozo no lugar do Outro não era apenas ser o objeto do Outro. Mantenho isso por que, de fato, a ausência da cadeia inconsciente que implica a não operatividade da castração, equivale ao que nós chamamos, muitas vezes, de "não extração do gozo" ou a "não extração do objeto".

Como podemos conceber essa não extração?

Creio que quando o desejo é simbolizado, quando há uma significação de falta, produz-se, de fato, uma disjunção entre o lugar do Outro – o lugar do Outro que se torna, portanto, habitado por uma falta – e o gozo. Mas, quando o desejo não é simbolizado, o Outro mantém-se o que ele é, como Outro primordial. Dizemos: o lugar do discurso, o lugar dos significantes, mas cuidado; é nesse lugar que estão depositadas todas as imagens corporais, a significantização de todas as imagens corporais, até as mais persecutórias.

Em outras palavras, quando o desejo não é simbolizado, a dimensão do gozo vivo do corpo fica inscrita nos significantes do Outro. Não apenas ela está inscrita ali, mas é preciso dizer que a educação a mobiliza em parte. Uma educação, por mais pacífica que seja – não estou falando da educação pelo terror como a que Schreber teve com o seu pai – não apenas transmite para as crianças os significantes do gozo do corpo e das representações do corpo, mas as coloca em ato também com a realidade: quando aprendemos a comer, a não vomitar, a defecar... Tudo o que chamava, em algum momento, de a "polícia do corpo".

O Outro, portanto, inscrito em baixo do grafo, é um Outro no qual o significante e o gozo não se divorciaram ainda! Eles só se divorciam (é uma metáfora), e inclusive é sempre só parcialmente, a partir do momento em que aparece a significação de uma falta.

Quando a significação de uma falta no Outro aparece, é claro, permanecem todos os significantes, todas as representações corporais – elas estão sempre ali, mas não sabemos o que o Outro quer e o que ele faz com isso.

Nesse sentido, a relação – tomemos ainda Schreber como exemplo, a relação de Schreber com seu Deus – supõe, ao mesmo tempo, o casamento do significante e do gozo no nível da cadeia, e, no nível da fantasia, supõe que Schreber realize o gozo do Outro, ao mesmo tempo imaginária e realmente.

10. Sem o Pai

26 de maio de 2004

Continuo com a questão do sentido a se dar aos casos em que Lacan diz que há relação sexual.

Antes de tudo, lembro que se trata da passagem do Outro ao inconsciente, isto é, a emergência de A, que é solidário da colocação em função do falo (com maiúscula ou minúscula), do falo que simboliza a falta do gozo do Outro, a castração, portanto, castração essa que em princípio é do Outro – é tudo isso que a não relação sexual envolve. Lacan apresenta isso muito cedo, e retoma explicitamente em 1972 em "O aturdito"[1] – existem outras referências, mas tomo essa porque ela é tardia, e está escrita. Na página 454 dos *Outros escritos*, ele diz isso, que é sem dúvida, falando então do órgão: "esse órgão, passado ao significante, escava o lugar a partir do qual adquire efeito, para o falante . . . a inexistência da relação

---

1 Lacan, J. (1972). O aturdito. In *Outros escritos*. Rio de Janeiro: Zahar, 2003, pp. 448-500.

sexual".[2] E foi isso que chamei nos encontros passados de "objeção fálica" – objeção a ser entendida aí como objeção à relação sexual.

O órgão sem o falo

Qual é o efeito da não colocação em função da objeção fálica no funcionamento do órgão masculino? Trata-se de uma questão clínica.

Sabemos – por ter estudado isso em Freud e depois em Lacan – que no caso Schreber, psicose ao menos não duvidosa, há o que posso chamar justamente de uma elisão do pênis. Não estou fazendo aqui uma alusão à fantasia de eviração, fantasia de uma ameaça sobre seu órgão; a elisão do pênis em Schreber designa o fato de que o gozo está evacuado de seu pênis, de que ele coloniza o conjunto do próprio corpo, exceto o pênis. Nesse sentido, ele está deslocalizado. É um termo que usamos com bastante frequência. Lacan emprega uma expressão ainda mais forte, ele diz: "está foracluído do pênis", o qual designa um pouco outra coisa... Em todo caso, vemos em Schreber funcionar o corte, clássico, no fundo, entre o corpo e o órgão. No entanto, no seu caso esse corte está, de certa forma, invertido. É o corpo, o conjunto do corpo, que fica invadido pelo gozo, e o pênis que é abandonado.

Ao passo que habitualmente, como já tratamos muitas vezes, no falante o corpo está precisamente esvaziado de gozo: silêncio dos órgãos em certo sentido. O gozo é esvaziado do corpo, convertido em "deserto de gozo", expressão de Lacan, e localiza-se tanto no órgão, quanto nas zonas erógenas. Em Schreber temos uma inversão perfeitamente patente.

---

2 Op. cit., p. 456.

Daí a questão: será sempre assim na psicose? De forma mais geral, o que torna possível ou não o uso do órgão masculino nos casos de psicose? Temos, a esse respeito, teses de Lacan muito afirmativas e sobre as quais cabe perguntar se elas abarcam o conjunto dos fatos. Lacan é muito categórico a esse respeito; ele diz: a menos que haja castração, entendam: a menos que funcione o significante fálico, não existe nenhuma possibilidade de que o homem faça amor. Se tomarmos "fazer amor" no sentido do ato, isso é falso: vemos sujeitos homens, manifestamente psicóticos (não estou falando dos casos duvidosos) que têm acesso ao ato. Quando Lacan diz "fazer amor", portanto, talvez ele tome a expressão no sentido amplo, e talvez ele não reduza o "fazer amor" apenas ao ato do coito. É possível, já que muito cedo ele introduziu na sua tese que há uma falência do amor na psicose, e ele manteve isso até o final, repetiu isso em suas conferências nos Estados Unidos em 1975. Logo no início ele afirmou que o amor psicótico é um amor morto, expressão que por si só pede para ser desdobrada, entendida. Sabemos, aliás, que ele distinguiu completamente a relação de Schreber com Deus de uma relação mística, de um amor místico.

Há aí uma questão sobre a qual já falei algumas vezes. Recentemente, tive a oportunidade, em uma apresentação de pacientes em Barcelona, de escutar um paciente que, me parece, esclarecia um pouco esse ponto.

Nos fatos, me parece que nos casos de psicose masculina, temos de um lado a elisão fálica, sob formas diversas, até mesmo um delírio de degeneração do órgão é frequente. O paciente do qual falei agora a pouco mencionou três vezes na entrevista, muito sub-repticiamente entre duas frases, a ideia de uma atrofia atual de seus órgãos.

Mas temos também, no oposto da elisão, em outros casos, masturbações frenéticas, ou seja, performances extremas no uso autoerótico do órgão, tão extremas que, em certos casos, podemos nos perguntar se não se trata de um uso "imposto", colocando imposto entre aspas, por analogia às falas impostas.

E em seguida, tem-se também, em outros casos, uma capacidade de responder ao ato genital que, algumas vezes, é bem menos embaraçosa ou incômoda do que a de um neurótico, de quem sabemos que o órgão tem caprichos.

Novamente aí as referências de "O aturdito" são muito úteis, não se deve esquecer. Nas páginas 461 e 462, em que Lacan fala mais uma vez desse órgão, que ele diz ser arrancado no discurso:

> *Imputam-lhe ser emotivo... Ah! Quem dera fosse possível adestrá-lo melhor, quero dizer, educá-lo. Quanto a isso, é inútil tentar. Vemos claramente no Satyricon que receber ordens ou súplicas, ser vigiado desde a mais tenra idade ou submetido a estudos in vitro não altera em nada seus humores, os quais é um engano imputar à sua natureza, visto que, ao contrário, é somente com o fato de não gostar daquilo que o obrigam a dizer que ele se choca.*[3]

Eis, portanto, um órgão graciosamente qualificado como ineducável e teimoso, nos casos normais, para o *falasser*, em geral.

No entanto, nos perguntemos o que acontece com o psicótico quando ele é confrontado, se me acompanharam da última vez,

---

3 *Op. cit.*, pp. 460-461.

não com a falta fálica, mas com o comando dessas demandas transitivas, e não com o enigma, mas com a opacidade do desejo do Outro. Parece que ou ele não responde de forma alguma, é a elisão, ou responde completamente bem. Parece que haveria aí uma oscilação entre dois polos homólogos à oscilação da demanda, ou até da vontade do Outro não barrado, seja vontade de castração, ou demanda de performance – voracidade, Lacan gosta de dizer (já comentei esse termo "voracidade" há dois anos, quando falávamos da pulsão e do corpo).

O caso que evocava há pouco me pareceu interessante. Um jovem completamente afetado pela psicose, que atualmente não tem relação com nenhuma moça, que menciona a atrofia de seus órgãos, mas que, por outro lado, além disso, diz que não gostaria de ter relações, porque então ele não conseguiria se separar... Afirmação curiosa. No entanto, ficamos sabendo, pela pessoa que acompanha seu caso, que há três anos ele havia tido, de fato, uma relação com uma moça da qual ele não parava de dizer que não a queria, mas que se via obrigado. Ele retomava essa ideia de que não podia se separar, e dizia que era obrigado a fazer o que ela dizia. Achei essa afirmação interessante, porque ela incide na relação entre sexos pelo que ele parecia evocar ali. Quando estava com essa moça, ele não tinha nenhum problema com o funcionamento de seu órgão, andava como se tivesse rodinhas. Parece que ele evoca aí o caso de um órgão que obedecia à demanda do Outro, que funcionava segundo a exigência do Outro, como quando uma mulher se coloca no lugar do Outro para um sujeito psicótico, e se isso acontece, sob o efeito de sua voz veríamos aparecer possivelmente algo, um automatismo do órgão, por analogia com o automatismo mental, ou seja, um funcionamento sob comando.

Isso levaria a acentuar uma analogia entre o par que Schreber e Deus formavam, e sobre a qual falei extensamente no último encontro, que se pode dizer que há relação sexual porque Schreber realiza o gozo de Deus, ele o faz passar ao real do corpo. No caso do jovem e da mulher Outra, parece que ele realiza também o órgão-objeto de uma mulher em posição de Outro. Seria uma versão do homem a serviço sexual, não da mãe, mas da mulher – como bem sabem, Lacan falou da criança a serviço sexual da mãe quando não intervém o limite da castração. Continua no mesmo sentido que já ressaltei. Há relação sexual quando, em um casal, um dos dois realiza o objeto ou o gozo do Outro. "Realiza" no sentido de "fazer aparecer no real".

A relação sexual entre as gerações

E isso me leva a outro caso de relação sexual que foi mencionado por Lacan. Essa afirmação não tem de forma alguma o mesmo *status* no seu ensino que a afirmação da relação sexual com Deus. Ele disse isso uma vez, em um Seminário tardio, não explicou sua intenção, então, se quisermos dar-lhe um sentido é o leitor que deve fazer sua parte, como ele diz. Pode-se tentar esclarecer esse comentário de Lacan por textos anteriores. Ainda mais porque quando ele afirmou que não há relação sexual a não ser entre as gerações, isso foi dito como se fosse uma evidência, o que permitiria pensar que ele achava ou supunha que já estivesse explicado. Voltei, portanto, aos textos que vão nesse sentido. Há o "Notas sobre a criança",[4] endereçado a Jenny Aubry, em 1969, e sobre o qual Patrick Barillot falou na ocasião da Jornada do Colégio clínico em Bordeaux. Também há o texto sobre a sexualidade feminina e a significação do falo, em que Lacan fala da criança a serviço da mãe.

---
4 Lacan, J. (1969). Nota sobre a criança. In *Outros escritos*. Rio de Janeiro: Zahar, 2003, pp. 369-370.

* * *

Estas "Notas..." tiveram um destino curioso. Elas primeiro foram publicadas – estou falando de sua circulação, não de seu sentido ao qual voltarei depois – em 1983 pela própria Jenny Aubry em uma coletânea de textos que se chamava "Infância abandonada" ["*Enfance abandonnée*"],[5] com a autorização de Jacques-Alain Miller e com o *fac-símile* das anotações manuscritas de Lacan, três páginas manuscritas com algumas expressões rasuradas e algumas correções, por isso, percebemos que ele escreveu isso do jeito que lhe veio à cabeça. Havia saído pelas edições Scarabée. Estava no volume de Jenny Aubry em forma de duas *Notes*. Ao nos reportarmos às folhas manuscritas, podemos nos perguntar se havia duas notas, já que havia três páginas não numeradas. Na edição dos *Outros escritos*, ele é retomado como uma única nota. Em minha opinião, que houvesse uma ou duas não é algo fundamental, dado que as páginas não são numeradas. Lacan enviou as três a Jenny Aubry. Há uma questão da ordem, há claramente uma página que é separada e as outras duas constituem um desenvolvimento. Jenny Aubry a colocou depois das outras. Jacques-Alain Miller a colocou antes em *Outros escritos*. Também não é, creio eu, um grande problema, porque a lógica dos textos combina como fato de que a nota que era a segunda se torne o começo do texto único, isso não prejudica a mensagem de Lacan.

Por outro lado, é algo bastante especial o fato de que nos *Outros escritos* o nome de Jenny Aubry não conste. Chama-se "Notas sobre a criança", como se, um belo dia, inspirado, Lacan tivesse se sentado à mesa e escrito para a posteridade as "Notas sobre a criança". De fato, acredito que é muito importante dizer que são as "Notas para Jenny Aubry", que trabalhava com crianças, pois é evidente que são notas que buscam transmitir uma orientação na maneira

---

5 Aubry, J. (1953). *Enfance abandonée*. Paris: Scarabée et C5, 1983.

de entender as relações da criança com sua família, com seus pais e, especialmente, com sua mãe. Evidentemente, riscar os nomes próprios é uma prática, digamos, inqualificável, e isso me dispensará de qualificá-la, uma prática da qual sabemos o uso que é feito em certos regimes políticos. Aqui é o nome do destinatário que é riscado e, portanto, adquire outro sentido, o sentido de apagar a história da EFP em que essas notas foram produzidas, endereçadas a alguém e com uma intenção de orientação manifesta. Digo, então, apagar a história da EFP, a qual Lacan chamava de "minha Escola".

Mas o destino dessas notas não para por aí, é impressionante. As notas de Lacan estão no volume que Elisabeth Roudinesco, a filha de Jenny Aubry, portanto, acaba de publicar: "Psicanálise das crianças separadas" [*"Psychanalyse des enfants séparés"*],[6] para o qual Elisabeth Roudinesco coletou trabalhos de sua mãe para torna-los conhecidos ao público – nada a dizer sobre isso, trata-se de uma empreitada excelente e, inclusive, vale a pena ler o livro. O que é enfadonho, no entanto, é que nas páginas 324 e 356, encontrarão parágrafos inteiros que ocupam meia página, é o texto de Lacan, mas sem aspas e sem uma nota que remeta ao texto de Lacan. Trata-se de um ajuste de contas?[7] Não sei; em todo caso, assinalo que não é o estilo de Jenny Aubry, que em seus trabalhos usa as *Notas* é claro, mas sempre colocando aspas e remetendo às duas *Notas* que figuram no final de seu volume. Aí está uma nova elisão, dessa vez não do destinatário, mas do próprio autor, e o mínimo que podemos dizer é que é curioso. Vejam o que acontece com a história da psicanálise. Queria assinalar isso, não se pode fechar os olhos para tudo.

---

6 Aubry, J. (1952-1986). *Psychanalyse des enfants séparés: Études cliniques*. Paris: Flammarion. Colection, Champs essais, 2010.
7 No original, *Est-ce la réponse de la bergère au berger?* A expressão conota certo tipo de vingança por algo feito anteriormente, desforra. [N. T.]

* * *

Agora, vejamos em que essas duas "Notas" podem nos ser úteis a respeito da relação sexual entre as gerações. Acredito que a maioria de vocês conhece o texto das "Notas". Em princípio, Lacan não fala da relação sexual, mas do sintoma, para dizer – é a tese de conjunto – que o sintoma da criança está no lugar de responder ao sintoma da família, como se houvesse, então, um pequeno diálogo dos sintomas, entre a família e as crianças. Ele introduz uma primeira tese: o sintoma representa – ressalto o termo "representa" – a verdade do casal familiar. Representar a verdade tem como alvo a natureza significante do sintoma: a verdade está articulada. Nesse primeiro caso, não se trata explicitamente do sintoma enquanto gozo, mas do sintoma-verdade. E há um segundo caso, no qual o sintoma realiza –ressalto "realiza" – a verdade da mãe.

Afinal, já que usei o grafo da última vez, para conectar com as últimas elaborações de Lacan, poderia retomá-lo aqui.

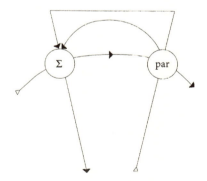

Ou então, no lugar do Outro há o par e o sintoma responde aos significados desse Outro. Se é um par que está no lugar do Outro, quer dizer que temos um cruzamento de inconscientes e que, no fundo, por isso, o Outro é barrado. Nesse caso, "o sintoma representa a verdade do Outro" quase poderíamos dizer que ele interpreta a verdade do Outro.

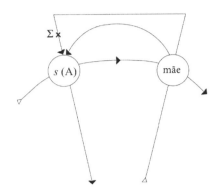

Ou então, no lugar do Outro está a mãe, e então ele nos diz que "o sintoma realiza – o colocaríamos aqui no lugar da fantasia – a verdade da mãe".

É preciso, inclusive, remeter-se ao texto exato, acho que ele realmente coloca os "pingos nos is". Sendo assim, cito:

> ... deixa a criança exposta a todas as capturas fantasísticas. Ela se torna o "objeto" da mãe, e não mais tem outra função senão a de revelar a verdade desse objeto. A criança realiza a presença do que Jacques Lacan designa como o objeto a na fantasia.
>
> Ele satura, substituindo-se a esse objeto a modalidade de falta em que se especifica o desejo ....
>
> Ela aliena em si qualquer acesso possível da mãe à sua própria verdade, dando-lhe corpo, existência e até a exigência de ser protegida.[8]

---
8 Op. cit., pp. 369-370.

Percebem que aí não está a questão propriamente da criança, mas da mãe. Sobre esse ponto, Patrick Barillot tinha razão. E coube a Lacan precisar que é assim qualquer que seja a estrutura do desejo da mãe, neurótica, perversa ou psicótica.

Ele examina em seguida o caso no qual o sintoma é somático, é o caso da criança doente. Ocupávamo-nos muito da criança doente na época de Jenny Aubry, mas é preciso ver, principalmente, a conclusão, o último parágrafo dessas "Notas":

> *Em suma, na relação dual com a mãe, a criança lhe dá, imediatamente acessível, aquilo que falta ao sujeito masculino: o próprio objeto de sua existência, aparecendo no real. Daí resulta que, na medida do que apresenta de real, ela é oferecida a um subornamento [subornement] maior na fantasia.*[9]

Veem que essa expressão "o próprio objeto aparecendo no real" é uma expressão decalcada das expressões que Lacan empregou para a psicose, é extremamente curioso, mas ele não faz disso um traço da psicose, é mais um privilégio, como ele fala em algum lugar, dos sujeitos mulheres, de ver aparecer, enquanto geradora, o objeto no real. É certo que o texto todo trata mais da subjetividade materna do que das consequências sobre a criança, que são mencionadas decerto, mas que não são desenvolvidas, ele diz apenas um "suborno" mais ou menos grande.

Chamou-me a atenção o termo "realiza", passagem ao real, pois vejo apenas essa tese para esclarecer o que ele diz no ano de 1975, quando fala de relação sexual entre as gerações, ou seja – em todo caso, é assim que me parece que podemos entender isso – *mutatis*

---

[9] *Op. cit.*, p. 370.

mutandis, é que da mesma forma que Schreber realiza no real o gozo de Deus, da mesma forma uma criança pode realizar o objeto materno no real, o real de seu corpo, ali onde se inscreve o sintoma de seu corpo infantil.

No fundo, uso o termo "realizar", fazer passar ao real, para fazer uma diferença com o que é estar no lugar do objeto. "Estar no lugar do objeto" é uma expressão que empregamos frequentemente, que Lacan empregou com muita frequência, para as mulherese para o analista, mas sempre com a ideia de fazer semblante [*faire semblant*], não no sentido de fingir, mas de ser semblante de objeto.

Detenho-me aqui no que se refere à relação sexual... Quando é possível.

Nora, um corpo adicional

E volto ao casal Nora-Joyce, que me levou a fazer esse longo desvio. Da última vez, tentei fazer uma leitura termo a termo, palavra por palavra da página que Lacan consagrou em seu Seminário sobre Joyce, no texto de *Exílios*, de Joyce, e no qual ele menciona a não relação sexual para Joyce.

É necessário precisar que é sempre mediante alguma reserva que faço uma leitura literal desses textos, pois não são "escritos" de Lacan, são transcrições – certamente boas – de um texto falado, no qual a escolha dos termos é mais flutuante do que no escrito. Quando ele escreve suas duas "Notas" para Jenny Aubry, o vemos rasurar; quando ele fala em seu Seminário, alguém grava tudo e espalha no papel. Logo, não é sem reservas que fazia essa leitura palavra por palavra. Em particular, podemos nos perguntar se, algumas vezes, ao falar, Lacan não usa a expressão *rapport sexual* [relação sexual] apenas no sentido da *relation sexuelle* [relação sexual].[10] Podemos nos perguntar isso nesse parágrafo e mais para frente ainda no texto.

O que é certo, sem ressalvas, porque bem ressaltado, é que a tese do parágrafo é que Joyce não pode tomar uma mulher como sendo sua. Nesse sentido, Lacan diz explicitamente isso, no próprio momento no qual a relação com Nora está mais viva. *Exilados* relata essa impossibilidade para Joyce de tomar uma mulher entre outras como *sua* mulher,[11] é a expressão de Lacan. Para dizer de outra forma, Nora não é sintoma de Joyce, no sentido comum em que dizemos que uma mulher é sintoma do homem. Na "Conferência de Genebra sobre o sintoma", em 1975, Lacan retoma esse tema, na página 15[12] ele menciona novamente Joyce e, um pouco mais para frente, a questão da relação homem/mulher, e ele diz, coisa banal e bastante evidente, "todo homem não está apto para satisfazer toda mulher". Todo homem não é apto a satisfazer toda mulher, ele pode apenas satisfazer a uma ou a várias, mas nunca a qualquer uma – Lacan aí é explícito, coloca os "pingos nos is" –, porque ele não as quer. Ele não tem desejo de todas, de qualquer uma, porque nem todas são consoantes com o seu inconsciente. No entanto, *Exilados* não registra esse limite e pressupõe, é assim que Lacan comenta, "um homem qualquer para uma mulher entre outras".[13] Para que uma mulher seja sintoma de um homem, é preciso que ela este-

---

10 Na língua francesa, se faz a diferença entre *rapport* (relação, no sentido matemático) e *relation* (encontro sexual). [N. T.]
11 Lacan, J. (2007). *O seminário, livro 23: O sinthoma*. Rio de Janeiro: Zahar, p. 68.
12 Lacan, J. (1975). Conferência em Genebra "O sintoma" (04/10/1975). In *Le Bloc-notes de la psychanalyse*, 1985, n. 5, pp. 5-23. Recuperado de http://www.campopsicanalitico.com.br/media/1065/conferencia-em-genebra-sobre-o-sintoma.pdf (Acesso em 27/03/2018).
13 Lacan, J. (1975-1976). *O seminário, livro 23: O sinthoma*, op. cit., p. 68. "Uma-mulher-entre-outras é igualmente aquela que tem relação com outro homem qualquer".

ja em consonância com seu inconsciente. Isso não quer dizer que o sintoma dure a vida toda, um sintoma pode ser efêmero, mas precisa estar em consonância com o inconsciente, isso quer dizer, de forma clara, que para um homem, uma mulher não equivale a outra. Inclusive, é recíproco, mas aqui estamos falando de Joyce. É necessário que ela tenha os traços que fazem consonância com o inconsciente. Detenho-me na tese de que Nora não é sintoma e então vou dizer – é Lacan que o diz um pouco mais à frente na mesma conferência – como Joyce se situa em relação a isso.

* * *

Antes de tudo, faço um parêntese porque há uma tese no ensino de Lacan que pode parecer dizer o contrário, no Seminário *A transferência*, uma afirmação que poderia parecer exagerada, e que inclusive foi mencionada recentemente em uma das noites da Escola dos Fóruns. É na página 482, última lição do Seminário, em 28 de junho de 1961. Lacan está falando do luto e busca se aproximar daquilo que é preciso para fazer um analista. Ele não está falando tanto da relação entre os sexos, mas do luto que condicionaria o analista, que seria constitutivo da posição analítica. "O luto entorno do qual está centrado o desejo do analista"[14] – ele fala assim – "não há objeto que tenha maior preço que um outro".[15] Curioso! Seria preciso concluir que a análise desembocaria, no fundo, em um tipo de indiferenciação de seus objetos, chegando até a abandonar todos os seus objetos e a um tipo de dissolução dos laços eletivos, parece que alguns entendem assim. Não acredito de forma alguma nisso, e tampouco creio que Lacan ache isso, é até mesmo o contrário. É preciso, então, explicar bem o paradoxo.

---

14 Lacan, J. (1960-1961). *O seminário, livro 10: A transferência*. Rio de Janeiro: Zahar, 2010, p. 482.
15 *Op. cit.*, p. 482.

Inicialmente, Lacan afirmou com frequência duas coisas: uma análise conduz, como ele dizia gentilmente, a que cada um encontre seu par, aquele que poderá pensar que se pode pensar que é seu. Isso é o que Joyce não pode pensar, que ela é a sua. E quando ele diz uma "mulher-sintoma" isto implica que ela faça consonância com o inconsciente do homem, logo, não se trata de qualquer uma.

Como explicar essa proposta do final do Seminário *A transferência*? Acredito que é muito simples: nenhum objeto vale mais do que outro no nível de sua função de causa, de suporte do desejo, quer dizer, explico, que um objeto, qualquer que seja, um objeto da libido, é investido a partir do $(-\varphi)$, todos são investidos a partir do $(-\varphi)$; nesse sentido, nesse ponto, todos são equivalentes, pois todos correlatos à castração e à função do objeto *a*. Nesse nível, no frigir dos ovos, não era ele, não era ela, mas não quer dizer que é qualquer parceiro e, aqui, não é qualquer mulher pode vir no lugar do objeto ou do sintoma. Para isso, é necessário que se some à castração masculina aquilo que ele chama de "fazer consonância com o inconsciente". Ele se ressaltava isso, então, no final do seminário *A transferência* – vale realmente a pena reler esse capítulo – é porque está precisamente enfatizando a distinção entre um parceiro, o parceiro do desejo, que se escreve *a*, aquele que é a causa do desejo e o parceiro enquanto Ideal do Outro. Ele está tentando aprofundar a distância entre I e *a*, que voltamos a encontrar no final do Seminário *Os quatro conceitos fundamentais da psicanálise*. Isso não pode ser traduzido em indiferenciação dos objetos, é um contrassenso creio eu, e, além disso, bem pouco conciliável com os fatos clínicos mais patentes.

* * *

Volto à Joyce e Nora. *Exílios* nos diz que Nora não faz consonância com o inconsciente, Lacan traduz isso dizendo "ela não serve para nada",[16] como já comentei. Ainda em outras palavras, ela não é sintoma. Ela também não é seu Deus, não é seu Outro, também não é i(a), em nenhum sentido. Nos desenvolvimentos que fiz sobre as mulheres, tive a oportunidade de ressaltar a fórmula "minha mulher diz que...", que insiste em alguns homens, e vocês podem encontrar isso em um capítulo de meu livro. Está presente na neurose, na medida em que a neurose assume a prevalência da demanda do Outro, mas está também presente na psicose. Em Schreber, não há "minha mulher diz que...", mas "Deus diz que..." por intermédio de todas as vozes alucinatórias.

Essa dimensão está completamente ausente em Joyce. Não é que Nora esteja amordaçada, é mais que o que ela diz ou não diz, dá no mesmo. Ela quer ir à direita, ele quer ir à esquerda: eles vão à esquerda. A vida inteira deles foi assim, as duas biografias, tanto a de Joyce (há muitas de Joyce) quanto a de Nora, de Brenda Maddox,[17] mostram isso de maneira muito clara. Ela não é o Outro do qual a fala faz comando, ela também não é o Outro do qual ele realiza o gozo. Na conferência de Genebra, de 1975, a qual mencionei, que se encontra em *Le Bloc-notes de la psychanalyse* n. 5, no final, Lacan volta a falar sobre Joyce e a respeito das mulheres, ele diz o seguinte: "Ele sabia muito bem que suas relações com as mulheres eram tão somente sua própria canção".[18] Não se trata da canção do Outro, não é o "ela diz que..." ou "ele diz que...". Não diríamos isso de Schreber, e seria impossível dizer que Joyce realiza o gozo de Nora, nem mesmo a sua mensagem. Portanto, ela não é nem

---

16 Lacan, J. (1975-1976). *O seminário, livro 23: O sinthoma*, op. cit., p. 82. "Ela não serve absolutamente para nada".
17 Maddox, B. (1989). *Nora: A Biography of Nora Joyce*. New York: Ballentines Books, 1989.
18 Lacan, J. (1975). Conferência em Genebra sobre "O sintoma" (04/10/1975). Recuperado de http://www.campopsicanalitico.com.br/media/1065/conferencia-em-genebra-sobre-o-sintoma.pdf (Acesso em 27/03/2018).

seu sintoma, nem o Deus com quem ele poderia ter relação, ela é um objeto localizável no imaginário, mas não um objeto especular qualquer, e, em particular, ela não é nem mesmo o duplo do artista. No fundo, é uma forma singular de especularidade que Lacan menciona com a luva. Digamos que ela é um corpo adicional para ele que não tem corpo. Voltarei a isto.

Um sinthoma *que difere*

Mas, antes de tudo, deixo o casal Nora-Joyce de lado e volto para concluir a respeito do diagnóstico. A questão da psicose de Joyce é colocada por Lacan ao longo de todo o Seminário, e insisti no fato que a essa questão lancinante, em momento algum ele dá uma resposta claramente positiva. Lembro a todos que ele se pergunta se Joyce era louco. A questão é levantada, ela prossegue.

Ele se considerava o redentor? Lacan dá duas respostas. Primeira resposta: ao ler, não posso saber como ele considerava a si mesmo. Não se pode interpretar o escrito como fala. Segunda resposta: não, ele não se considerava o redentor, ele se percebeu como artista, não se trata da mesma operação. Algo lhe era imposto? A palavra lhe era imposta? Ou era esse o efeito da arte? Impossível de resolver. Deixá-lo cair [*le laisser tomber*] do corpo próprio: sempre dizemos, sempre disse, *mea culpa*..., que Lacan dizia que o deixar cair do próprio corpo faz suspeitar de psicose. Vamos reler o texto: "... deixar cair a relação com o corpo próprio é totalmente suspeito para um analista".[19] Vejam como interpretamos os textos, para além de seus enunciados.

---

19 Lacan, J. (1975-1976). *O seminário, livro 23: O sinthoma*, op. cit., p. 146.

É quando Lacan fala da relação de Joyce com sua filha, Lucia, que ele está mais perto de propor algo afirmativo. Joyce, que era muito apegado à sua filha e se enfurecia contra os psiquiatras dela, acha que Lucia era uma telepata emissora, ele achava que ela adivinhava coisas e que, em algumas de suas proposições, ela transmitia um determinado número de coisas. Lacan faz todo um desenvolvimento, muito interessante, sobre a telepatia, e ele menciona um paciente que havia apresentado em Sainte-Anne, que padecia por achar que ele mesmo era telepata, na medida em que acreditava que o outro, os outros, poderia adivinhar seus pensamentos, os próprios pensamentos com os quais ele comentava seu automatismo. Logo, telepata designa os sujeitos que supõem adivinhar ou serem adivinhados.

Vemos, em seguida, a ligação com a psicose, que é o que essa ideia de telepatia assinala: uma não separação com a cadeia significante do Outro. Lacan ressaltou muitas vezes, no Seminário *As formações do inconsciente*, retomando a ideia de Freud aliás, que o momento em que a criança entende que seus pais ou os outros não podem ler seus pensamentos é um momento determinante, que certifica uma elaboração de separação com o Outro.

Lacan percebe que essa crença em sua filha como telepata é provavelmente o signo de que no próprio Joyce alguma coisa da fala era imposta e que, em todo caso – nesse ponto ele é afirmativo – isso testemunha a carência do pai, que ele afirma, inclusive categoricamente, bem antes no Seminário.

Quando escutamos "carência do pai", automaticamente pensamos na psicose. Temos razão? O que Lacan diz sobre isso? Sua resposta é dada na última lição do Seminário. Ele nos faz esperar por ela... É provável que ele mesmo a buscasse. Se a resumo, é porque, no fundo dessa carência do pai, pela escrita, publicada, ele pode colocar o seu *ego* em função do *sinthoma*, em função, então, da quarta volta no nó borromeano, que sustenta o conjunto, enoda as três dimensões, do imaginário, do simbólico e do real. Vocês têm o desenho que Lacan faz desse nó, ele escreve as três voltas, simbólico, imaginário, real, sobrepostas, portanto não enodadas, e aquilo as enoda juntas.

Trata-se de dizer que Joyce é um sujeito que corrigiu a carência do sintoma-pai. É o que ele dizia já na página sobre *Exílios*. Ele é *l'artificer*:[20] ele sabe o que deve fazer para ser um composto trinitário borromeano. É nesse momento que Lacan diz "o nó borromeano é o sujeito real",[21] isto é, não suposto, *the individual*, como ele dirá nas conferências posteriores. Em outras palavras, quando Lacan diz "Joyce, o *sinthoma*", ele não diz apenas "Joyce a psicose" – Lacan sempre ponderou seus termos, ainda mais quando se trata de um título – para Lacan, o paradigma da psicose continua sendo Schreber, de uma ponta à outra de sua obra. Vejam quantas vezes, em "O aturdito", ele menciona Schreber para situá-lo nas fórmulas do lado em que não há o "ele existe... Que diz que não". Ele não evoca Joyce aí. Joyce é aquele que soube prescindir do pai, aquele que, por isso, nos mostra, até mesmo nos exibe, a função nomeadora em si mesma, não a função nomeadora de um pai, mas por si mesmo, uma função nomeadora que resulta de sua arte. Na página 25 (na versão francesa) das Conferências a respeito de Joyce, ele vai mais longe dizendo que do sintoma, Joyce dá "o aparato, a essência, a abstração".[22] É o que traduzo aqui, não tão claramente, ao dizer que ele nos mostra e nos exibe o que é a função nomeadora do sintoma. O que não impede de dizer que o Nome-do-Pai é um incondicionado, na medida em que Lacan identifica o Nome-do-Pai com a função nomeadora.

---

20 *Op. cit.*, p. 68.
21 *Op. cit.*, p. 36.
22 *Op. cit.*, p. 161.

Em todo caso, em Joyce, o que se mostra é a necessidade incondicional da nomeação para fazer um sujeito real, não suposto. O sujeito da cadeia é suposto, mais imaginário do que real. Então temos a necessidade incondicional da nomeação, mas essa nomeação não é forçosamente paterna no sentido em que ela viria de um pai, no sentido banal do termo.

* * *

Gostaria de lembrar que essa tese está enquadrada por dois outros textos de Lacan, que acredito que a sustentam.

O primeiro, já mencionado, é "O engano do sujeito suposto saber",[23] de 1967. Lembram que há uma página inteira na qual Lacan fala do problema de Deus, ele fala dos dois Deuses designados por Pascal –o Deus dos filósofos, que é o sujeito suposto saber, é aquele que Descartes convoca para fundar a matemática e que não é nada mais que o Outro de Lacan –, e o Deus dos profetas. Digamos que os profetas são os porta-vozes... Sou eu quem diz isso, um profeta é sempre um porta-voz da vontade divina.

Joyce é um antiprofeta por excelência; em sua obra, não há nada de profético. Não é o caso de Rousseau, por exemplo, já que os coloquei frente a frente: Rousseau, em *Emílio*, com sua "Profissão de fé do vigário saboiano",[24] se faz de pequeno profeta, os Jesuítas da Sorbonne não se enganaram a esse respeito – são perigosos os profetas para as Igrejas estabelecidas! –, e então, é por isso que os Jesuítas da Sorbonne fizeram-no ser condenado e preso. Deixo isso de lado.

---

23 Lacan, J. (1967). O engano do sujeito suposto saber. In *Outros escritos*. Rio de Janeiro: Zahar, 2003, pp. 329-335.
24 Rousseau, J-J. (1762). A profissão de fé do vigário saboiano. In *Emílio ou da Educação*. São Paulo: Martins Fontes, 1995.

Ao lado do Deus dos filósofos e do Deus dos profetas, Lacan falou do que ele chama a *deologia*, ou seja, a ciência de Deus. Ele evoca três sábios da *deologia* – estamos em 1967, como disse – Moisés, Mestre Eckart e Joyce. Os deólogos, os sabedores de Deus, são aqueles que dizem, que constroem e que mostram o que necessita a função de Deus e o que é a função Deus. Joyce é um sábio em ato, um *deólogo* em ato, se lermos o Seminário sobre Joyce. Já em 1967, Lacan aproximava esta *deologia* da função do pai em Freud e em seu próprio trabalho. Em 1975, ele inclui apenas que essa função Deus é uma função de nomeação, isso não estava em seu texto de 1967.

Ele volta a isso no final da "Conferência em Genebra sobre o sintoma", o segundo texto que enquadra a tese do Seminário. Perguntaram-lhe sobre a foraclusão, que parece o divertir bastante, e ele fala da função de nomeação e depois do falocentrismo e da função do falocentrismo, e menciona a relação das mulheres com o falo, a Virgem com seu pé sobre a serpente. Lacan nos diz que Joyce retoma isso, é aí que ele diz: "ele sabia muito bem que suas relações com as mulheres eram tão somente sua própria canção",[25] não a canção vinda de um pai, portanto. O projeto de Joyce é definido assim: "ele tentou situar o ser humano de um modo que só tem um mérito, o de diferir de tudo o que foi enunciado sobre isso precedentemente. Mas, afinal de contas, tudo isso é uma forma de repetição, é sintoma". Em outras palavras, Joyce faz a mesma operação que o pai, mas diferente. Concluo, então: Joyce prescinde do pai, e dizer Joyce-a-psicose, como eu fiz em meu livro chamado *L'aventure littéraire*,[26] é extremamente simplista. Se falamos Joyce-a-psicose, e até psicose que faz suplência, então será preciso dizer que a neurose é uma psicose que faz suplência por meio do pai.

---

25 Lacan, J. Conferência em Genebra sobre "O sintoma" (04/10/1975), *op. cit.*
26 Soler, C. (2001). *L'aventure littéraire ou la psychose inspirée*. Paris: Éditions du Champ Lacanien.

Joyce, se ele é uma psicose, faz suplência por outra coisa que o não o pai, já que todo o Seminário *RSI* e todo o Seminário sobre Joyce afirmam, repetem, insistem: o pai é ele próprio uma suplência – à foraclusão da vida e do sexo no Outro da linguagem.

* * *

Creio, então, que é preciso reordenar as coisas. O psicótico é um *falasser* em quem constatamos os efeitos da foraclusão e, portanto, afirmamos que, para ele, há carência paterna, mas se trata de um sujeito que não prescinde do pai, e o desencadeamento é o momento no qual se faz evidente que ele não prescinde dele – em outros termos, que ele não tem outro sintoma à sua disposição. Isso não impede que haja psicoses não desencadeadas, pelo simples fato de que, na condição estrutural da psicose, a da carência do Nome-do-Pai, é preciso que se adicionem outras condições, conjunturais para que isso se desperte. Lacan afirma isso novamente em "O aturdito", a respeito de Schreber, e a respeito disso ele não mudou em nada sua opinião.

Há, então, uma questão de definição do termo suplência. Ou se diz que o pai é uma suplência – e o *sinthoma* Joyce, então, é uma suplência também, mas que difere, como disse – ou então damos ao termo "suplência" um sentido mais fraco, a saber, aquilo que permite ao sujeito psicótico de se manter no quadro da realidade, antes ou depois do desencadeamento da psicose, quando isso se ajusta um pouco. E, no fundo, nesse momento percebemos que são sempre conjunturas reais ou imaginárias que permitem essa inserção nos quadros da realidade. O neurótico é o sujeito que tem o *sinthoma*-pai. E depois há Joyce, e se há Joyce, deve haver outros, pressuponho, que tenham um *sinthoma* que difere e que permite prescindir do pai. Essa é a minha conclusão sobre esse ponto e minha autocorreção sobre Joyce.

O sinthoma-*pai* e a transmissão

Agora, evidentemente, é possível se perguntar, e não deixaremos de fazê-lo, ainda assim, o sintoma-pai não é o melhor? Não é possível responder do lugar do Outro, mas, talvez, seja possível avaliar os efeitos. E é verdade que o *sinthoma*-pai tem a característica – já tratei disso várias vezes – de ligar não apenas as três consistências, mas de ligar os sexos e as gerações – os sexos no casal, as gerações na descendência.

Quem fala de geração, evidentemente fala da existência, da existência dos corpos vivos. Insistimos frequentemente e muito sobre o efeito da carência paterna no nível do sexo, com razão, mas, enfim, isso tem lugar também no nível da existência, e tem lugar também na primeira infância, o *sinthoma*-pai, os efeitos do *sinthoma*-pai, isso tem lugar exatamente na neurose infantil, isto é, esse momento crucial que Freud descobriu, que é o do complexo da castração.

Devido ao fato de que o *sinthoma*-pai tem a vantagem de estabelecer um duplo laço entre os sexos e as gerações, ele tem a vantagem de ser transmitido, de ter efeitos de transmissão.

Essa é uma diferença com relação ao *sinthoma*-Joyce, que não é um *sinthoma* que se transmite, é um *sinthoma* que vale apenas para ele. Se Joyce se salva, se salva sozinho, e podemos ver que, do lado de seus filhos, dos dois, não é possível dizer que isso tenha as mesmas virtudes que um *sinthoma*-pai. Ele tem apenas o mérito quase epistêmico de revelar a essência do *sinthoma*, é a tese de Lacan. E esse *sinthoma* tem o inconveniente de deixar o corpo à parte, quer se trate do corpo de Joyce ou do corpo de seus filhos.

Lacan faz uma avaliação sobre esse ponto, na Conferência "Joyce, o sintoma II".[27] Ele evoca o fato de que Joyce faz muito pouco caso de seu corpo, e diz que o que ele obtém com isso não vale muito. Daí a questão, para nós, daquilo que Joyce faz com seu corpo. Podemos colocar a questão assim, a partir do ensino de Lacan, já que ter um corpo é poder fazer algo com ele, possivelmente – não necessariamente, mas possivelmente.

Nas "Conferências", Lacan traz justamente precisões muito interessantes sobre esse ponto. O que podemos fazer com um corpo? Ele dá uma fórmula geral na página 563. Cito: "Ao fazer tão barato seu próprio corpo, ele demonstra que '*UOM tem um corpo*' não quer dizer nada, se não fizer todos os outros pagarem o dízimo por isso".[28] É uma tese um pouco enigmática... Todos fazemos, então, os outros "pagarem o dízimo", e Lacan coloca ainda "via traçada pelos Irmãos Mendigos", os Irmãos Mendigos que fazem os outros pagarem sua subsistência. É curioso que Lacan use o termo "dízimo", termo envelhecido, e ainda mais evocando os Irmãos Mendigos – ele o toma em um sentido particular.

Fiz algumas pesquisas a esse respeito: o dízimo, no começo, era um termo para designar o imposto, o fato de que o povo comum devia dar uma parte de seus recursos, de suas colheitas, ao mestre e à Igreja. É uma prática que, em geral, encontramos na Índia, na Pérsia, no Egito – Moisés cobra o dízimo –, e então encontramos isso em Roma, e em todo o mundo cristão cobra-se o dízimo. Há o dízimo como imposto obrigatório, e há uma acepção e práticas do dízimo como não obrigatório. Lacan, ao evocar os Irmãos Mendigos, nos indica que ele trata do dízimo não instituído, legalizado nas relações com o poder, mas do dízimo

---

27 Lacan, J. (1975). Joyce, o sintoma. In *Outros escritos*. Rio de Janeiro: Zahar, 2007, pp. 561-566.
28 *Op. cit.*, p. 563.

não obrigatório. A tese é, então, por fim– apesar de ele não dizer assim nesse texto, mas tiro dele essa conclusão – que em todo laço social, laço social que implica o corpo, cada um paga um dízimo ou cobra um dízimo, pois se cada um paga é porque o outro cobra um dízimo. Daí a questão: como cobramos o dízimo para fazer algo com o corpo? Paro por aqui. Vou lhes dar as respostas que me vieram no próximo encontro.

11. Clínica borromeana da paranoia

9 de junho de 2004

Deixei-os da última vez com a pergunta sobre o que se pode fazer com um corpo e como é possível esclarecer essa afirmação de Lacan na Conferência de 1975 sobre Joyce, publicada em 1979: "Ao fazer tão barato seu próprio corpo, ele demonstra que 'UOM tem um corpo' não quer dizer nada, se não fizer todos os outros pagarem o dízimo por isso".[1] É justamente o desenvolvimento no qual ele afirma que Joyce faz muito pouco caso de seu corpo. Ressaltei o caráter antiquado do termo "dízimo".

Lembrei-mede que há outro momento em que Lacan diz algo parecido, e com um termo um pouco antiquado. Não sei por que, me pergunto, é em "Radiofonia", na página 417, em uma explanação sobre a metáfora e a metonímia, ele chega a falar de Bel-Ami[2] que tenta seduzir a bela histérica, e ele observa que Bel-Ami deve pagar

---
1 Lacan, J. (1975). Joyce, o Sintoma. In *Outros escritos*. Rio de Janeiro: Zahar, 2007, p. 563.
2 Maupassant, G. (1885). *Bel-Ami*. São Paulo: Estação Liberdade, 2010.

o escote [*écot*]³ que a bela histérica lhe exige. O escote também é um termo que vai no mesmo sentido e que é pouco usado hoje em dia. Não sei o que motiva Lacan a usar termos um pouco antiquados. Será para significar que tudo isso não é de hoje? Não sei.

Usos do corpo

Tudo isso tinha me levado a me perguntar o que fazemos com um corpo, que implica que o outro, de certa forma todos os outros, paguem algo. Refletindo sobre isso, há, é claro, uma grande quantidade de usos.

O primeiro, o mais antigo, é que se pode vender o corpo. É possível vendê-lo de diversas maneiras, na prostituição, mas também no campo do trabalho. Essa era a tese de Marx, o trabalhador vende a sua força de trabalho. Hoje em dia, pode-se ir mais longe, pois é possível vender nossos órgãos. Não é muito comum entre nós, em nossa sociedade os órgãos são doados, mas há países, países subdesenvolvidos, nos quais a miséria faz com que existam sujeitos que vendam um órgão. Todas essas são formas nas quais não esperamos a caridade pública, como é o caso das Ordens dos Mendigos, que Lacan evoca nesse trecho, mas, em todo caso, espera-se da carteira pública.

É possível também fazer de um corpo um instrumento – não insisto muito sobre esses pontos dos quais cada um poderia fazer desenvolvimentos variados. É o caso em todas as práticas nas quais o sujeito vive, constitui para si uma carreira comum a performance qualquer, performance do corpo. Em outros termos, é possível fazer dele um escabelo. Desenvolvi longamente isso, o fato de

---

3 Lacan, J. (1970). Radiofonia. In *Outros escritos*. Rio de Janeiro: Zahar, 2007, p. 419. Na edição em português, o termo "*écot*" foi traduzido "quota". [N. R.]

que Joyce não fez um escabelo com seu corpo. Mas é possível fazer como no caso dos esportes, para os campeões; é o caso em certas artes, a dança, por exemplo, as acrobacias, o circo, enfim, seria preciso estabelecer a série toda na qual se faz com o corpo, de certa forma, o instrumento que permite se estabelecer na vida e, então, tirar dele o benefício necessário.

Há também todos os usos que consistem em fazer do corpo um representante narcisista. Esses usos podem, inclusive, ser combinados entre eles. Fazer dele um representante narcisista consiste em mostrá-lo sob seu melhor ângulo. Se não fosse assim, não existiria cirurgia plástica, nem tudo aquilo que se chama de "a arte dos adornos corporais". Seria preciso também situar aqui a *bodyart*, como se diz hoje. Deixo isso de lado.

Há o que poderíamos chamar de "os usos do gozo" propriamente dito, que são múltiplos e diversos. De fato, vejo-os se dividirem em dois lados.

Há o lado da toxicomania, todas as formas de vício. Como sabem, Lacan tem uma tese simples, muito convincente e em nada ultrapassada, que é que todas elas consistem em criar um curto-circuito nos embaraços do fálico. E quando se criam esses curtos-circuitos nos embaraços do fálico, cedo ou tarde conta-se com a sociedade para sustentá-los, já que o campo do trabalho faz parte do fálico.

E há, por fim, e é aí que vou me deter, o gozo sexual, os usos propriamente sexuais. As coisas mudaram bastante com relação a isso, já que houve épocas nas quais era possível cultivar os sintomas do ascetismo, da abstinência, da privação, até mesmo da mortificação da carne. Essas práticas prevaleceram durante muitos séculos, sob a influência do cristianismo, mas, pelo menos em nossos países, isso de fato desapareceu. Ainda pode haver alguns bem originais, seguramente, mas, enquanto prática de massa, desapareceu. São práticas que supunham um Outro consistente, já que tudo isso era oferecido ao Outro e que, além disso, isso tinha a vantagem de sustentar um tipo de par privação-transgressão. Pois mortificar a carne desemboca frequentemente em experiências de gozo transgressivo.

Hoje em dia, as únicas transgressões ou pseudotransgressões que restam são as aquelas em relação ao princípio de prazer. Lacan notava há muito tempo que o limite do que Freud chamou de princípio de prazer era o que ele chamava de um limite quase natural, com relação ao aumento do gozo. E ele indicou no texto "Kant com Sade"[4] que esse limite funciona precisamente no fato de que quando a dor se instala para além de certos limites, o sujeito desmaia. Esse limite, quase natural, é mais ou menos o que nos resta para convocar práticas de gozo um pouco menos limitadas, um pouco menos chatas que o simples gozo fálico, em seus limites. É assim que interpreto o aumento das práticas sexuais sadomasoquistas. Há um aumento, ele é perceptível nos Estados Unidos, e dá lugar a toda uma literatura, há agora correntes feministas que reivindicam o direito de se entregar ao gozo sadomasoquista – sim, senhoras!

E há também, não vou insistir sobre isso, toda uma fanfarronice do que falávamos nesse domingo em Asphère: Anne Juranville mencionava o que ela chamava "a literatura da carne". Deixo isto de lado, mas é para dizer que Lacan tinha mesmo razão ao insistir sobre o fato de que ter um corpo é poder fazer algo com ele e que há muitas variáveis a esse respeito.

---

4 Lacan, J. (1962). Kant com Sade. In *Escritos*. Rio de Janeiro: Zahar, 1998, pp. 776-803.

Joyce e o corpo

Joyce, essencialmente, não passa por nenhuma dessas vias. Ele fez um nome para si, não de seu corpo, mas de sua escrita, e se nos perguntarmos o que ele fazia com seu corpo, só vejo duas coisas.

Antes de tudo, indiquei há muito tempo que houve em Joyce esboços de dandismo, mais concretamente de dândis modas e vestimentas, que ele tentou, aliás, transmitir para Nora. Seria algo para se estudar. O que ele esperava dessa forma de vestir calculada, sofisticada, do corpo? É provavelmente algo para colocar em série com o seu gosto pelo teatro, mas é um gosto que, na verdade, não resistiu. Vocês sabem que ele evoca, em sua juventude, cenas que tiveram muito sucesso no teatro, e nas quais experimentou a mesma coisa que no episódio da surra, logo depois da exaltação do momento do sucesso, assim que passou a porta, ele percebe que tudo se esvazia. Isto é, acredito que ele não era realmente muito exibicionista, nem realmente masoquista – é Lacan que diz isso, ele não era um verdadeiro perverso, não era um verdadeiro masoquista – e creio que ele também não era um verdadeiro exibicionista. Não estou segura, portanto, de que seja possível destacar muito suas veleidades do lado do dandismo, fora que o dandismo é algo complexo, que não se reduz apenas ao vestuário. Há uma fórmula de Baudelaire muito bonita – é um parêntese –sobre o dandismo, na qual ele diz que o dandismo é tudo o que resta do heroísmo em um tempo de decadência. Se o tomarmos assim, isso lhe dá um alcance que não é apenas o de exibição.

E ao lado dessas veleidades do dandismo, não podemos negligenciar o alcoolismo – isso está do lado da toxicomania; o alcoolismo de Joyce esteve presente praticamente desde sempre, desde sua adolescência, até o final. Qual era a função disso para ele? Não tenho ideia, é difícil de dizer; em todo caso, percebo que não era um alcoolismo solitário – há muitos tipos de alcoolismo –, mas um alcoolismo de bando: o bando de amigos em Dublin, depois em Trieste, em Roma, alcoolismo de café. Ele não bebia em casa, e quando estava em Paris, seu amigo Eugène Jonas, amigo fiel, conta que regularmente, no meio da noite, recebia uma chamada de Joyce que lhe dizia "vamos a tal lugar", um café qualquer em Paris. Eles se encontravam, bebiam em silêncio, e Eugène Jonas conta que não diziam uma palavra sequer, era realmente beber sem dar um pio. E receio, seria preciso verificar isso, que era provavelmente Eugène Jonas quem pagava, já que Joyce pagava raramente. Haveria talvez até outras coisas, mas não estavam integradas ao seu sintoma, digamos, que são sintomas marginais em relação a "Joyce, o sintoma". Esse fato mantém completamente a validade da tese de Lacan, que ele não fez nada com seu corpo, no sentido em que ele não o usou. Não mais do que Nora, inclusive: ela não servia para nada, seu corpo também não, no que se refere a lhe servir de escabelo.

Novidade sobre a paranoia: o nó de trevo

Deixo Joyce de lado agora e vou abordar a questão da paranoia. O que tentei ressaltar até aqui, tenho que admitir que com insistência aliás, é a nova concepção de Lacan sobre a função do pai nesses anos, por volta de 1975, pelo fato de que ele introduz uma reconceitualização, mantendo o termo Nome-do-Pai, a partir da noção de um dizer de nomeação: o Nome-do-Pai como dizer de nomeação, que ele situa no nó borromeano como o quarto que prende os outros três, com a consequência – esse é também um ponto sobre o qual insisti – de que não podemos simplesmente dizer "Joyce, a psicose". E ele não diz "Joyce, a psicose", mas "Joyce, o sintoma".

Outra consequência importante, sobre a qual insisti menos, é que a partir dessa referência ao nó borromeano o sentido do termo "sujeito" muda. O sujeito do qual ele começa a falar não é mais o sujeito apenas suposto à cadeia, disse isso no último encontro, ele diz isso explicitamente, é o sujeito real, não "mais diverso do que cada corpo que assinala o *falasser*",[5] em outras palavras, "sujeito real" quer dizer sujeito na medida em que é composto borromeanamente, o que poderia nos induzir a dizer que talvez sejamos, todos, nós borromeanos, talvez com algumas exceções. Em todo caso, os neuróticos são, todos, nós borromeanos!

Sendo assim, resta a questão de saber o que Lacan trouxe de novidade nesses anos, nesses seminários, a respeito da paranoia, algo que seja inteligível – porque ele diz muitas coisas não inteligíveis, talvez difíceis de entender – então, o que ele trouxe de coerente e que seja assegurado nos Seminários dessa época?

Há apenas duas lições nas quais ele fala de paranoia: a do dia 8 de abril de 1975, que está em *RSI*, e a do dia 16 de dezembro de 1975, que está no final do primeiro trimestre do Seminário sobre Joyce.

Tentarei continuar, com relação à paranoia, com a leitura aplicada e metódica que tento fazer desses dois textos. Como devem ter entendido, sou inimiga declarada das leituras que chamo de "descontraídas". Chamo de "descuidadas" as leituras que podem, por outro lado, ser muito interessantes e que consistem em escolher nos textos de Lacan os parágrafos que inspiram, ignorando as opacidades e, assim, esquecendo a lógica do conjunto. Tento não fazer isso.

Vou, então, partir detalhadamente da questão da paranoia, da última lição, a do dia 16 de dezembro de 1975. É uma lição muito difícil de entender – Lacan termina dizendo: "eu lhes disse essas

---

5 Lacan, J. (1975-1976). *O seminário, livro 23: O sinthoma*. Rio de Janeiro: Zahar, 2007, p. 37.

coisas difíceis", e é bem verdade! – e sobre a qual vocês sabem que alguns se fixaram completamente – falo aqui de Jean Allouch, que extraiu algo disso. Voltarei a esse tema.

Essa lição do dia 16 de dezembro de 1975 começa fazendo referência à lição anterior, na qual Lacan introduziu o novo nó, do qual ele não havia falado até então, e que ele chama de "nó de trevo". Ele começa sua lição, dizendo: "Outro dia lhes falei do nó de três – o nó de três é o nó de trevo, retomarei esse assunto –, que desenho assim, e vocês veem que ele é obtido do nó borromeano".[6] E ele continua nesse registro. Como ele desenha o nó borromeano de trevo? Ah! Tenho dificuldade com o desenho dos nós borromeanos, na lousa pelo menos, precisaríamos estar entre três ou quatro pessoas em volta de uma mesa para fazer isso; ainda assim, vou tentar desenhá-lo para vocês, pois acho que é muito essencial.

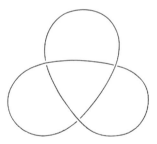

Podemos entender porque ele o chama de "nó de trevo": ele tem as três voltas do trevo.

É, portanto, um novo nó que derivou do nó borromeano – que não vou redefinir, ele enoda as três dimensões, imaginário, simbólico, real de modo que, se cortarmos um, o nó se desfaz, é o nó mais simples, pode existir um quarto que mantém os três não enodados.

---
6 Op. cit., p. 44. As palavras entre hífens são da autora. [N. R.]

Este nó, com uma só corda, é, portanto, uma única consistência e, ainda assim, é um nó.

Lacan o chama primeiro de "nó de trevo" e mostra que com três nós de trevo é possível fazer um nó borromeano de três, ele mostrou isso. E quando começa a lição do dia 16 de dezembro, sobre a qual me detenho, ele explica o que já havia dito no final da lição anterior, que ele acaba de passar dois meses tentando mostrar que era possível fazer um nó borromeano de quatro com quatro nós de trevo, o que ele não conseguiu. Ele diz ainda que isso só prova a sua impotência e sua incapacidade. E começa a sua aula dizendo que graças à Soury e Thomé é possível dizer que essa demonstração foi feita. Ele parece muito entusiasmado.

O que está em jogo: o sujeito real

Evidentemente, os ouvintes, e até mesmo o leitor atual, se perguntam qual é o desafio e qual é a razão do interesse por esse novo nó de trevo. Há muitos nós possíveis, até mesmo nós borromeanos. Lacan mesmo diz: comecemos por ver qual é o interesse disso. Ele diz que essa pesquisa importava para ele para encontrar um nó no qual as três consistências, imaginária, simbólica, real, estivessem em continuidade, de tal forma que elas fossem indistinguíveis. E ele explica, enfim, entendemos nesse capítulo, com efeito, que a distinção desses três círculos, imaginário, simbólico e real, é, na realidade, muito problemática a partir do momento em que essas três dimensões (ele insistiu muito sobre isto) são equivalentes, não são hierarquizadas; também insisti nisso no começo do ano. Ele insistiu para distingui-las:

O imaginário se caracteriza pela consistência, o que quer dizer, imaginariamente da forma mais simples, que isso se mantém junto.

O simbólico se caracteriza pelo furo, recalque originário etc. e temos todo tipo de desenvolvimento sobre isso.

O real se caracteriza pela *ex-sistência*, o real *ex-siste* ao simbólico e ao imaginário, ele disse e repetiu isso.

E, em seguida, ele diz: "mas, na realidade é imaginariamente que eu posso qualificá-los assim". E ele começa um parágrafo[7] no qual diz que o real só tem existência ao encontrar a detenção do simbólico e do imaginário. E em seguida, um segundo parágrafo no qual ele afirma: é possível dizer o mesmo dos dois outros. O que quer dizer? Isso implica que já é preciso dispor do nó borromeano para poder distinguir imaginário, simbólico e real. É até mesmo isso o levou a fazer prevalecer o nó de quatro.

Nosso colega Michel Bousseyroux mencionou, na Jornada de Bordeaux, esse ponto, que é muito importante, porque, com efeito, durante esses dois anos do Seminário, *RSI* e *O sinthoma* vê-se o quanto Lacan busca e hesita sobre a questão de saber se é mesmo necessário um quarto para que isso se enode borromeanamente. Conforme evoquei, em *RSI*, no dia 11 de fevereiro de 1975, ele dizia que, para Freud, os três, simbólico, imaginário e real, não se enodam

---

7 *Op. cit.*, p. 49.

e que Freud recorria ao Édipo, isto é, ao pai, como quarto, para que se mantenham unidos. E colocava a questão que citei: é mesmo necessário esse quarto? Em fevereiro de 1975, ele respondia: não, o nó borromeano de três prova que é possível prescindir do quarto, e é aí que ele introduzia "o Nome-do-Pai é para se perder",[8] "é possível prescindir dele..."[9] [*on peut s'en passer*]. Ao ler a continuação do Seminário e ao chegar ao Seminário sobre Joyce, entende-se que, cada vez mais, Lacan toma como certo que há um quarto e explica o motivo para isso, um pouco difícil de decifrar, mas, por fim, decifrável, já que ela foi decifrada, Michel Bousseyroux a leu, eu a li, e nós lemos do mesmo jeito a esse respeito: é que o quarto é necessário para enodá-los, pois os três não são distinguíveis enquanto não estão enodados. E, aliás, no final da lição do dia 16 de dezembro, sobre a qual me debruço hoje, Lacan voltará a isso dizendo "as três rodinhas se imitam",[10] e ele diz, aí estão os "pingos nos is", "os três círculos participam do imaginário como consistência, do simbólico como furo e do real como lhes sendo *ex-sistentes*",[11] ou seja, eles são equivalentes, portanto, indistinguíveis. Ele, então, usa esse nó de trevo precisamente porque nesse nó de trevo as três dimensões não estão distinguidas, mais exatamente, elas estão em continuidade – ele formula a não distinção dizendo "elas estão em continuidade".[12]

Eis o primeiro comentário, que me parece ser importante e que apresenta a primeira grande dificuldade.

Ele diz "os nós de três": nó de trevo e nó de três são a mesma coisa, mas aí é preciso ter muito cuidado, ler realmente com muito

---

8   Lacan, J. (1974-1975). *O seminário, livro 22: RSI*, inédito. Lição de 11/03/1975.
9   *Op. cit.*, Lição de 11/02/1975.
10 Lacan, J. (1975-1976). *O seminário, livro 23: O sinthoma, op. cit.*, p. 55.
11 *Op. cit.*, p. 55.
12 *Op. cit.*, p. 49.

cuidado, pois ele escorrega: primeiro disse "nó de trevo" e depois falou "nó de três" e poder-se-ia perguntar por que, já que há uma única corda e uma única consistência. Evidentemente, há três laços no aplanamento, mas, sem dúvida, ele mantém essa denominação de nó de três para insistir em uma noção de triplicidade. Vê-se isso quando ele afirma que os nós de três "vão se compor borromeanamente uns com outros. Assim partiremos do seguinte: é sempre em três suportes, que nesse caso chamaremos de subjetivos, isto é, pessoais – temos a primeira dificuldade –, que um quarto vai se apoiar".[13] Os três nós de três, então, se enodam borromeanamente com um quarto, isso não é uma dificuldade. Os três círculos que se enodam borromeanamente por um quarto, ou então, os três nós de três que, de todo modo, são uma única corda se enodando borromeanamente por meio do quarto, isso não apresenta dificuldade. Também não é uma dificuldade quando ele afirma "verificamos, então, que é necessário sempre três suportes", sejam três dimensões, ou três nós de trevo, que se enodam, todos os três por um quarto – então, temos sempre os três que voltam. Portanto, sempre são necessários três suportes, não é difícil, ele já explicou muito isso.

Mas, aquilo em que tropeçamos é "três suportes, que nesse caso chamaremos de subjetivos, isto é, pessoais": seria dizer que ele qualifica esses três nós de trevo – como as três voltas do nó precedente – de suportes subjetivos ou pessoais. É uma questão. Voltarei a isso logo.

Antes, gostaria de fazer uma pequena observação: como ele passou do nó borromeano ao nó de trevo, no plano da manipulação? Ele mesmo diz isso, quando se aplana um nó borromeano clássico, no aplanamento do nó borromeano vemos aparecer espaços que se desenham, no centro o espaço no qual ele escreve o objeto a e em seguida as intersecções nas quais ele escreve diferentes gozos. Mas

---

13 *Op. cit.*, p. 50.

se trata de um efeito de aplanamento, já que, na verdade, esses espaços não existem em um nó borromeano. Ele mesmo diz isso, então, a partir dos pontos de sobreposição cima-baixo do nó borromeano não é tão difícil fazer sair um nó de trevo. Isso só para lhes dizer que há uma manipulação possível, uma derivação possível do nó borromeano clássico ao nó de trevo – ele não tirou isso do chapéu.

O que está em jogo? Por que essa paixão por esse novo nó e por essa passagem de um nó ao outro? Acredito que nessa lição Lacan diz com muita clareza, e muitas vezes, o que está em jogo nessa frase: "o que resulta disso para o sujeito?".

Há muitas citações, ainda na mesma lição, em que ele lembra, por exemplo, que o nó borromeano clássico, quando o orientamos, resulta em dois nós diferentes. Isso diz respeito à manipulação dos nós.

E ele coloca a questão: qual é o verdadeiro nó, aos olhos daquilo que sustenta o sujeito?

Vemos, então, que para Lacan a questão não é fazer o nó pelo nó, mas saber qual é o esquematismo nodal que dá conta do sujeito, do sujeito real, como o redefini. Da mesma forma, na mesma página, ele volta a dizer isso, depois de ter falado sobre o nó de três, no qual as consistências estão em continuidade, ele diz: "o que resulta daí (para o sujeito)?".[14] E chegamos à página 50, que acabo de ler: "Assim partiremos do seguinte: é sempre em três suportes, que nesse caso chamaremos de subjetivos, isto é, pessoais – temos

---

14 Lacan, J. (1975-1976). *O seminário, livro 23: O sinthoma*, op. cit., p. 49. Essa frase não foi traduzida na edição em português da Zahar. Nos documentos editados por *staferla*, lemos, nessa lição de 16/12/1975: "Mais alors, qu'en résulte-t-il ? Qu'en résulte-t-il pour que de ce noeud, quelque chose qu'il faut bien appeler de l'ordre du *sujet*... pour autant que le *sujet* n'est jamais que *supposé* ...ce qui de l'ordre du *sujet* dans ce *noeud à trois*, se trouve en somme supporté ?". [N. R.]

a primeira dificuldade –, em que um quarto vai se apoiar".[15] Finalmente, na página 52, ele retoma: "o nó de três... é o suporte de toda espécie de sujeito",[16] ou seja, é o nó de base. Como interrogar isso de tal forma que se trate mesmo de um sujeito? Vemos aqui que Lacan responde a uma pergunta que todo mundo se fazia, e se faz: por que essa preocupação com os nós borromeanos, com suas transformações, com sua variedade? Mais que preocupações, trata-se de uma manipulação que ele faz dos nós, que ele tenta, em todo caso.

Ali, ele nos responde, ele se interessa pelos diferentes nós, pelos diferentes tipos de enodamento, ou de não enodamento e de correção do não enodamento, para entender o que ele chama de "o assento do sujeito", o suporte dos sujeitos reais, o que quer dizer os *falasseres* com seus corpos marcados pela linguagem.

Entendemos que ele busca, com o nó borromeano, um novo esquematismo. Novo em relação ao que havia produzido até então, e que é o grafo. O grafo é baseado em uma referência linguística, já que ele escreve as duas cadeias etc., mas era uma construção de sua autoria.

Com os nós, é bem diferente: borromeanos ou não, eles precedem de longe a psicanálise, há uma teoria matemática, há uma multiplicidade de nós, e vemos Lacan se interessar por isso, buscar quais seriam os nós pertinentes para esclarecer o que é um sujeito no sentido de sujeito real, e como ele se sustenta ou não. Eis o que está em jogo nessa manipulação.

Não sei o que acham, mas vejo aí uma primeira dificuldade: o que quer dizer "assim partiremos do seguinte: é sempre em três suportes, que nesse caso chamaremos de subjetivos, isto é, pessoais..."?[17]

---

15 *Op. cit.*, p. 50.
16 *Op. cit.*, p. 52.
17 *Op. cit.*, p. 50.

Subjetivos ou pessoais, poder-se-ia pensar que quer dizer que a maneira com a qual os três estão enodados não vale de forma universal, que é uma maneira própria de cada um, que haveria um modo de sobreposição e de enodamento do nó próprio de cada um. Poderíamos pensar também que ele insiste nesse traço porque ele é constitutivo da pessoa, não próprio a cada um (poderia ser para todos), mas constitutivo para cada um. Se quer dizer simplesmente isso, a dificuldade desaparece. Na verdade, temos um eco disso um pouco mais para frente no Seminário, que vai nesse sentido.

Vocês sabem que, referindo-se a Joyce, Lacan fala de um *lapso do nó*, isso quer dizer uma sobreposição cima-baixo, que não acontece onde ela deveria acontecer para que se enode. Um lapso do nó, ou seja, um defeito do nó – a palavra *lapso* não é equivalente a um defeito, é claro, elafaz pensar em um fenômeno de linguagem, conecta com o vocabulário do inconsciente linguagem.

Lacan insiste em dizer que quando há um lapso do nó é possível repará-lo, se um cima-baixo não aconteceu, pode haver algo que venha enganchar, mas ele percebe que é uma questão de saber se a reparação se faz no lugar em que houve o lapso ou não. Em todo caso, há ainda essa ideia de que os pontos de suporte são personalizados, não são os mesmos para todos; que existam pontos de não suporte e pontos de suporte personalizados, o que iria no mesmo sentido. Bom. Como as dificuldades não são insuperáveis até aqui, a leitura continua.

Paranoia e personalidade

Chegamos à paranoia. Na parte seguinte, ele acaba de dizer "se o nó de três, qualquer que ele seja, é de fato o suporte de toda esta espécie de sujeito, como interrogá-lo?",[18] e é aí que há esse famoso parágrafo sobre a psicose paranoica. Vou lê-lo para vocês (já o leram, com certeza já escutaram alguém ler e repetir, tanto faz):

> *Houve uma época, antes de eu enveredar pela psicanálise, em que avançava por um caminho determinado, o da minha tese "Da psicose paranoica em suas relações – eu dizia – com a personalidade". Se por muito tempo resisti que ela fosse novamente publicada, é simplesmente porque a psicose paranoica e a personalidade não têm, como tais, relação, pela simples razão de que são a mesma coisa.*[19]

Temos, então, uma primeira tese, a psicose paranoica e a personalidade são a mesma coisa. Não incluo: e vice-versa! A psicose é a personalidade, e ele continua: "Na medida em que um sujeito enoda a três o imaginário, o simbólico e o real, se sustenta apenas em sua continuidade. [...as três] são uma única e mesma consistência".[20] Vejam porque ele falou do nó de três há duas lições. "E é nisto que consiste a psicose paranoica."[21]

Aí está, então, algo categórico tratando-se da psicose paranoica: se nos perguntarmos qual é o nó que sustenta um sujeito quando se trata de um sujeito paranoico? É o nó de trevo, o nó de três. Continuidade de três dimensões, uma única e mesma consistência, significa também que elas se confundem. Dizer isso, é claro, consiste em dar ênfase ao Um, mais do que ao três, apesar de

---

18 *Op. cit.*, p. 52.
19 *Op. cit.*, p. 52.
20 *Op. cit.*, p. 52.
21 *Op. cit.*, p. 52.

se chamar "nó de três", pois, evidentemente, o nó é de uma única consistência. Não insistirei no Um.

Nosso colega Antonio Quinet veio fazer um seminário das *Diagonais da Opção*, e insistiu bastante no Um na paranoia – ele está certo. Em todo caso, essa ideia de que se trata de um nó de trevo com uma única e mesma consistência vai nesse sentido. E isso traz muitas questões.

Se "a paranoia é a personalidade", o que é a personalidade?

Trata-se de um termo que foi muito usado – Lacan escrevia em uma época em que havia uma corrente personalista. Isso tudo acabou, foi para o ralo da cultura, se é que posso dizer isso.

Mas, no sentido corrente do termo, a personalidade (a personalidade de cada um, pois cada um tem a sua) designa a diferença de cada pessoa, conforme ela é manifesta. Não a diferença na medida em que é inconsciente – é o $\mathcal{S}$, a diferença inconsciente –, mas a personalidade, diferença enquanto manifesta, começa pela imagem do corpo, vai até os talentos e capacidades de cada um, e até quando dizemos "é uma personalidade" – já que empregamos o termo como atribuível a cada um, mas também para distinguir personalidades, não enfatizamos sempre a virtude, os talentos excepcionais ou a eminência; muitas vezes sim, mas não necessariamente – quando dizemos "é uma personalidade", enfatizamos a constância dos traços. Estamos diante de uma personalidade quando não podemos influir, não podemos fazê-la se mover, aí está o inamovível. Digo, constância, esse é o termo positivo. Há um menos positivo que é inércia, mas os dois dizem a mesma coisa: algo que está fixo.

Clinicamente sabemos que isso, esse traço de fixidez que há no que define toda personalidade, combina com a paranoia. Logo, quando Lacan apresenta essa tese – a paranoia é a personalidade, as três consistências estão em continuidade, então há uma só –, será preciso se perguntar como a clínica clássica é esclarecida por isso, se isso traz algo novo para a clínica clássica, ao que já se sabe sobre a paranoia, e até se isso não traz nada de novo, como isso ordena, como esclarece. É uma questão, creio eu, que é preciso trazer e desenvolver. Em todo caso, ele não para por aí. Voltarei a essa definição da paranoia, em uma perspectiva clínica.

Quero continuar a leitura. Chego ao parágrafo seguinte, sobre o qual Jean Allouch refletiu bastante, fez um grande livro e com o qual tentou uma aplicação. O que ele diz? Estava lendo "é nisto que consiste a psicose paranoica".[22] E Lacan diz o seguinte (ressalto o tempo condicional do parágrafo todo):

> *Se admitirmos o que enuncio hoje, poderíamos deduzir que a três paranoicos poderia ser enodado, a título de sintoma, um quarto termo que seria situado como personalidade, precisamente, na medida em que seria distinta em relação às três personalidades precedentes, e o sintoma delas.*[23]

Creio que estão acompanhando a lógica impecável do capítulo. Ele falou primeiro dos nós, do nó fabricado com três nós de trevo, e um quarto nó de trevo. Ele acaba de nos dizer "a paranoia é um nó de trevo" e, então, dá um salto aí, diz será que poderíamos então deduzir de tudo isso que há três paranoicos – estamos falamos de pessoas – poderíamos enodar um quarto? É um salto, passamos das três dimensões, das três continuidades, para três

---

22 *Op. cit.*, p. 52.
23 *Op. cit.*, p. 52.

pessoas paranoicas. O que autoriza esse salto? Não sei, mas, em todo caso, está aí.

Em seguida, ele se pergunta se este quarto não seria, ele também, paranoico, e conclui que não. Leio para vocês o texto, pois é muito difícil! "Isso significa que ela seria paranoica, ela também? Nada indica isso, tratando-se de uma cadeia borromeana constituída de um número indefinido de nós de três".[24]

Então, depois de três paranoicos passamos, subitamente, para uma cadeia indefinida de nós de três, o que significa cadeia indefinida de paranoicos, se aplicarmos isso às pessoas. Tal cadeia "não constitui mais uma paranoia, a não ser que ela seja comum"[25] – aí está, mais uma vez, uma nova noção: a paranoia comum – "a floculação terminal possível de quartos termos nessa trança que é a trança subjetiva"[26] – percebam a oscilação, não sabemos se ele fala do suporte modal de uma subjetividade ("trança subjetiva"), ou se fala de várias pessoas... Em todo caso, não há razão para supor, por sua vez, que o quarto termo seja paranoico. Ele diz que em uma cadeia há "[...] alguns pontos eleitos que se revelam como o fim do nó de quatro. É de fato nisto ... que consiste o *sinthoma*... não na medida em que ele é personalidade" – então, o quarto não é paranoico, não é personalidade – "mas na medida em que em relação aos três outros, se especifica por ser *sinthoma* e neurótico".[27] Esse é o texto. Ainda não acabou, mas paro por aí.

Ressalto a sequência: demos um salto, passamos às pessoas, nos perguntamos se o quarto seria paranoico, mas para responder, evocamos a paranoia comum, ou seja, um número indefinido de

---

24 Acompanhamos a leitura da autora. Na página 52, da edição em português, acima citada, esta frase está apenas modificada. [N. R.]
25 *Op. cit.*, p. 52.
26 *Op. cit.*, p. 52.
27 *Op. cit.*, pp. 52-53.

nós de trevo e, então, Lacan precisa que o quarto não é obrigatoriamente paranoico, ou seja, não é forçosamente um nó de trevo que tem o papel de quarto.

O que quer dizer que não seria uma personalidade paranoica, mas um *sinthoma* neurótico? Temos um pequeníssimo esclarecimento, que não esclarece completamente as opacidades, mas aqui está a frase que segue: "Temos uma visão geral [*aperçu*] do que é da ordem do inconsciente".[28] Preciso dizer que não esperávamos por isso! E ele explica que nesses quatro, há um termo que se liga mais especialmente com o inconsciente, e é o *sinthoma*. Ele faz um desenho para nos mostrar que, no nó de quatro, há um vínculo mais específico entre imaginário e real por um lado, e, por outro, entre *sinthoma* e inconsciente – entre *sinthoma* e simbólico, se quiserem. Entendemos, então, porque ele diz que o *sinthoma* é neurótico, temos um lampejo, é que ele é ligado ao furo do inconsciente, ao furo do simbólico. É nesse sentido que poderíamos dizer que o quarto que enoda supõe o buraco do simbólico e está ao alcance das mãos. E sobre esse ponto ele diz: "essas foram as coisas difíceis que queria enunciar hoje para vocês".[29]

Agora que reproduzi o texto para vocês, as coisas que me parecem legíveis e o que me parece mais problemático, é que não há a menor aplicação clínica explícita nesse texto. Se quisermos tentar fazê-la, é completamente legítimo, não há necessidade de que ela esteja aí. Em todo caso, é certo que Lacan não o fez. É uma pena, isso talvez isso tivesse nos orientado um pouco. Não há a menor orientação clínica, nada que permita pensar que Lacan esteja falando da pré-psicose e das condições de desencadeamento. Cada um imagina o que quer, mas no texto, não há nada.

---

28 *Op. cit.*, p. 53.
29 *Op. cit.*, p. 54.

Estrutura de massa freudiana

E vou lhes dizer o que imaginaria, antes, se tivesse que fazer uma aplicação clínica (que não faço, coloco no condicional). Apoiar-me-ia nesse deslizamento entre os três paranoicos e uma infinidade de paranoicos, porque isso – esses três ou esses muitos mais que são sustentados por um mais-um, que não é do mesmo tipo – me lembra algo, me lembra a estrutura de massa freudiana. A saber, a infinidade dos quaisquer de uma massa e este um que a sustenta. Vocês lembram que nesses textos de 1920,[30] Freud faz grandes explanações para distinguir o que chama a psicologia do homem (do ser) em massa e a psicologia do chefe – ele considera que se trata de duas psicologias diferentes (nós não usamos mais o termo "psicologia"). A cadeia que enoda tantos nós de trevo quanto queiramos, por um que não é do mesmo tipo, é bastante homólogo à estrutura da massa e de seu chefe.

Seria interessante, então, se tomássemos isso assim, porque vocês sabem que temos o hábito de considerar que os grandes chefes de massa estão loucos, na história, antiga e mais atual, houve muitos. A resposta de Lacan seria que de modo algum são eles os loucos; se há paranoicos, eles estariam, antes, na massa, e não aquele que sustenta a massa.

E curiosamente – estou dizendo que Lacan não diz nada disso, estou fazendo aí uma associação sobre a estrutura do que ele descreve –, ao reler o texto sobre a causalidade psíquica, o primeiro no qual ele fala realmente da loucura, há um parágrafo no qual ele insiste muito para dizer que, contrariamente a tudo o que foi dito – porque Napoleão, é claro, também foi acusado de ser louco

---

[30] Freud, S. (1920). Psicologia das massas e análise do Eu. In *Edição Standard Brasileira das Obras Psicológicas Completas* de Sigmund Freud, v. XV. Rio de Janeiro: Imago, 1996, pp. 89-179.

enquanto chefe –, "Napoleão não era louco, ele de modo algum se acreditava Napoleão",[31] e faz sua pequena demonstração.

Se tivesse que fazer uma demonstração clínica, faria desse lado, certamente não do lado "para que um paranoico não desencadeie [uma paranoia], deve haver dois ao redor, de modo que são três, e há um neurótico no circuito que sustenta isso". Não farei essa aplicação, não apenas porque acredito que nada induz nesse sentido no texto de Lacan, mas principalmente porque creio que ela é insustentável, clínica e logicamente. Ela é logicamente insustentável, porque se aplicarmos isso ao desencadeamento da paranoia – temos três paranoicos, nós de trevo, *a*, *b*, e *c*, enodados entre eles, se um se desencadeia, os outros devem se desencadear, porque a teoria se aplica a todos os paranoicos, e se eles não desencadeiam – porque a clínica prova que eles não desencadeiam na verdade –, isto quer dizer que esses outros dois paranoicos se sustentam, cada um com dois outros, e assim segue. Caímos, então, em um beco sem saída, ao mesmo tempo lógico e clínico. Não continuarei nessa direção.

Definição da paranoia

Volto ainda assim à paranoia, ao que me parece certo no texto de Lacan. Há muitas coisas muito difíceis de entender, sobre as quais acho prudente não tirar uma conclusão. Mas o que é certo é a definição da paranoia como um sujeito para o qual as três dimensões, imaginária, simbólica e real, estão em continuidade. Não existe a descontinuidade que existe no nó borromeano clássico, que é postulada no nó borromeano clássico.

---

31 Lacan, J. (1946). Formulações sobre a causalidade psíquica. In *Escritos*. Rio de Janeiro: Zahar, 1998. p. 172.

Podemos nos perguntar se essa tese está em acordo ou em desacordo, se é nova ou não, em relação ao que ele havia introduzido antes, e em particular na lição do dia 8 de abril de 1975, seis meses antes, Lacan algumas vezes progride muito rápido, pode ter mudado em seis meses. Vocês conhecem esse parágrafo famoso, eu mesma o comentei muitas vezes, escrevi sobre ele: "a paranoia" – diz Lacan (ele não diz "é a personalidade", ele não diz: "é o nó de trevo") – "é um enviscamento imaginário. É a voz que sonoriza, o olhar que se faz permanente, é um caso de congelamento do desejo".[32]

Tínhamos aí uma tese consistente que podíamos entender bastante bem, que estava em continuidade com todos os desenvolvimentos sobre a paranoia desde o começo, porque desde "Formulações sobre a causalidade psíquica" ele colocou a prevalência do imaginário na paranoia. Reporto-me a "Formulações sobre a causalidade psíquica" justamente, pois essa lição do dia 8 de abril se conecta novamente com as primeiras teses sobre a paranoia, com relação aos desenvolvimentos do período médio – o que chamo aqui de período médio é a "De uma questão preliminar" – na qual a ênfase é colocada sobre os problemas do simbólico. É claro, o tempo todo Lacan manteve a ideia da prevalência do imaginário na paranoia, mas ela foi um pouco eclipsada pelos desenvolvimentos a respeito da foraclusão.

Aqui, com "a paranoia é um enviscamento imaginário", diria que ele retoma uma ênfase que era a ênfase maior e primeira de seus desenvolvimentos sobre a paranoia em "Formulações sobre a causalidade psíquica".

Como se recordam, creio eu, que me referi a isso para me assegurar de que não estava esquecendo o essencial: ele caracteriza de duas maneiras a paranoia nesses textos.

---

32 Lacan, J. (1974-1975). *O seminário, livro 22: RSI, op. cit.*, Lição de 8/04/1975 (inédito).

Em princípio, ele insiste naquilo que chama de "imediatismo da identificação".[33] A identificação imediata define o que ele chama a enfatuação do sujeito paranoico. E em seguida ele dá uma definição mais global, geral, página 173 dos *Escritos*, da paranoia: "é uma estase do ser numa identificação ideal".[34] Estase é a mesma conotação que personalidade, há constância, há imobilidade, há inércia, fixidez. Ele comenta: é um sujeito "que se crê".[35] Ele menciona o janota[36] [*godelureau*], o filho da família que nunca teve que provar nada e que "se acha", e como todo mundo espera que ele esbarre no real.

(E na sequência ele menciona Alceste. Alceste está louco e é aí que ele cita Napoleão como não louco! Porque Napoleão, como ele diz, sabe muito bem como Bonaparte construiu Napoleão e continua a construí-lo, e segue mentindo ao seu biógrafo para montar o personagem de Napoleão).

Tento especificar o que é uma identificação imediata com seus efeitos. Imediata quer dizer que ela não tem mediação. Qual poderia ser a mediação? Lacan indica duas possibilidades:

Inicialmente não há mediação da ação, que os confronta ao saber fazer [*savoir faire*] com a realidade, nossas capacidades em relação à realidade. O janota não passou por provas da realidade. E, neste sentido, Lacan introduz aí o caráter bela alma [*belle âme*][37] do paranoico que podemos encontrar no traço de inocência que ressaltei muitas vezes.

---

33 Lacan, J. (1946). Formulações sobre a causalidade psíquica. In: *Escritos*. Rio de Janeiro: Zahar, 1998, p. 171.
34 *Op. cit.*, p. 173.
35 *Op. cit.*, p. 172.
36 *Op. cit.*, p. 172.
37 Em francês, *belle âme* tem o sentido de alguém com um grande coração, uma pessoa humana, generosa. [N. T.]

Mais fundamentalmente, o que falta como mediação, escreve Lacan em "Formulações sobre a causalidade psíquica", é o Édipo. Podemos dizê-lo de outra forma: falta, entre o ser e o ser identificado, um terceiro termo que introduziria o que Lacan chama uma "distância", que faria com que o sujeito não acreditasse ser o seu ser identificado, que ele não se confunda com ele, e soubesse que o ser identificado está sempre à distância do ser – se me permitirem, posso chamá-lo de *em-si* – não identificado.

Rousseau

A esse respeito, Jean-Jacques Rousseau é uma mina de ouro. Jean-Jacques Rousseau, que não poderia ter lido tudo isto, descreveu com sutileza essas identificações imediatas, porque ele as viveu, ele as sentiu. Quando escreve seu primeiro discurso a respeito das ciências e das artes, é tomado por um transe de inspiração. Ele diz: "Logo... vi outro universo, e transformei-me noutro homem".[38] Ele insiste muito. Ele escreve em suas *Confissões*: "Não representava: tornei-me com efeito tal como parecia",[39] e por ser tímido, desconfortável na sociedade, preferindo a natureza do que a companhia dos homens – isso se passa em um instante, sequer em um dia –, eis Rousseau transformado nesse homem que vai dar aula, não apenas em Paris, na Europa, mas para toda a humanidade. E isso dura quatro anos. (Além disso, ele descreveu, em sua juventude, fenômenos homólogos à época na qual ele e seu pai passavam noites lendo histórias que tratavam dos heróis romanos. Ele explica como, quando criança, um dia, tomado por essa identificação heroica, ele colocou a mão sobre a chama, vela ou fogão [*réchaud*], alguma coisa que queimava, para mostrar a sua coragem heroica).

---

38 Rousseau, J-J. *Confissões*. Lisboa: Portugália Editora, 1964, p. 341.
39 *Op. cit.*, p. 403.

Durante quatro anos, Rousseau insistiu muito nisso, ele era o que ele parecia. Não estava no faz de conta, não estava no semblante, mas, ao mesmo tempo, ele insistia em dizer que não era ele, que ele era outra coisa.

E depois de quatro anos estando inebriado de virtude, audacioso, orgulhoso, intrépido, de repente ele decide, também muito subitamente, abandonar tudo, retirar-se ao campo, ir para Montmorency. Desafiando os usos, desafiando o senso comum, ele abandona seu relógio, signo de socialização intolerável, e parte, transforma-se em andarilho, ainda não solitário, mas apaixonado, já que é a época na qual ele vai encontrar Madame d'Épinay.

Isso para dizer que ele descreveu o que é uma identificação imediata, aquela que atua sobre o eixo *a-a'*, não passa por nenhuma mediação e tem uma consequência que ele também nos indica, é que se trata de uma identificação instável, ou seja, que a uma identificação imediata pode suceder outra, ou ela pode desabar.

A constância da personalidade paranoica, então, não pode vir da estase na identificação ideal. Isso não basta porque ela é instável. Lacan notava, em seu texto "Do *Trieb* de Freud"[40] que as identificações se motivam pelo desejo. Quer dizer que, normalmente, as identificações passam pela mediação fálica, e poderíamos afirmar que Lacan, ao falar de identificações imediatas, nos fala sobre identificações que não passam pela mediação fálica, que passam apenas pelo desejo narcísico, o que podemos designar, em resumo, como *a-a'*.

Essas identificações imediatas, essa estase em identificações imediatas, ideais, as encontramos também perfeitamente colocadas na "De uma questão preliminar".

---

40 Lacan, J. (1964). Do *Trieb* de Freud e do desejo do psicanalista. In *Escritos*. Rio de Janeiro: Zahar, 1998, pp. 865-868.

Não desenho o conjunto do *esquema I*,[41] mas apenas a sua parte do lado do simbólico, em que há o Nome-do-Pai foracluído. Lacan nos diz que o que vem neste lugar é o significante do ideal, o sujeito que assume o significante do ideal. Isso tem uma tradução clínica muito sensível: os paranoicos sempre defensores de uma boa causa, às vezes a deles mesmos, simplesmente, mas pode ser mais amplo, é o lado retificador de erros, militante da justiça, combatente, processualista contra a desordem do mundo, até mesmo redentor, quando chega a grandes dimensões. Isto está quase no nível dos fenômenos.

Paro na ideia de que a prevalência do imaginário já estava aí há muito tempo, e resta saber o que o enviscamento imaginário agrega a isso.

---

41 Lacan, J. (1958). De uma questão preliminar a todo tratamento possível das psicoses. In *Escritos*. Rio de Janeiro: Zahar, 1998, p. 578.

12. Prevalência imaginária

23 de junho de 2004

Este é o nosso último encontro do ano. Vou terminar com os pontos essenciais que desejava mencionar a respeito dos dois trechos que Lacan dedica à paranoia em abril e em dezembro de 1975.

Na última vez, havia começado ressaltando o fato de que ele reafirmava, no comentário do mês de abril, a prevalência do imaginário que ele tinha, a bem dizer, postulado desde o começo em seu texto "Formulações sobre a causalidade psíquica". A expressão de 1975 "enviscamento imaginário"[1] se inscreve, de fato, na linha das elaborações anteriores que datam do início do ensino de Lacan, mas, no entanto, não é a mesma tese. Digamos que há uma progressão na tese.

---

1 Lacan, J. (1974-1975). *O seminário, livro 22: RSI*, inédito. Lição de 08/04/1975.

A identificação imediata

Primeiramente, gostaria de trazer uma precisão sobre o que já desenvolvi no último encontro, a respeito da "identificação imediata"[2] na psicose, tal como escreve Lacan no texto a "Formulações sobre a causalidade psíquica". Essa expressão, "identificação imediata", não deve ser dissociada de outra expressão que Lacan menciona no mesmo texto, ou seja, "uma estase numa identificação ideal".[3] Identificação ideal, creio que podemos escrever I(A). É claro que isso supõe o discurso do Outro, em outras palavras, essa identificação é ainda assim enganchada ao simbólico. Aliás, todos os exemplos que Lacan dá em seu texto "Formulações sobre a causalidade psíquica", de Alceste e das "belas almas", não são desassociáveis do simbólico. É claro que não se pode confundir isso com os fenômenos de simples captação especular pela imagem, que encontramos na esquizofrenia, a saber, esses sujeitos que reagem frente à imagem do semelhante como se essa imagem, de alguma forma, os absorvesse. Aqui, $i(a)$ é distinguível de I(A) mencionado anteriormente.

É certo que o adjetivo "imediato" na expressão "identificação imediata" não é muito preciso. A vantagem deste termo é o seu equívoco. O termo "imediato" convoca o registro temporal. No entanto, quando Lacan fala "de identificação imediata", suas referências são filosóficas, elas se referem ao vocabulário da dialética hegeliana, e "imediato" se opõe à "mediação". O inconveniente do termo fica sendo, ainda assim, nesse texto, a sua imprecisão. Acredito que é apenas em "De uma questão preliminar" que Lacan

---

2 Lacan, J. (1946). Formulações sobre a causalidade psíquica. In *Escritos*. Rio de Janeiro: Zahar, 1998, p. 171.
3 *Op. cit.*, p. 173.

consegue dar uma tradução estrutural do que ele chamava "identificação imediata".

Com efeito, em "De uma questão preliminar", ele mantém, como sabem, a tese da prevalência do imaginário na psicose, conferindo-lhe, contudo, realmente muita complexidade. É de fato bem visível no *esquema I*[4] da psicose que é a transformação do *esquema R* da neurose, no qual ele distingue o sujeito na medida em que este se sustenta em seu lugar de ideal, e o eu que se sustenta no lugar da imagem do semelhante. Encontramos isso escrito de forma simples no esquema I, no qual de um lado temos o ideal I(A) que se substitui ali onde há o Nome-do-Pai zero (NP$_0$), e do outro lado i(a) que se substitui ali onde há *phi* zero (Φ_0).

$$\frac{I(A)}{NP_0} \qquad \frac{i(a)}{\Phi_0}$$

Essa escrita dupla do lado do simbólico e do lado do imaginário nos indica claramente o que era uma "identificação imediata" para Lacan. Era uma identificação para a qual faltava a mediação Nome-do-Pai, e, correlativamente, a mediação fálica. É o que chamo de tradução estrutural da expressão aproximada, que ele havia usado em "Formulações sobre a causalidade psíquica".

Poder-se-ia inclusive, também de forma muito clara, situar as coisas no grafo do desejo. Vemos no grafo do desejo o ideal I(A) escrito embaixo, à esquerda, em frente ao sujeito $\cancel{S}$, e o eu [*moi*] escrito à esquerda, em frente à imagem especular [i(a)], sem ter de passar pela mediação da cadeia significante do inconsciente.

---

4 Lacan, J. (1958). De uma questão preliminar a todo tratamento possível das psicoses. In *Escritos*. Rio de Janeiro: Zahar, 1998, p. 578.

Congelamento de um desejo

Em 1975, Lacan diz "enviscamento imaginário" [*engluement imaginaire*]. "Enviscamento" é também um termo intuitivo. Evoca a cola, o que *gruda*. Ele precisa ser especificado. De fato, Lacan sempre coloca a ênfase sobre a prevalência do imaginário, porém ele não situa mais as coisas no nível das identificações ideais, mas no nível do desejo e do objeto, o que é muito diferente. Para especificar esse grude imaginário com relação à paranoia, ele diz "é uma voz que sonoriza o olhar" (aí está a relação com o objeto) "é um caso de congelamento do desejo".[5] Aqui, não estamos, portanto, de forma alguma no nível da cadeia significante. Estamos exatamente no nível do vetor do fantasma, se tivéssemos que o marcar no grafo.

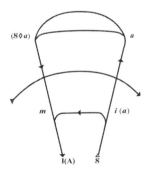

É muito interessante ver que Lacan, em 1975, situa a particularidade da paranoia no nível de um certo tipo de desejo. Como vocês não são todos da mesma geração, não se beneficiaram dos mesmos ecos teóricos. Mas é necessário saber que durante muitos anos, entre os comentários do ensino de Lacan vindos dos próprios lacanianos, houve alguns que pressupunham que não havia desejo na psicose, que o eixo do desejo não existia, na falta do

---
5 Lacan, J. (1974-1975). *O seminário, livro 22: RSI*, inédito. Lição de 08/04/1975.

Nome-do-Pai e da castração eficaz. Essa leitura tinha o inconveniente de estar em contradição manifesta com os dados clínicos, mas além disso, creio que ela não estava de acordo com a ideia de Lacan. Tive a oportunidade de precisar isso.

Desde que Lacan escreveu seu grafo, ele situa a psicose até o eixo do desejo e do fantasma. Em 1975, ele ainda está nesta tese.

No entanto, sinto a necessidade de precisar algo a respeito porque passei muito rapidamente da última vez, ou seja, a relação entre o eixo das identificações ideais, que passam, então, pelo significante, e o próprio desejo. Acreditou-se que, em certas elaborações de Lacan, identificação e desejo estavam em oposição: a identificação estando mais do lado da alienação significante e o desejo do lado daquilo que separa. Há desenvolvimentos que parecem sustentar essa ideia. Por exemplo, suas primeiras construções sobre a oposição entre o eu [moi] e o sujeito, o eu [moi] descrito, definido como uma estratificação de identificações sucessivas – Lacan usa até mesmo, para esse efeito, a imagem da cebola com as suas camadas sucessivas que podemos desfazer, mas que são sobrepostas – sobre a base de uma primeira identificação especular. Há, de fato, todo um estrato do ensino de Lacan que desenvolve isso e nos conduz à ideia que temos da estrutura identificada do eu [moi] a partir da identificação especular com a imagem primeira até a identificação ideal do Ideal do eu I(A).

Mas Lacan não se manteve nesses desenvolvimentos, já que rapidamente ele avançou na ideia de que a análise era uma travessia das identificações. Falamos da travessia do fantasma, mas ele fala da travessia do plano das identificações, ou seja, travessia do plano da alienação.

Do que ele havia primeiramente situado como a estrutura do eu [*moi*], indo da imagem especular ao Ideal do Outro, ele nos descreve desde "A direção do tratamento",[6] ou seja, desde muito cedo em seu ensino, uma identificação do sujeito que vai do mesmo ideal do Outro até o que ele chama a "identificação última"[7] ao significante sem par: o falo. É a sua conclusão da análise do sonho da Bela Açougueira em "A direção do tratamento". O falo é um significante, mas que não é do mesmo tipo que o ideal do Outro. É um significante do desejo, significante da falta do Outro.

Assim, todos esses desenvolvimentos de "A direção do tratamento" nos mostram uma junção entre as identificações ideais e a identificação com o significante do desejo. Quando Lacan evoca a declinação das identificações na análise, ele fala até mesmo de denunciar as identificações, e isso chega até a identificação última com o falo. Toda a construção da direção do tratamento vai neste sentido. Lacan logo defende essa tese que, longe de opor identificações e desejo, ao contrário, as reconecta. Digamos que identificações e desejo estão do mesmo lado da estrutura.

Com relação a isso, remeto aos dois textos dos *Escritos*: "Posição do inconsciente..."[8] e "Do *Trieb* de Freud...",[9] ou, antes, as duas frases extraídas desses dois textos.

A primeira encontra-se nas páginas 863-864 dos *Escritos*, em "Posição do inconsciente...", em que Lacan, depois de ter falado do

---

6 Lacan, J. (1958). A direção do tratamento e os princípios de seu poder. In *Escritos*. Rio de Janeiro: Zahar, 1998, pp. 591-652.
7 *Op. cit.*, p. 633.
8 Lacan, J. (1958). Posição do inconsciente no Congresso de Bonneval. In *Escritos*. Rio de Janeiro: Zahar, 1998, pp. 843-864.
9 Lacan, J. (1964). Do *Trieb* de Freud e do desejo do psicanalista. In *Escritos*. Rio de Janeiro: Zahar, 1998, pp. 865-867.

inconsciente, reparte dois lados, o lado do ser vivo [*vivant*] e o lado do Outro. Ele diz que do lado do ser vivo há apenas as pulsões parciais. Não é o que vou desenvolver agora.

Do lado do Outro, diz ele, encontramos os ideais, as estruturas elementares do parentesco, isto é, a grande lei da proibição do incesto, e a metáfora do pai que diz a cada um o que é preciso fazer como homem e como mulher. Percebem que o desejo está do lado do Outro, como implica inclusive a fórmula "o desejo é o desejo do Outro".

Ressalto, então, que para completar a sua situação da paranoia, Lacan deixa atrás de si a questão das identificações e passa ao registro do desejo e do objeto quando diz: "uma voz que sonoriza o olhar" e "congelamento do desejo". Não é de forma alguma uma contradição, trata-se de um complemento, e fazendo isso ele leva o desenvolvimento até o fim. Podem, inclusive, perceber que "estase na identificação ideal" (que data de "De nossos antecedentes") e "congelamento do desejo" caminham de mãos dadas. Reencontramos nos termos "estase" e "congelamento" essa ideia de uma mesma fixidez.

O que o texto de 1975 acrescenta é que a paranoia não é apenas uma doença do ideal. Com efeito, a paranoia se apresenta muitas vezes como uma doença do ideal e até mesmo uma loucura do ideal. Mas a paranoia é também uma doença do desejo, não no sentido em que não haveria desejo, mas no sentido em que há um desejo sob uma forma particular, o que indica bem o termo "congelamento".

A segunda frase que coloca os "pingos nos is" se encontra em "Do *Trieb* de Freud...", na página 867 dos *Escritos*. Lacan fala novamente sobre a pulsão que divide o sujeito e faz isso mencionando a segunda tópica de Freud. Ele ressalta que, geralmente, não se vê algo que deveria, no entanto, surpreender: que as identificações ali se determinam pelo desejo, sem satisfazer a pulsão. Não apenas não há oposição entre o registro das identificações e o desejo, mas o desejo está em posição causal, e isso é o que permite dar conta das identificações. É, inclusive, bem necessário postular isso para justificar o que acontece ao longo de uma análise de memória de Freud, na qual, o que é visado é o desejo inconsciente. Com efeito, não conseguiríamos interpretar, aproximar uma interpretação de um desejo inconsciente, sem passar pelas identificações do sujeito, sem passar pelo desejo que fundou essas identificações.

Esse era um ponto que gostaria de precisar novamente antes de entrar um pouco mais na explicação sobre o que Lacan diz da paranoia.

Voz e olhar

Prevalência do olhar, salienta Lacan. Ele parece nos indicar que tudo acontece como se o olhar nos desse a verdade das vozes da paranoia, ao menos quando há vozes, porque o paranoico nem sempre está alucinado.

Há aí um ponto importante a se precisar. O Lacan psiquiatra, formado nos detalhes da nosografia psiquiátrica, entra na questão da psicose sem dizer "as psicoses", mas "a psicose", no singular, e, durante todo um período, ele parece identificar a psicose e a paranoia. Isso o coloca imediatamente em descompasso com a nosografia psiquiátrica. E, aliás, ouve-se muitas vezes objetar, ao menos comentarem todo caso, que ele toma Schreber como paradigma da psicose, mas que Schreber não é um paranoico puro. Com efeito, em termos psiquiátricos, ele não é um paranoico puro.

O que motiva Lacan a dizer, então, "a psicose"? É que ele isola uma condição simbólica única –foraclusão –e um mecanismo único – retorno no real. Com isso, ele pode dizer "a psicose".

Percebam que, nesse sentido, a alucinação verbal se mantém como o fenômeno paradigmático. É preciso ver bem, para o nosso objeto de hoje, que se trata de um mecanismo que se situa no nível da cadeia significante e não no nível do desejo e do fantasma, ali onde a cadeia deveria representar o sujeito. O retorno no real é a cadeia quebrada. É a tese explícita de Lacan em "De uma questão preliminar",[10] a qual ele ilustra de maneira paradigmática também aí, com o exemplo da "porca". Cadeia do sujeito rompida: o "eu" [*je*] de "eu venho do salsicheiro" de um lado, o "porca" cai do outro lado, é separado. Digo mecanismo único, "o significante que retorna no real" – a palavra mecanismo é imprópria, falha da improvisação; se se diz mecanismo, isso leva a pensar que o sujeito não tem nada a ver com isso, o mecanismo é algo de que sofremos. No entanto, lembrem-se do comentário de Lacan tratando da alucinação "porca", no qual ele menciona "a intenção de rejeição"[11] no real, pequena expressão que indica o engajamento do sujeito em suas alucinações. "Intenção de rejeição" não deixa de ter relação com o que Freud evocou com o termo de *Unglauben*, não acreditar na Coisa. Poder-se-ia dizer "não querer saber". É provável que aquela que vem do salsicheiro não deva realmente querer saber o que é o seu ser de gozo.

A psicose, no singular, não impede que, em 1975, quando Lacan diz "a paranoia", isso designe não a psicose em geral, mas a paranoia como estrutura específica. E o que ele nos fala sobre

---
10 Lacan, J. (1958). De uma questão preliminar a todo tratamento possível das psicoses. In *Escritos, op. cit.*, p. 540.
11 *Op. cit.*, p. 541.

a paranoia não se aplica à esquizofrenia, tampouco à parafrenia, nem à melancolia, creio eu. Ele nos fala a respeito do que é a paranoia, na medida em que não se trata de qualquer psicose. Dizia a mim mesma, aliás, mas não tentei o exercício, que estaríamos em maus lençóis se quiséssemos aplicar o que ele diz ali ao caso Schreber. Ainda que... fosse preciso explorar isso com mais detalhes.

O que é uma voz que sonoriza o olhar? Eu já desenvolvi este ponto no artigo que chamei "Um olhar sobre o paranoico".[12] Eu gostaria hoje de retomá-lo, mas adicionando a ele algumas coisinhas.

Em primeiro lugar, é preciso perceber que há diversas vozes na psicose: "Porca!" não tem nada a ver com o registro escópico. Quando ela escuta "porca", trata-se de uma palavra que surge, que visa seu "ser indizível", termo que Lacan emprega no mesmo texto. Quando Schreber escuta de Deus "*Luder!*", é também um veredicto sobre o que ele é, sobre o seu próprio ser. Nada a ver com o olhar, de certa forma.

Mas há na psicose, evidentemente, outros tipos de vozes. Há, por exemplo, esse fenômeno bem conhecido do comentário dos atos, como sabem, esses sujeitos que escutam vozes que lhes dizem: "E agora ela levanta... e agora ela vai nos dizer, mais uma vez, que...". Nas vozes, portanto, seria preciso distinguir as que partem de um olho, mais especificamente.

Curiosamente, a voz é o único objeto que Lacan situou em seu grafo. Há quatro objetos, e ele só situa um deles no grafo. Ele a escreve na extremidade da cadeia significante do enunciado, o que já coloca a voz no nível daquele que fala.

---

12 Soler, C. (2002). Um olhar sobre o paranoico. In *O inconsciente a céu aberto da psicose*. Rio de Janeiro: Zahar, 2007, pp. 209-219.

Onde colocaríamos o olho no grafo? Pois bem, coloco-o em I(A), porque sigo as elaborações de Lacan que, em 1966, escreve que a assunção da imagem especular, narcísica, a saber, ver e amar a si mesmo em sua imagem, é sustentada pela troca de olhares. É o exemplo bem conhecido da criancinha em frente ao espelho, que se vira em direção àquele que a carrega e que olha a imagem com ele. E Lacan conclui que, sem o Outro, o sujeito ($) não pode sequer se sustentar na posição de Narciso. O que faz com que já o Ideal do Outro funcione como olhar.

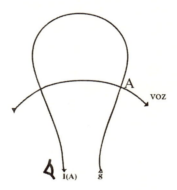

Mas há mais. Se acompanharem Lacan em seu texto "Observações sobre o relatório de Daniel Lagache", página 681[13] dos *Escritos*, encontrarão o esquema ótico. O esquema inscreve, entre outras coisas, que o sujeito ($) só se vê no espelho do Outro, com a condição de se encontrar em I maiúscula do Ideal no campo do Outro, de onde vem essa fórmula muito bonita que Lacan usa em outra ocasião: "eu não me vejo de onde eu me olho".

---

13 Lacan, J. (1960) Observações sobre o relatório de Daniel Lagache. In *Escritos*. Rio de Janeiro: Zahar, 1998, p. 681.

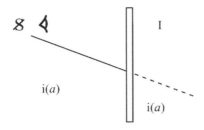

Em todo caso, o que nos indica o esquema ótico é que é o Ideal (I maiúscula) do Outro que comanda o que eu vejo. O campo do visível não existe sem ser regido pelo Outro. O campo do visível implica o próprio Outro. Um sujeito começa a se avaliar segundo o Outro. Tudo isso para ressaltar que a junção entre o I maiúsculo e o olhar é um tema que atravessa muito os textos de Lacan, bem antes de 1975. É meu primeiro comentário: o olhar e a voz são situáveis no grafo inferior.

Privilégio do olhar e da voz na paranoia

Agora há outra pergunta. O que motiva Lacan a extrair esses dois objetos na paranoia, a dar ao olhar e à voz esse privilégio? Será que na paranoia esses dois objetos, oral e anal, não estariam em jogo? É uma questão. Por que esses dois, ao passo que ele havia situado quatro pulsões, quatro objetos ligados aos quatro orifícios corporais: a boca, o ânus, o olho e a orelha? Ele situa quatro objetos e insiste no fato de que essas quatro pulsões constituem o conjunto das pulsões parciais. O uso das pulsões precisa, inclusive, ser ajustado. Não é óbvio. Lacan não fixou de imediato sua tese sobre o que constitui o conjunto das pulsões. Se se reportarem a "Subversão do sujeito",[14] nas páginas 831-832 dos *Escritos*, ele fala das pulsões

---

14 Lacan, J. (1960). Subversão do sujeito e dialética do desejo no inconsciente freudiano. In *Escritos*. Rio de Janeiro: Zahar, 1998, pp. 831-832.

e dos objetos parciais. Notarão que, naquela época, ele ainda não havia reduzido a série a quatro: oral, anal, escópica e invocante. Há nesse texto dois pontos surpreendentes.

Primeiro ponto: a princípio, como ele não havia reduzido a série de pulsões a quatro, ele inclui sempre nas pulsões o registro fálico, já que fala ainda do objeto fálico e, pequeno enigma, coloca na série dos objetos o fonema, de que é possível se perguntar o que ele faz ali. Voltarei a isso daqui a pouco. A bem dizer, assistimos aqui à elaboração progressiva da construção de Lacan, ao mesmo tempo muito complexa e muito sólida.

Segundo ponto: no que se refere ao uso do termo "pulsão", sinalizemos que o uso que Lacan acaba fazendo desse conceito está longe de ser padrão para os psicanalistas. Primeiro, para Lacan não há pulsão sádica, nem pulsão masoquista. Também não há pulsão de morte, no sentido em que Freud fala de pulsão de morte, e ainda menos pulsão de empoderamento, no sentido em que hoje muitos se empolgam a respeito da pulsão de empoderamento da criança.

Isso não significa que os fenômenos clínicos que qualificamos como pulsões sádicas, masoquistas, pulsões de morte, não existam. Lacan os reconhece perfeitamente e comentou-os de forma abrangente, mas os concebe em outros termos, e não exatamente em termos de pulsões. Ele chega à sua definição terminal da pulsão reduzindo o uso do termo àquilo que está ligado ao corpo, aos orifícios do corpo, na medida em que esses orifícios são erotizados pelo viés do Outro, pela linguagem do Outro. É a razão pela qual há quatro, não mais que isso, quatro como há quatro orifícios ("Seminário 11")

Dessas quatro pulsões, Lacan diz, na página 527 de "Televisão", que elas são solidárias, e me pergunto se medimos o alcance disso. Perguntam e ele responde sobre a diferença entre energia e pulsão.

Ele fala da permanência da pulsão e da instância quádrupla na qual cada pulsão se sustenta ao coexistir com as outras três. O que significa que não há pulsão que ande por aí sozinha. Cada uma das pulsões se sustenta pela coexistência das outras três. Lacan adiciona algo que diz respeito à relação [relation] sexual: "É só por ser potência que o quatro dá acesso", 2+2, 2 x 2, 2^2, "... à desunião que se trata de evitar, naqueles em que o sexo não basta para torná-los parceiros".[15] Portanto, tem-se acesso ao parceiro corporalmente no ato sexual, apenas pela quádrupla instância das pulsões. Guardemos a ideia de que as quatro pulsões são solidárias.

A fórmula 2+2, 2 x 2, 2^2 encontra-se em outro texto. Podemos, inclusive, compreender porque há 4:2. É que desejo e demanda é igual a dois. As pulsões erotizam o corpo por meio do discurso do Outro. O discurso do Outro divide-se entre demanda e desejo e é aí que faz 2. A própria demanda divide-se entre demanda oral e demanda anal. O objeto oral e o objeto anal são índex, são traços da demanda originária do Outro. Ao passo que voz e olhar, pelo contrário, são índex da presença do outro, na medida em que ele não articula, isto é, de um Outro reduzido à sua presença de desejo. Nesse sentido, a voz grafada na cadeia inferior do enunciado escreve o fato de que para que haja uma cadeia, é preciso que ela tenha sido articulada, que ela tenha sido dita, e isso supõe uma presença.

"Que se diga"[16] é, de certa forma, aqui antecipado. É tão verdade, que é disso que se trata nesse mesmo Seminário de 1975, no qual Lacan repercute, aliás, o problema sobre a questão da interpretação. Ele insiste duas vezes seguidas em perguntar o que opera na interpretação. São os significantes ou sua jaculação? É da ordem do simbólico ou é da ordem de sua emissão, o fato de que uma voz carregue significantes? A bem dizer, ele não responde. Ele

---

15 Lacan, J. (1974). Televisão. In *Outros escritos*. Rio de Janeiro: Zahar, 2003, p. 527.
16 Lacan, J. (1972). O aturdito. In *Outros escritos*. Rio de Janeiro: Zahar, 2003, p. 448.

coloca a questão duas vezes, e não creio que a resposta seja clara e categórica. Há, portanto, uma junção, que não é própria da paranoia, entre voz e olhar. São só dois objetos que indexam a presença e o desejo do Outro.

Por outro lado, farei com que percebam que esses dois objetos, voz e olhar, são muitas vezes substituíveis e substituídos na língua. Evoquei diversas vezes isso. O grilo de *Pinóquio*, a voz que julga e condena, se faz ouvir quando o nariz do Pinóquio cresce, mostra, torna visível que ele fez algo repreensível. Estamos aí nas histórias infantis, nas quais a voz e o olhar estão ligados. Quando Victor Hugo, que também já citei, diz "o olho estava no túmulo e olhava Caim",[17] esse olho superegoico é o da lei moral que condena o crime de Caim. É o olho do Outro juiz e que censura. Nesse exemplo, "o olho estava no túmulo e olhava Caim", poder-se-ia dizer que se trata de um olhar, ou melhor, de um olho que torna escópica a voz. Efetivamente, há um problema com as expressões "uma voz que sonoriza o olhar", e aqui digo "um olho que torna escópica a voz".

Há um problema, porque o próprio Lacan nos mostrou que havia uma esquize entre o olho e o olhar, e que esta esquize tem seu equivalente entre o som e a voz. Então, uma voz que sonoriza é um problema. Vocês sabem que Lacan produziu um desenvolvimento bastante complexo e completo sobre a esquize do olho e do olhar, o olhar índex da presença do Outro. E era para dizer o quê? Era para dizer que o olhar não é por essência escópico, que o olhar não é a visão, uma fenda, uma mancha, mas principalmente um barulho, podem funcionar como olhar. Ele desenvolve isso no Seminário 11, *Os quatro conceitos fundamentais da psicanálise*, opondo o campo da contemplação ao do olhar. Na contemplação, o olho do

---

[17] Hugo, V. (1712-1765). La conscience. In *La légende des siècles*. Paris: Le livre de Poche, 2000.

vidente gosta de repousar sobre aquilo que agrada ao olho, e todo o campo da estética tem um papel aí. Ao passo que o olhar não é nunca tranquilizador, mas habitualmente angustiante. Quando um olhar surge, geralmente não é para o prazer. O olhar surge como aquilo que fura a superfície, rasga-a como um barulho pode rasgar o silêncio. Em outras palavras, o olhar não vê e não se vê. Daí os desenvolvimentos de Lacan sobre o *voyeur* que não é olhar, mas olhado, e sobre o exibicionista que, ele sim, é olhar, na medida em que mostra. Ele é olhar porque procura dividir o vidente [*voyant*] que passa.

Podemos aplicar uma análise homóloga à voz. Lacan, que não fez essa análise em detalhes, ainda assim a sugeriu de forma ampla, já que em 1974, ano que antecede o Seminário do qual falamos, em "A terceira",[18] fala da voz que qualificarei como áfona. A voz é tão áfona quanto o olhar é invisível. A voz áfona da qual ele fala no começo desse texto, essa voz que faz parte dos quatro objetos *a*, "é necessário voltar a esvaziar da substância que poderia haver no ruído que ela faz".[19] É muito claro, a voz é o índex do Outro, não é a modulação, não é o som que escutamos.

Lembro a vocês que desde "De uma questão preliminar...", Lacan fazia perceber que a voz alucinatória, cito, "... é um erro tomá-la por auditiva por natureza", "por não ser ela redutível . . . a um *sensorium* particular",[20] e ele falava também de um modo de soletramento gráfico, gestual, que funciona como as vozes. A voz, pois, não tem nada a ver com a música, a música da voz, sua modulação, e é provável que exista a mesma relação entre a música e a voz que

---

18 Lacan, J. (1974). *A terceira*, inédito. Conferência em Roma, 1/11/1974.
19 *Op. cit.*
20 Lacan, J. (1958). De uma questão preliminar a todo tratamento possível das psicoses. In *Escritos, op. cit.*, p. 538.

entre a visão e o olhar, essa ideia é minha. Creio que era também a de Lacan. A música existe para nos impedir de encontrar a voz. Visão e música são, ambas, *para-objetos*.

Se a voz não é o som, o que ela é? Lacan diz isso muito claramente: ela não é nada além do que o próprio texto, a presença do texto. A presença da metonímia das *significações*. Eis o final da frase que li para vocês: "teríamos que voltar a esvaziá-la do ruído que ela faz, ou seja, recolocá-la por conta da operação significante, aquela que eu especifiquei dos efeitos ditos de metonímia".[21] Não é possível ser mais claro. Entendem porque – e devo lhes dizer que é a primeira vez que eu mesma me dou conta disto – ele tinha colocado o fonema na série de objetos em "Subversão do sujeito". Parecia dificílimo de entender. É provável que ele já tivesse a ideia de que, pela voz não ser o som, mas da ordem do próprio texto, o fonema estava em seu lugar na série.

O que é, então, "uma voz que sonoriza o olhar"? Será um texto que faz falar o olhar, que traduz o silêncio do olhar em falas? É possível. Havia dado um exemplo para vocês a respeito de Rousseau, voltarei a ele, mas, pessoalmente, acredito que há outros. É o que indica o termo prevalente, o "olhar prevalente". Isso significa que não se tem os quatro objetos em igualdade, os quatro objetos cuja solidariedade evoquei há pouco. "O olhar prevalente" indica, na paranoia, uma redução de modelo do campo metonímico. E "uma voz que sonoriza o olhar" é uma voz para a qual a via da metonímia não é livre, mas reduzida. Normalmente, a metonímia, a voz texto, carrega solidariamente as pulsões, uma levando às outras três. E a voz na paranoia é uma voz cativa, para não dizer "enviscada"

---

21 Lacan, J. (1974). *A terceira*, inédito. Conferência em Roma, 1/11/1974.

[*engluée*] na metonímia das únicas significações da visão e do olhar. É o que chamo de uma redução do campo metonímico.

Exibido ou pior

A esse respeito, Jean-Jacques Rousseau é um exemplo luminoso. Volto a ele porque é um caso que todos podem consultar e que se explica com uma precisão sem igual. Como ele diz, inclusive: "apenas eu, e não haverá jamais outro", e sobre esse ponto, sim, é certo. Uma precisão sem igual, de fato, e da qual estamos certos que ele não a tomou dos livros de especialistas. Se lermos Rousseau, podemos entender o que chamo de a redução do campo metonímico às únicas significações ligadas ao olhar.

Antes de tudo, sinalizo que a primeira obra de Rousseau se intitulava *Narciso*.[22] É muito ruim, não interessa para ninguém, nem ninguém lhe dá importância. De todo modo, nesse livro Rousseau poderia ter dito "Narciso, sou eu", como Flaubert disse: "Madame Bovary, sou eu". Narciso é ele, é claro, mas o que impressiona em sua obra é que ela abunda de metáforas escópicas. É só isso que há em Rousseau. Não é necessário ser psicanalista para se dar conta disso. Muitos críticos tinham percebido antes dos psicanalistas, formulando isso de outra forma.

Rousseau é um grande estilista, um grande músico da língua, um gênio da linguagem e é um ponto alto da língua francesa. Mas no plano semântico, é também de uma inércia impressionante, e os comentadores tinham assinalado essa unicidade metonímica. Devem conhecer a obra excepcional de Starobinski de 1957, "*La*

---
22 Rousseau, J.-J. (1752). *Narcisse: ou, L'Amant de lui-même*. Paris: FB Éditions, 2015.

transparence et l'obstacle",[23] na qual o autor desenvolve a prevalência, na obra de Rousseau, do registro escópico. É preciso lembrar também do livro exemplar de Georges Poulet, na mesma época, *Les métamorphoses du cercle*,[24] que dava conta do imaginário de Rousseau mantido no perímetro circular do visível – pois o visível tem um perímetro circular, e é por isso que o olhar chega por trás. Há, em Rousseau, uma metonímia central, um grande binário, a transparência e as trevas, que encontramos por todo lado. "Meu coração transparente como o cristal", "meu coração como um livro aberto", e, no oposto, "as trevas e o silêncio". "Sempre odiei as trevas", "um rosto por trás de um véu me faz entrar em transe" (é assim realmente, aliás, em um Rousseau adulto). Ele desenvolve constantemente a metonímia da "inocência que gosta de se mostrar à luz do dia" em oposição ao "vício que gosta da sombra". Vocês têm aí o disco de Rousseau e não apenas quando ele fala de si. Podem encontrá-lo por todo lado, quando ele coloca o seu bom selvagem diante do homem civilizado, quando ele descreve seu filho Émile antes que ele fosse pervertido pela educação e ao longo de suas dissertações sobre o amor idealizado.

É claro que a transparência supõe que façamos abstração das facetas do cristal. "Um coração transparente como o cristal" diz ele, mas esquecendo simplesmente que um cristal não é tão transparente assim, já que difrata a luz. E Rousseau, ao querer dizer tudo, não esconder nada, e encontrar uma verdade Uma, dá um exemplo de *Unglauben* no vocabulário da visão. Aliás, a cada vez que algo angustiante se apresenta para ele, isso acontece sempre no campo da visão. Pode-se dizer que, de certa forma, ele traduz em termos de visão o intervalo significante.

---

[23] Starobinski, J. (1971). *Jean-Jacques Rousseau, la transparence et l'obstacle*. Paris: Gallimard, 1976.
[24] Poulet, G. (1976). *Les métamorphoses du cercle*. Paris : Flammarion.

Esse ponto deve ser colocado em relação com os outros dois. Antes de tudo, como disse, há um "Rousseau-o-espetáculo". Creio que poderíamos até mesmo dizer "*Rousseau le m'as-tu-vu* [Rousseau, o exibido]". Isso foi pesquisado por outras pessoas, principalmente por nosso amigo Grosrichard.[25] A quantidade de cenas muito bonitas, muito cinematográficas (sonharia, aliás, em colocar no cinema algumas das que acontecem com a Mademoiselle Dubreuil), nas quais Rousseau se encontra no centro, no coração da troca de olhares, nas quais ele se mostra, se pavoneia com deleite, porque conseguiu espantar o outro. Há uma cena muito bonita de Rousseau servindo a mesa na casa de nobres. Vocês conseguem imaginar Rousseau nessa situação? E então, em certo momento, ele consegue algo (que a falta de tempo me impede de detalhar) e conclui a cena, notando com júbilo:

> *Todos me olhavam e olhavam uns para os outros sem nada dizer. Nunca na vida se viu estupefação semelhante. Mas o que mais me envaideceu foi ver claramente no rosto de Mademoiselle Dubreil um certo ar de satisfação. Esta tão desdenhosa criatura dignou-se lançar-me um segundo olhar que valia ao menos o primeiro.*[26]

Leiam nas páginas 95 e 96 de das *Confissões* na edição *Pléiade*, vão ver, é delicioso. Encontrarão toda uma sequência de cenas de sedução por meio do olho, em que Rousseau-Narciso se pavoneia com tanto deleite mediante o olho do Outro, que aqui se trata do olho dos nobres, e não podemos eludir nesse caso o peso social do

---

25 Alain Grosrichard é professor honorário da Universidade de Genebra e presidente da Sociedade Jean-Jacques Rousseau. Escreveu muitos trabalhos sobre a literatura e a filosofia iluminista, especialmente sobre Rousseau, como também sobre o enfoque psicanalítico da literatura. [N. T.]
26 Rousseau, J-J. (1712-1765). *Confissões*. Lisboa: Portugália Editora, 1964, p. 100.

assunto. Em outras palavras, Rousseau mostra a si mesmo como cristal aqui, não transparente, mas um cristal que ofusca e cega o Outro por seu brilho, durante alguns instantes.

Não é, portanto, de se surpreender que os retornos no real para ele tomem muito a forma da emergência em pânico de um olhar. São os momentos nos quais, longe de se mostrar, Rousseau é confrontado coma emergência do olhar.

Como exemplo, há uma carta de Rousseau escrita de próprio punho, no momento de um evento que corresponde para ele a um momento de ápice. Ele já estava extremamente delirante quando foi acolhido na Inglaterra pelo "bom David Hume", como ele o chamava. O filósofo inglês, que sabia das desgraças de seu amigo e as perseguições efetivas, a paranoia de seu colega não tendo sido diagnosticada de forma manifesta, pensou que seus bons serviços ajeitariam tudo. Ele o convidou para vir à sua propriedade. Foi então que, uma noite, Rousseau encontrou uma "alegria maligna" brilhando "nos olhos de David Hume".

A carta de Rousseau, típica de um paranoico, com maiúsculas por todo lado, conta essa noite memorável, que marca o ápice do assunto, enquanto os dois estão instalados em silêncio perto do fogo na casa de Hume, longe de tudo. Leio para vocês algumas linhas:

> *De repente [ele escreve] me dou conta de que ele me fita, como muitas vezes, e de uma maneira na qual é difícil dar uma ideia. Para mim, esta vez o seu olhar seco, ardente, zombador, mergulhado, se torna mais do que preocupante. Para tentar me livrar dele, eu me esforçava por fitá-lo também, mas detendo os meus olhos sobre os seus, eu sinto um fervor inexplicável, e*

logo, fui forçado a baixá-los. A fisionomia e o tom do bom David são de um bom homem. Mas de onde grande Deus, este bom homem toma estes olhos com os quais ele fita seus amigos? A impressão de seus olhares fica para mim e me agita. Meu transtorno aumenta...[27]

Em seguida, ele se joga num abraço contra Hume, gritando com uma voz entrecortada: "Não, não, David Hume não é um traidor, se não fosse o melhor dos homens ele haveria de ser o mais tenebroso!".[28]

David Hume lhe dá uns tapinhas nas costas e se vê numa situação bem desconfortável. Rousseau se sente terrivelmente em pânico diante do olhar de Hume. É possível dizer que se trata de um olho, que desta vez torna-se um olhar, mas, o que é realmente mais interessante, é que é justo nesse momento que temos a única voz articulada, atestada na obra de Rousseau. Talvez haja outras, mas elas não são atestadas. No mesmo tempo desse transe, diante do olhar de Hume, ele escuta a voz dele, que diz: "Eu tenho/seguro Jean-Jacques Rousseau" [*Je tiens Jean-Jacques Rousseau*].[29] Ou seja, ele é meu, disponho dele etc.

Evocava essas frases para chegar a uma definição mais precisa do "congelamento de um desejo". Um desejo congelado é um desejo saturado por um único objeto que gera a metonímia de uma significação única – aqui as significações do campo escópico. Nesse caso, não estamos, em absoluto, no campo das identificações.

---

27 Rousseau J-J. (1766). *Correspondance. Lettre DCCV A M. David Hume*. Tomo IV. In *Œuvres complètes sde J- J Rousseau*, Volume XXIII,. Paris : Chez Dalibon, Librarie, 1826, pp. 370-371.
28 Rousseau, J-J. (1712-1765). *Confissões*, p. 372.
29 *Op. cit.*, p. 390.

Estamos, na verdade, no nível do cenário da fantasia: seja do cenário na medida em que envolve o objeto, e são todos os encantamentos do exibido ["*m'as-tu-vu*"]; ou então, dos momentos nos quais o objeto varre a tela do encantamento, e então é a angústia que aparece. Naturalmente, o congelamento, nesse nível, torna-se possível pelo fato de que não se tem a sobredeterminação da fantasia por meio da cadeia do inconsciente. O grafo aqui não está escrito inteiramente.

Em Rousseau, contudo, assinalamos um detalhe suplementar e convergente com o que acabamos de dizer, por pouco que nos centremos em seus gostos eróticos. O escritor contou um episódio de sua infância, um encontro, um acidente da história que, segundo seus próprios termos, determinou seus sentidos para sempre. Vocês conhecem, é a famosa surra dada pela Mademoiselle de Lambercier. Rousseau, educado por essa senhora, meio governanta e meio instrutora, deve um dia ter feito alguma travessura e ela o castigou dando-lhe uma surra, colocando a criança em seu colo. E como ele acrescenta graciosamente: "a partir daí, tendo se dado conta de alguma forma que o castigo não havia atingido o seu objetivo, tive a honra de dormir sozinho em meu quarto",[30] uma vez que até aquele dia, dormia no quarto de Mademoiselle Lambercier.

Rousseau confirmou amplamente que jamais havia esperado nada além de uma surra de uma mulher, mas sem nunca ter ousado pedir. Observem o trecho da elisão do estrato dos objetos da demanda. Uma única vez, diz ele, uma garotinha, segundo sua expressão, tomou a iniciativa de "tomar possessão dele".[31] Ele ficou encantado, mas foi a única vez de sua vida. Ele precisa que, por não

---

30 *Op. cit.*, p. 25. Nesta edição: "Dois dias depois, mandaram-nos deitar noutro quarto, e daí em diante tive a honra, que aliás dispensava perfeitamente, de ser tratado por ela como um rapaz crescido".
31 *Op. cit.*, pp. 26-27.

obter o que desejava, ele realizava isso metonimicamente. Ele não diz isso nesses termos, é claro, afirma tê-lo realizado pelos meios da imaginação. A esse respeito, encontramos diversas cenas nas quais Rousseau se joga aos pés de uma mulher, colocando-se, assim, na posição da criança pronta para receber uma surra.

Não se pode aqui deixar de se surpreender pela conjunção entre o Outro que decide seus gostos eróticos, e o Outro do julgamento, nesse caso o I(A) da educadora impecável, que diz o que se deve ou não fazer. Não se pode deduzir, no entanto, que o Outro do julgamento em Rousseau seja obrigatoriamente feminino. Seja como for, o vocabulário da perseguição é rigorosamente o mesmo que o vocabulário erótico. Rousseau faz com que lhe deem uma surra, faz com que o tratem como uma criança, que o olhem como uma mulher ou "uma qualquer" segundo seus termos. A diferença residindo aí no fato de que o vocabulário erótico se refere às mulheres, ao passo que o da perseguição se refere aos homens. Em outras palavras, não é forçar as coisas dizer que seu erotismo, em certa medida, é quase equivalente a uma olhada vinda de um Outro idealizado, em todo caso, não sem conexão com o olho que julga. Tudo isso para precisar algo mais a respeito do "congelamento de um desejo".

Continuidade dos gozos na paranoia

Gostaria de acrescentar algo a respeito do texto de 1975 sobre a paranoia, precisamente sobre essa passagem na qual ele enuncia que a paranoia não é a ausência de enodamento, mas o nó de trevo, que é um enodamento no qual há apenas uma consistência, há continuidade entre as três consistências. Passamos sem descontinuidade do real ao simbólico e ao imaginário. Daí a pergunta: como se apresenta clinicamente a continuidade em questão? Essa continuidade implica que se escreva também uma continuidade dos gozos. Aliás, quando Antonio Quinet veio dar seu seminário na Escola de Psicanálise dos Fóruns, ele tocou nesse ponto da continuidade dos gozos na paranoia. É, provavelmente, um ponto que ainda merece ser trabalhado. É claro que para entender o que é a continuidade, é preciso primeiro entender o que é a descontinuidade dos gozos.

A descontinuidade, quando há um enodamento borromeano, designa o fato de que, no fundo, há três tipos de gozos distintos, que não são da mesma natureza, não se convertem um no outro, que precisamente se enodam. A ideia do enodamento é que eles podem se manter juntos para constituir a satisfação de um conjunto, de um sujeito real, mas que continuam distintos e heterogêneos. São, inicialmente, o que Lacan escreveu *"j'ouis-sens"*, gozo do sentido, pelo sentido, que ele situa no aplanamento do nó entre o imaginário e o simbólico; depois o gozo fálico que ele situa entre o simbólico e o real, fora do imaginário; e, finalmente, o que escreve como gozo do Outro, que ele situa no aplanamento entre o real e o imaginário.

Como se traduz concretamente a descontinuidade dos gozos? Seria preciso explorar essa questão de forma muito detalhada. Tomo um primeiro ponto: acredito que quando há descontinuidade dos gozos, a começar pelo gozo do sentido, o sentido está aí limitado, no sentido em que ele está localizado no nível das relações, das interlocuções entre os falantes. Nesse sentido, todo o campo da realidade está esvaziado de sentido e o campo do real ainda mais. O real é fora de sentido [*hors sens*], esta é a definição dele, mas o gozo fálico, por sua vez, está fora de sentido. O gozo fálico não está apenas fora do corpo, fora do perímetro do corpo, porque ele é introduzido, gerado pela linguagem, mas está fora do sentido, ele não tem sentido. É possível, aliás, observar no desenvolvimento da criança os momentos de instalação do corte, da descontinuidade e do fora de sentido. Isso se apresenta sob formas diversas, mas vê-se muito bem nas crianças o momento em que elas começam a distinguir o que é humano do que não é humano, em que elas começam a distinguir as coisas na medida em que não têm intenção nem vontade, daquilo que pode ter intenção e vontade. A distinção entre o animal e o humano vem mais tarde. Todos esses pequenos desenvolvimentos da criança dizem respeito à localização do sentido, é a instalação da restrição do sentido.

Como entender Lacan quando ele diz "o sentido surge entre simbólico e imaginário"?[32] A cada vez que buscamos o sentido de uma conduta, de um dito, dos sonhos, caímos como o próprio Freud nas metonímias orais, anais, escópicas e invocantes. Não há maneira de tentar decifrar um sentido sem tocar nestas metonímias. É por isso que Lacan diz: "o sentido está entre simbólico e imaginário", o que supõe a linguagem, mas está referido às zonas do corpo, às zonas erógenas, aos buracos do corpo. O que faz com que o sentido esteja sempre ligado às metonímias pulsionais.

O real não tem sentido, nem intenção, nem significação. Poder-se-ia, talvez, dizer que um exemplo da continuidade dos gozos se dá na psicose unicamente pelo fato de que o corte entre as zonas de sentido e as zonas de fora de sentido surge [*se lève*], digamos isso assim. Assistimos, então, a fenômenos de difusão de sentido ali onde, normalmente, o sentido não é esperado. Há, inclusive, fenômenos bem conhecidos em sujeitos para os quais tudo começa a fazer sentido. Mas existem fenômenos mais discretos, e encontraria facilmente em Rousseau, se me dessem um ou dois minutos a mais. Todas as suas performances fálicas e suas conquistas no campo da realidade foram sem medida comum com o conjunto dos

---

32 Lacan, J. *O seminário, livro 22: RSI, op. cit.*, Lição de 19/11/ 1974 (inédito).

mortais. Todas as suas conquistas no campo do gozo fálico tomam um sentido escópico. É o que chamo de "Rousseau, o exibido", tudo que faz com que Rousseau se ofereça ao olhar do Outro. Não é sempre o caso das conquistas fálicas, elas nem sempre são oferecidas ao olhar do Outro. Nele, há uma continuidade completa. Nada é feito sem ser oferecido ao olhar. E isso dá a Rousseau esse lado extremamente jubilatório que ele tem nos períodos em que ele produz textos, em que os lança ao mundo. Mas o gozo fálico em continuidade com o "*m'as-tu-vu*" [exibido] é muito, mas muito, cansativo. Podemos constatar que Rousseau não suportou isso por muito tempo. E entendemos o porquê. Porque a todo momento o verdadeiro olhar angustiante ameaça emergir. Entendemos assim o gozo do sentido escópico, aquele que encanta, aquele que se mostra está sempre à beira de deslizar em direção ao gozo do Outro, isto é, o olhar malicioso de Hume que surge. O gozo fálico é tornado escópico e báscula também no gozo do Outro.

Isso é bastante claro em Rousseau, mas há muito mais. Não se poderia dizer que na vida de Rousseau, tudo estava nesse sentido. Mas quando estudamos de perto o caso, nos damos conta de que ali está um ser que sempre viveu sob o olho de Deus, o olho da Providência, até mesmo fora dos fenômenos que acabo de mencionar; seu sentimento da natureza, tão raro nessa época... Rousseau inventor do sentimento da natureza; sua concepção da religião em "Profissão de fé do vigário saboiano",[33] e até em seu retrato dos "Os devaneios",[34] quando ele está em pleno delírio – tudo isso acontece sob os olhos de um Deus de sua confissão, sob os olhos de uma Providência divina. E é preciso dizer que "Os devaneios" chegam ao fim.

---

33 Rousseau, J-J. (1762). A profissão de fé do vigário saboiano. In *Emílio ou da Educação*. São Paulo: Martins Fontes, 1995.
34 Rousseau, J-J. (1776-1778). *Os devaneios do caminhante solitário*. Brasília: Ed. UnB, 1986.

Fui muito rápido no final, mas concluo esta aula e o ano nesse ponto: parece-me que não podemos dizer que não há enodamento na paranoia. Acredito até mesmo que seria quase que o contrário. Passa-se em continuidade, se não está desunido, mantém-se junto, é solidário. De onde considero a evolução das fórmulas de Lacan nesses dois anos do Seminário e sobre as quais tenho insistido. No começo, ele coloca que não há enodamento na psicose; é necessária a quarta volta ou é necessário o nó borromeano simples para que estejamos fora da psicose. E, ao final do segundo ano, ele coloca que sempre é necessário um quarto para que exista enodamento, pois as três voltas não se distinguem sem a quarta; mas, na psicose, pelo menos na paranoia, há um enodamento de trevo.

Creio que esses episódios nos indicam claramente que em nenhum momento Lacan se interessou pelo nó borromeano apenas pelo próprio nó borromeano. Ele apenas se interessou por ele, manipulou-o, explorou os diferentes tipos com o intuito de saber, como ele mesmo diz, aquilo que resultaria disso para o sujeito real desse nó. À medida que progride, ao longo desses dois anos, ele retém apenas aquilo que se ajusta à experiência clínica. E creio que essa passagem do nó de trevo para a paranoia é um exemplo disso. Depois de ter proposto "não há enodamento na psicose", ele se dá conta de que isso não cola nem um pouco com a paranoia. Dessa forma, temos a prova de que Lacan não se interessa pelo nó borromeano, apenas pelo próprio nó borromeano.

Referências

Aubry, J. (1983). *Enfance abandonée*. Paris: Scarabée et C5. Publicado originalmente em 1953.

Aubry, J. (2010). *Psychanalyse des enfants séparés: Études cliniques*. Paris: Flammarion. Publicado originalmente em 1952-1986.

Chasseguet-Smirgel, J. (2003). *Réinvention de la misogynie:le corps comme miroir du monde*. Paris: PUF.

Deutsch, H. (1970). *La psychanalyse des névroses*. Paris: Payot.

Ellmann, R. (1982). *James Joyce*. New York: Oxford University Press.

Ellmann, R. (1989). *James Joyce*. Rio de Janeiro: Globo.

Federación de Foros del Campo Lacaniano España, F7. Presentación del viernes 13 de febrero de 1976. Caso G.L. – 26 años: una psicosis lacaniana. *Lacan, Diciembre 1975 – Abril 1976. Recuperado de* <http://www.valas.fr/IMG/pdf/j_lacan_presentations_clinique_de_sainte-anne_en_espagnol.pdf>. Acesso em 24 abr. 2018.

Foucault, M. (2011). *O nascimento da clínica*. São Paulo: Forense Universitária. Publicado originalmente em 1963.

Foucault, M. (2006). *O poder psiquiátrico*. São Paulo: Martins Fontes. Publicado originalmente em 1973-1974.

Freud, S. (1987). A interpretação dos sonhos. In *Obras psicológicas completas: Edição Standard Brasileira* (v. IV e V). Rio de Janeiro: Imago. Publicado originalmente em 1900.

Freud, S. (1980). O chiste e sua relação com o inconsciente. In *Obras psicológicas completas: Edição Standard Brasileira* (v. IV). Rio de Janeiro: Imago. Publicado originalmente em 1905.

Freud, S. (1977). Além do princípio de prazer. In *Obras psicológicas completas: Edição Standard Brasileira* (v. XVIII). Rio de Janeiro: Imago. Publicado originalmente em 1920.

Freud, S. (1972). O ego e o id. In *Obras psicológicas completas: Edição Standard Brasileira* (v. XIX). Rio de Janeiro: Imago. Publicado originalmente em 1920.

Freud, S. (1996). Psicologia das massas e análise do Eu. In *Obras psicológicas completas: Edição Standard Brasileira* (v. XV, pp. 89-179). Rio de Janeiro: Imago. Publicado originalmente em 1920.

Freud, S. (1996). Inibição, sintoma e angústia. In *Obras psicológicas completas: Edição Standard Brasileira* (v. XX). Rio de Janeiro: Imago. Publicado originalmente em 1926.

Gide, A. (1988). *Paludes*. Rio de Janeiro: Nova Fronteira.

Hugo, V. (2000). *La conscience:la légende des siècles*. Paris: Le livre de Poche.

Joyce, J. (2003). *Selected Letters of James Joyce*. London: Richard Ellmann.

Joyce, J. (2003). *Exilados*. São Paulo: Iluminuras. Publicado originalmente em 1914.

Kuhn, T. S. (2011). *A estrutura das revoluções científicas*. São Paulo: Perspectiva.

Lacan, J. (1970). Cloture du congres de l'Ecole freudienne de Paris. In *Scilicet 2/3* (pp. 391-399). Paris: Seuil.

Lacan, J. (1973-1974). *O seminário, livro 21: Les non-dupes errent* ["Os não tolos erram / Os nomes do pai"], inédito.

Lacan, J. (1974). *A terceira*, inédito. Conferência em Roma, 1/11/1974.

Lacan, J. (1974-1975). *Le séminaire, livre 22: RSI*, inédito.

Lacan, J. (1985). Conferência em Genebra "O sintoma" (4/10/1975). *Le Bloc-notes de la psychanalyse*, 5, 5-23. Recuperado de <www.campopsicanalitico.com.br/media/1065/conferencia-em genebrasobre-o-sintoma.pdf>. Acesso em 27 mar. 2018. Publicado originalmente em 1975.

Lacan, J. (1985). *O seminário, livro 3: As psicoses*. Rio de Janeiro: Zahar. Publicado originalmente em 1955-1956.

Lacan, J. (1985). *O seminário, livro 20: Mais, ainda*. Rio de Janeiro: Zahar. Publicado originalmente em 1972-1973.

Lacan, J. (1986). *O seminário, livro 1: Os escritos técnicos de Freud*. Rio de Janeiro: Zahar. Publicado originalmente em 1953-1954.

Lacan, J. (1988). *O seminário, livro 7: A ética da psicanálise*. Rio de Janeiro: Zahar. Publicado originalmente em 1959-1960.

Lacan, J. (1988). *Os quatro conceitos fundamentais da psicanálise*. Rio de Janeiro: Zahar. Publicado originalmente em 1964-1965.

Lacan, J. (1992). *O seminário, livro 17: O avesso da psicanálise*. Rio de Janeiro: Zahar. Publicado originalmente em 1969-1970.

Lacan, J. (1998). Formulações sobre a causalidade psíquica. In *Escritos* (pp. 152-196). Rio de Janeiro: Zahar. Publicado originalmente em 1946.

Lacan, J. (1998). O estádio do espelho como formador da função do eu. In *Escritos* (pp. 96-103). Rio de Janeiro: Zahar. Publicado originalmente em 1949.

Lacan, J. (1998). Variantes do tratamento-padrão. In *Escritos* (pp. 325-364). Rio de Janeiro: Zahar. Publicado originalmente em 1953.

Lacan, J. (1998). Função e campo da fala e da linguagem em psicanálise. In *Escritos*. Rio de Janeiro: Zahar, pp. 238-324. Publicado originalmente em 1953.

Lacan, J. (1998). Seminário sobre "A carta roubada". In *Escritos* (pp. 13-68). Rio de Janeiro: Zahar. Publicado originalmente em 1955.

Lacan, J. (1998). A coisa freudiana. In *Escritos* (pp. 402-437). Rio de Janeiro: Zahar. Publicado originalmente em 1955.

Lacan, J. (1998). A instância da letra no inconsciente ou a razão desde Freud. In *Outros escritos* (pp. 496-536). Rio de Janeiro: Zahar. Publicado originalmente em 1957.

Lacan, J. (1998). De uma questão preliminar a todo tratamento possível da psicose. In *Escritos* (pp. 537-590). Rio de Janeiro: Zahar. Publicado originalmente em 1958.

Lacan, J. (1998). A direção do tratamento e os princípios de seu poder. In *Escritos* (pp. 591-652). Rio de Janeiro: Zahar. Publicado originalmente em 1958.

Lacan, J. (1998). Posição do inconsciente no Congresso de Bonneval. In *Escritos* (pp. 843-864). Rio de Janeiro: Zahar. Publicado originalmente em 1958.

Lacan, J. (1998). Observação sobre o relatório de Daniel Lagache: "Psicanálise e estrutura da personalidade". In *Escritos* (pp. 653-691). Rio de Janeiro: Zahar. Publicado originalmente em 1960.

Lacan, J. (1998). Subversão do sujeito e dialética do desejo no inconsciente freudiano. In *Escritos* (pp. 807-842). Rio de Janeiro: Zahar. Publicado originalmente em 1960.

Lacan, J. (1998). Kant com Sade. In *Escritos*. Rio de Janeiro: Zahar. Publicado originalmente em 1962.

Lacan, J. (1998). Do *Trieb* de Freud e do desejo do psicanalista. In *Escritos* (pp. 865-867). Rio de Janeiro: Zahar. Publicado originalmente em 1964.

Lacan, J. (1999). *O seminário, livro 5: As formações do inconsciente*. Rio de Janeiro: Zahar. Publicado originalmente em 1957-1958.

Lacan, J. (2003). Discurso de Roma. In: *Outros escritos*. Rio de Janeiro: Zahar. Publicado originalmente em 1953.

Lacan, J. (2003). Ato de fundação. In *Outros escritos* (pp. 235-247). Rio de Janeiro: Zahar. Publicado originalmente em 1964.

Lacan, J. (2003). Apresentação das "Memórias de um doente dos nervos". In *Outros escritos* (pp. 219-223). Rio de Janeiro: Zahar. Publicado originalmente em 1966.

Lacan, J. (2003). Discurso na Escola Freudiana de Paris. In *Outros escritos* (pp. 265-287). Rio de Janeiro: Zahar. Publicado originalmente em 1967.

Lacan, J. (2003). O engano do sujeito suposto saber. In *Outros escritos* (pp. 329-340). Rio de Janeiro: Zahar. Publicado originalmente em 1967.

Lacan, J. (2003). Da psicanálise em sua relação com a realidade. In *Outros escritos* (pp. 350-358). Rio de Janeiro: Zahar. Publicado originalmente em 1967.

Lacan, J. (2003). A lógica da fantasia. Resumo do Seminário de 1966-1967. In *Outros escritos* (pp. 323-328). Rio de Janeiro: Zahar. Publicado originalmente em 1967.

Lacan, J. (2003). Nota sobre a criança. In *Outros escritos* (pp. 369-370). Rio de Janeiro: Zahar. Publicado originalmente em 1969.

Lacan, J. (2003). Radiofonia. In *Outros escritos* (pp. 400-447). Rio de Janeiro: Zahar. Publicado originalmente em 1970.

Lacan, J. (2003). O aturdito. In *Outros escritos* (pp. 448-497). Rio de Janeiro: Zahar. Publicado originalmente em 1972.

Lacan, J. (2003). Nota italiana. In *Outros escritos* (pp. 311-315). Rio de Janeiro: Zahar. Publicado originalmente em 1973.

Lacan, J. (2003). Posfácio ao "Seminário 11". In *Outros escritos*. Rio de Janeiro: Zahar. Publicado originalmente em 1973.

Lacan, J. (2003). Televisão. In *Outros escritos* (pp. 508-543). Rio de Janeiro: Zahar. Publicado originalmente em 1973.

Lacan, J. (2003). Introdução a edição alemã de um primeiro volume dos *Escritos*. In *Outros escritos* (pp. 550-556). Rio de Janeiro: Zahar. Publicado originalmente em 1973.

Lacan, J. (2003). Joyce, o Sintoma. In *Outros escritos* (pp. 560-561). Rio de Janeiro: Zahar. Publicado originalmente em 1975.

Lacan, J. (2005). *Nomes-do-Pai*. Rio de Janeiro: Zahar.

Lacan, J. (2005). *O seminário, livro 10: A angústia*. Rio de Janeiro: Zahar. Publicado originalmente em 1962-1963.

Lacan, J. (2005). *O seminário, livro 23: O sinthoma*. Rio de Janeiro: Zahar. Publicado originalmente em 1975-1976.

Lacan, J. (2009). *O seminário, livro 18: De um discurso que não fosse semblante.* Rio de Janeiro: Zahar. Publicado originalmente em 1971.

Lacan, J. (2010). *O seminário, livro 10: A transferência.* Rio de Janeiro: Zahar. Publicado originalmente em 1960-1961.

Levi, P. (1988). *É isto um homem?* Rio de Janeiro: Rocco.

Maddox, B. (1989). *Nora: a biography of Nora Joyce.* New York: Ballentines Books.

Maupassant, G. (2010). *Bel-Ami.* São Paulo: Estação Liberdade. Publicado originalmente em 1885.

Major, R. (2003).*La démocratie en cruauté.* Paris: Éditions Galilée.

Poulet, G. (1976). *Les métamorphoses du cercle.* Paris: Flammarion.

Roudinesco, É. (2003). *A família em desordem.* Rio de Janeiro: Zahar.

Rousseau J-J. (1826). *Correspondance. Lettre DCCV A M. David Hume. Tomo IV. Œuvres complètes sde J- J Rousseau*, Volume XXIII. Paris: Chez Dalibon, Librarie, pp. 370-371. Publicado originalmente em 1766.

Rousseau, J.-J. (1964). *Confissões.* Lisboa: Portugália Editora.

Rousseau, J.-J. (1986). *Os devaneios do caminhante solitário.* Brasília, DF: UnB, 1986. Publicado originalmente em 1776-1778.

Rousseau, J.-J. (1995). A profissão de fé do vigário saboiano. In *Emílio ou da Educação.* São Paulo: Martins Fontes. Publicado originalmente em 1762.

Rousseau, J.-J. (2015). *Narcisse: ou, L'Amant de lui-même.* Paris: FB Éditions. Publicado originalmente em 1752.

Soler, C. (1997). Clinique borroméenne. *Satisfacciones del sintoma*, agosto. Publicado originalmente em 1996.

Soler, C. (2001). L'aventure littéraire ou la psychose inspirée. *Progress Éditions du Champ lacanien*.

Soler, C. (2007). *O inconsciente a céu aberto da psicose*. Rio de Janeiro: Zahar. Publicado originalmente em 2002.

Starobinski, J. (1976). *Jean-Jacques Rousseau, la transparence et l'obstacle*. Paris: Gallimard. Publicado originalmente em 1971.